卷首语：青蚨，水虫，可以还钱！

『股票实战技巧经典作品系列』

青蚨股易

——修身，赚钱，助人，玩天下

花荣 著

经济管理出版社
ECONOMY & MANAGEMENT PUBLISHING HOUSE

图书在版编目（CIP）数据

青蚨股易/花荣著．—北京：经济管理出版社，2020.6（2020.9重印）
ISBN 978 - 7 - 5096 - 7158 - 0

Ⅰ．①青…　Ⅱ．①花…　Ⅲ．①股票投资—基本知识—中国　Ⅳ．①F832.51

中国版本图书馆 CIP 数据核字（2020）第 093194 号

组稿编辑：陈　力
责任编辑：高　娅
责任印制：任爱清
责任校对：陈　颖

出版发行：经济管理出版社
　　　　　（北京市海淀区北蜂窝 8 号中雅大厦 A 座 11 层　100038）
网　　址：www. E - mp. com. cn
电　　话：(010) 51915602
印　　刷：三河市延风印装有限公司
经　　销：新华书店
开　　本：720mm×1000mm/16
印　　张：24
字　　数：357 千字
版　　次：2020 年 8 月第 1 版　　2020 年 9 月第 2 次印刷
书　　号：ISBN 978 - 7 - 5096 - 7158 - 0
定　　价：78.00 元

序一

修身，投资，助人，玩天下

证券投资是个伟大的职业，也是个异常"毁人"的职业，如果你是股市投资者，一定会对此感受颇深。

现代社会，每个人都有对事业和财富的梦想。相对来讲，男人，年轻人，更需要一份责任，你的成功与否，决定着你的家庭的生活质量。如果你没有一个有钱的父亲，也没有遇上一位家财万贯的公主，那么你别无选择，只有想办法让你自己成为一个有钱的父亲，让你的女儿成为骄傲的公主。

这样，"修身，投资，助人，玩天下"就成了现代人的必要过程和最终目标！

无疑，我们生活在一个不可预见的社会，生活在一个意外之财随时发生的时代，没有人能无视"财富非常道"这一事实。要想获得人生中的这种"非常财富"，希望自己幸运的人们必须学会新的生存方式，及时顺应社会发展的新变化。

我们目睹了21世纪的快速发展，20世纪80年代，"万元户"是令人羡慕的一个称号，而现在1万元早已不是个新奇的数字，许多人一个星期就可能轻松赚到。在瞬息万变的社会环境下，死守着一份打工薪水是不够的，必须想办法获得第二份或者其他更快捷一些的收入。

股市则给稳健者提供了第二份薪水，给聪明人提供了更快捷的收入可能。

大多数中国人更注重传统知识的学习，而忽视胆识的积累。而"修身，投资，助人，玩天下"正是胆识积累和精彩人生的四步骤。

笔者作为中国第一代职业操盘人士，长久以来一直想写一部中国股市专业投资原理的技术书籍，精研理论和亲身经历都是股民积累胆识、运气和提高技能不可或缺的途径。

如果你爱他，送他去股市，那里是天堂；如果你恨他，送他去股市，那里是地狱！

在纷繁的股市秘闻中，精英投资高手总是最变幻莫测、最引人关注的人物。人们对于这些处于股市食物链顶端的猎食者又爱又恨，职业操盘手的命运在中国股市中有很强的传奇性和神秘性，一般人很难接触到，而本书总结的正是他们炒股的独到思想、纪律和原则。

没有品尝过牛市的浓浓烈酒、没有经历过熊市的漫漫长夜，就很难说对资本市场有充分而全面的了解。

淘尽黄沙始见金，股市交易史如一条不息的川流。江面的波澜与涟漪，或许更能吸引眼球，但真正的负重致远，却还在深层厚处。

股海江湖上的高手，莫不是从无数的激烈战斗中成长起来的。他们在股海江湖上翻过风，起过浪，也被风刮过。被浪冲过的人都知道，股海江湖其实是一条惨烈的金色大道，看上去全部是金银珠宝，上了阵却需流血拼杀。

股海江湖上风云诡谲，谁有一套听风观浪的绝技，谁就可以在这股海中捞上几笔。股海自有黄金屋，股海自有颜如玉，但是如果没有正确的理论指导，没有上乘的武功研习，恐怕股海就不那么温柔了，美人鱼会变成大鳄鱼的。

本书是笔者多年炒股心得的浓缩总结，希望有缘、有慧根的人读完本书后，在"修身，投资，助人，玩天下"的途中少走些弯路，在股海中让自己少流些血，多钓几条能为自己带来自由的"大金鱼"。

为了生活的精彩、家庭的幸福，把你的潜能多贡献出来一些吧！

百战成精，千炼成妖，成精成妖之前最起码要做到不糊涂吧？

休闲工程师

花荣

序二

股市投资是美好的职业

一位财经记者问股海大鳄安德烈·科斯托拉尼："您希望您的儿子做股市投资者吗？"

回答：如果我有几个儿子，第一个儿子，我将把他培养成音乐家。第二个儿子我将把他培养成画家。第三个儿子我将把他培养成作家或记者。而第四个儿子我一定要把他培养成投资者。因为总要有一个人养活他的三个穷哥哥。

股市投资者是多么高贵的职业啊！他可以超越尘世的喧嚣，置身于自己的独立意志之中。他可以随身带着他的赚钱工具：一台看行情、下买卖单的电脑，也许还有一份操盘手册《百战成精》，他没有老板也没有雇员，他可以随心所欲地支配自己的时间，可以想干自己一切想干的事情，吃、喝、玩、乐、游、秀、骂，等等。

人不一定要富有，但一定要独立。当然，富有也是很重要的。所以，要做股市投资者，就要做一个成功的股市投资者。要成为一个成功的股市投资者，就必须学会"自我造钱"的本领。把你的金钱种子投在神奇的股市里，然后很快地收回更多的钱。这样的生活多么值得人们去追求，许多人也会因此羡慕你、效仿你、帮助你、嫉妒你。

　　投资者是一份美好的职业，但是追求任何美好的东西都是需要付出代价的，做股市投资者也是这样。要想做一名合格的股市投资者，就必须学会像孙悟空那样的七十二变，会腾云驾雾，会耍金箍棒。也就是说，要当人间神仙，就得先修成神仙的武功。股市投资者武功的最高境界是"超级系统""盲点获益""热点投资""人生赌注股""凌波微步"。

　　有缘人即将阅读的是一本专门讲述关于股市投资者修炼武功的技术读本。与其他讲解股市投资技术的书籍不同，本书涉及股市最优投资技术的理论。其中的主要内容代表了中国股市投资技术的"少数人"的水平。其核心思维是许多先驱付出了难以想象的代价铸成的。有缘的读者如果能够在这些高级投资技术上多下些功夫，同时清醒地认识自己，可能会有意想不到的收获。

　　好书改变命运，智慧创造人生！投资岁月，快乐着一点儿也不痛，但是如果武功不到家时，有时也会很痛。

　　事实已经证明，读有用书，需要多读、多理解、多琢磨；练成某项高级武功，也需要一些时间的反复磨砺，这种努力是值得的，也是成为股市"斗战胜佛"的必由之路。

　　美好的未来在等着我们！下面就让我们跟随老投资侠客们的最优投资思维，踏上一条崭新的、神奇的、充满诱惑的投资之路吧！

　　来吧，伙计，不要客气！

股市投资者

花荣

目　录

上篇　青蚨察

中篇　青蚨谱

下篇 青蚨思

上篇　青蚨察

　　思想上的理性只是初级的理性，行动上也能理性才是高级的理性。很多人明白这个道理，但是他做不到，因为他在行动上克服不了自己的感性。行动上做不到理性的人无论知识多么渊博、思维多么有深度，最终也是一事无成，知行合一是漫长的坚持不懈的自我修行。

第一部分
花 门 技

操盘手的生命不是苦中醇蜜，烦中取乐，不是看花绣花，不能雾中看花，游戏生命；生命是由铁到钢的锻造过程，生命是走向人生辉煌的风帆；生命需要道路如高天，智者如流云。

花门技 1
花门的核心技术是什么

大海航行靠舵手，炒股赚钱必须有核心技术。

花门炒股的核心技术是什么？我认为有以下七个关键点：一是看清楚大盘趋势，二是看清楚个股即时热点，三是寻找个股有效的短线题材爆破点，四是清楚博弈参照物成本线，五是清晰概率博弈逻辑，六是永远不能忘记的需要形成本能的万能公式，七是顺势的有效盈利模式。

这篇非常重要，是花门出师的必考之题、毕业论文必含之关键内容，一定要学，要会，要熟，要知行合一，只有这样才可能洞悉花门的真谛。否则，容易犯修正主义错误，"嘴上花家军，心中杂牌军"。

下面，我就来细解这七个关键核心技术。

一、大盘趋势

研究大盘趋势的常用指标是，短线指标看 MACD，浮力指标看沪市的量能，趋势指标看重要均线。

1. 短线指标 MACD

（1）红柱线伸长。此时，大盘处于短线安全期，红柱线越长，强势系数越大。此时可以考虑个股做多，停止期指做空。个股做多的仓位和持仓时间要根据大盘的量能和个股的安全潜力综合度考量决定。

（2）绿柱线伸长。此时，大盘处于短线风险期，绿柱线越长，弱势系数越大。此时可以考虑个股轻仓，逢高做空期指。持有的个股即使安全度很大，也需要留有余力的中庸分批考虑，否则容易遇"黑天鹅"或者心态崩塌。

（3）红柱线缩短。此时，大盘处于不确定期，红柱线缩得越快，不确定系数越大。可以根据沪市大盘成交量状态对市场强弱进行略微修正。

当沪市大盘成交量处于平衡势时，原则上不开新多仓，老多仓也要考虑逢高卖出，如果红柱线太弱或者个股太弱也可以安全性处理。

当大盘处于强势成交量时，红柱线缩到零轴时容易再度强势伸长，此时是一个比较好的短线多仓买点。

（4）绿柱线缩短。此时，大盘处于不确定期，绿柱线缩得越快，市场转强的可能性越大，如果是正常缩减，大盘量能也没有明显趋强，则暂时按照弱势对待。

当沪市大盘成交量处于弱势时，原则上不开新多仓，老多仓也要考虑逢高卖出，如果绿柱线太弱或者个股太弱也可以安全性处理。

当大盘处于弱势成交量时，绿柱线缩到零轴时容易再度强势伸长，此时是一个比较好的期指做空卖点。

（5）矛盾逻辑。如果出现 MACD 与沪市大盘量能状态矛盾，应以沪市大盘量能为优先，同时考虑 K 线逻辑与综合逻辑。

看待大盘，短线小资金个股高手可以多参考大盘的 MACD，而中长线大资金非个股高手应以参考沪市大盘量能定性为好。

2. 浮力指标沪市量能

由于 A 股的个股平均市盈率高分红率差，在大盘不考虑成交量能的情况下，是存在重力牵引回归价值的。大盘要维持平衡甚至上涨就必须要有一定大盘量能的浮力作用，这就是 A 股熊长牛短的最重要原因。

我们每个阶段要用统计的手段，统计定性沪市大盘什么样的成交量能可以维持大盘持续上涨、平衡或者下跌。

然后根据大盘的成交量能定性，给出自己的多空方向、仓位轻重、个股数量等实际操作策略。这点在《万修成魔》《千炼成妖》《百战成精》中已经有过多次详细讲解介绍，这里就不再重复了。但是这点至关重要，是操作系统的最重要组成部分。

3. 趋势指标重要均线

最最重要的大盘均线是 10 日均线、20 日均线、30 日均线、半年线、年线。具体的应用也可以参考《万修成魔》《千炼成妖》《百战成精》。

这本书对于花门理论的增强点是，引用了 MCST 这个指标，特别是大盘处于低量能时期的个股操作作用非常明显，后面还会重点讲解和总结。

二、热点板块

热点板块是最重要的市场机会，下面要点需要牢记：

（1）大盘转强和激发人气需要足够强的热点板块支持。

（2）热点板块要分清楚可操作热点板块和不可操作热点板块。可操作热点板块的特征是板块中的强势股有数个涨停，板块中的弱势股也有一定的涨幅；不可操作热点板块的特征是板块中的强势股无涨停，甚至只有四五个百分点的涨幅，板块中的弱势股还有未涨的。

（3）当可操作热点板块初期出现时可以积极跟进，最好是跟进龙头股，持仓时间的长短可以根据大盘量能大小决定。

（4）相对影响市场涨跌的其他因素，比如说题材消息、技术指标、万能公式等，热点更为重要一些，优先考虑。

三、题材爆破点

题材爆破点也是花门独创技术，对于短线投机操作非常重要，买卖点都十分明确。操作要点是：

（1）热点板块扭转大盘的短线要更强一些，大盘的题材爆破点除非重大不确定性超预期，通常的大盘题材爆破点和个股题材爆破点都不容易扭转大盘即时趋势。

（2）个股题材爆破点实战中的应用更多，但是个股题材爆破点除非统计结果为有效，大多数要服从大盘的趋势（MACD、量能、均线方向）。

（3）个股题材爆破点对于技术指标优势股具有锦上添花的作用，它的作用优先度也强于技术指标，但是与技术指标、万能公式有严重冲突时要谨慎小心。

（4）建立个股的题材爆破点日历是一个常见的盈利模式，是一项常规工作。

四、博弈参照物

事物无绝对，都是相对的，股价的高低也是，每个人的情绪直观感觉都不一样。到底怎么判断高低？这就需要参照物，花门最常用的参照物是MACD、MCST、量比、重要均线、公司稳定的分红率。

这些参照物的应用一方面是常规解释，另一方面要用逻辑判断，后者更加具有实战意义，也是实战难点。

五、概率逻辑

花门认为，股市中的实时判断逻辑可归纳为七种形式：超越、连续、反击、逆反、规律、过度、混沌。

这个逻辑可以判断消息、K线，也可以判断各种技术指标，比如买卖力道、MCST线等，许多股友忽视了这点。

六、万能公式

花氏万能测股公式：大盘 + 题材 + 量能 + 均线趋势 + MACD + K 线逻辑 + 克服心理障碍。

（1）操作个股时，无论什么盈利模式，无论什么理由，都需要用万能公式过一遍。技术战法不能严重地违反万能公式。

（2）万能公式是总体战略粗评估是定性的，适合于牛市，万能公式认为弱势中的个股全部大概率不好；技术公式是细节时机的寻找，适合弱势中的精益求精，技术公式认为在弱势的特殊时机时高手也能小资金获利。这两个公式对人的要求和追求不同。

（3）使用 MCST 短线战法时不能忘记万能公式。

七、盈利模式

花门常见的盈利模式有：

（1）大盘弱势状态时逢高做空（短中）。

（2）大盘非牛市时安全期 MCST 短线战法（适当考虑量价 K 线逻辑）。

（3）大盘非危险期题材爆破点短线战法（适当考虑万能公式）。

（4）大盘非危险期可操作热点战法（适当考虑 MCST 短线战法）。

（5）牛市中线题材、上升通道庄股战法。

（6）大盘暴跌抢反弹的低位金融股战法。

（7）大盘强势周期的大托单个股主动战法。

（8）大盘弱势底部期的有效转债战法。

（9）有明确无风险利润的无风险套利战法。

（10）上证 50 强势股的 MCST 短线战法。

这些战法的具体实施，都会在后面的内容中进一步展开详解。

花门技 2
技术性网状思维的常见因素

股市中的结果是多因一果，所以在个股的选择和操作上也必须考虑到这个因素，以一个短期核心因素为选股（操作）的核心因素，同时也兼顾到其他因素的配合（不能阻碍），这就是网状思维。在股市中，对股价影响比较大的常见因素有：①大盘；②热点；③题材；④价量关系；⑤MCST；⑥判断逻辑；⑦MACD；⑧万能公式。这 8 个因素是常见因素，排名靠前的相对更重要，有判断冲突时，如果前面因素十分突出，后面因素要服从前面因素。相对来说，价量关系、MCST 更为常见与明确，且所有行情软件能够排序，职业人士常把这两个指标作为选股的优先考虑因素。

下面我就把这 8 个因素与股价的关系以及它们之间常发生的联系或者矛盾做个总结，这样更加容易建立操盘者的网状思维。

一、大盘

1. 顺势最容易

（1）股市操作，顺势最容易，操作上顺势是第一原则，盈利模式一定要顺势，否则就不是最佳模式，其他的所有原则都要服从这个原则。

（2）A 股平均价格高、分红率差、市场熊长牛短，这个现实要求职业投资人士的最重要盈利模式是做空，这是生存要求，如果你有自限障碍，必须突破，否则生存会受到考验。

2. 逆势无绝招

（1）社会上流传有许多炒股绝招，《青蚨股易》也会介绍许多投机方法，但凡是做多的绝招必须要有大盘的安全背景支持，下跌势难以存在做多绝招，很容易小赚大赔。

（2）如果你的盈利模式是绝对收益，又是自己的钱，追求逆势绝招，死不改悔，是与钱过不去，是基础素质低的经典表现。

3. 对大势判断要有参照物

（1）市场上的随机涨跌没有意义，只有阶段性的大概率涨跌才有意义，意识到这点，才是职业投机，才能摆脱赌博。

（2）花门思维对大势判断的参照物是沪市大盘成交量、MACD、均线方向，并要针对它们的变化有应对原则措施，两个方向的措施都必须严密。

4. 对阶段市场定性

（1）市场一旦进入一个波动模式状态，就很难改变，甚至会出现反馈效应加强这个状态。我们要认识到这个状态，并有对付它的常规操作模式。

（2）扭转一个波动模式状态的主要因素有：成交量的持续变化、足够大的消息面变化、市盈率的质变、市场赔赚的效应反馈。

二、热点和题材

1. 必须服从热点

顺势是第一操作原则，抓机会的必须服从热点题材，这个也必须融入投机的血液中。

2. 强势最安全

许多人有天然的怕追高喜欢低的本能，这在股市中不对，股市中要服从主动冲击流，不管低不低、高不高，而要注意强不强，短线是否有冲动的理由。同时要考虑大盘和类似热点的幅度节奏。

3. 虹吸效应

如果市场因为新热点而产生虹吸效应，应在第一时间服从趋势、服从热点。

弱势的机会，或者弱势中的反弹，常常就是一个热点，这个热点的起落就是这次机会的主要过程。

4. 题材是第一生产力

对于个股机会，热点题材最大，它强于个股的基本面、技术面状态，但是良好的基本面、技术面状态能为热点题材锦上添花。个股短线题材爆破点的捕捉，是职业投资者最常见的盈利模式之一。

三、价量关系和 MCST

1. 价量关系

价量关系决定股价涨跌的短线意愿强弱。

2. MCST

MCST 决定个股的活跃性和股价高低

3. 中线活跃股

中线活跃股的标志是股价运行在 MCST 上方,抓机会的方法是用价量关系发现合适的个股低点。这个适合是大盘的低点与个股的低点的组合。

4. 短线复活股

短线复活股的标志是股价运行 MCST 下方,抓机会的方法是用价量关系判断个股是否足够强,这个强是大盘强和个股强的组合,不用考虑个股涨幅高低,只要股价在 MCST 下方全部是低位。

四、判断逻辑

1. 判断逻辑

判断逻辑可以是对价量关系、K 线、消息面与股价关系结果的后续直接判断。

2. 对敏感区的补充判断

尤其是对界限区、两极区的判断有着很好的柔性效果。

3. 股友的硬伤

价量关系、重要均线、MCST、MACD 与股价波动方式都有逻辑判断关系,这点许多股友是弱项、硬伤。

4. 水平的体现

一个投资者的水平体现,主要体现在无处不在的判断逻辑上。

五、万能公式

1. 网状思维的体现

设计盈利模式,可以在某个阶段以一个因素为优先因素,但其他重要因素不能忽视，要精益求精做减法。

2. 主因素要严格

主因素要严格，要与当时最强者比较，与历史经典案例比较。

3. 副因素不要求完美

副因素要及格，至少短线要及格，但不能要求完美，不能因为对副因素要求完美而失去机会，在副因素有瑕疵时可中庸操作。

4. 性质评判

（1）因素比较。题材第一，主力第二，基本面第三，技术面第四。但这四点都不能凑合。

（2）优秀的技术面。相对来说，优秀的技术面更为常见，比如说价量与MCST，优秀的基本面。优秀的技术面是主力操作目的、规律被破解。

（3）优秀的基本面。必须是超预期，最好是质变或者是突变。

（4）优秀的题材面。突发、震撼是优秀题材的特征。典型的例子是雄安题材和科创板开板题材，而大众事先预知的不太好。

花门技 3
赖以生存的股市绝招——兼谈股市综合实战技术

静若处子动若风，身似猿猱走轻灵；股海英豪属剑客，流转阴阳江湖行。

谈起股市实战技术，许多人都会想起"技术分析""基本分析"等。错！！！

"技术分析""基本分析"等只是分析技术，它们只是股市实战中的一部分，甚至可以说是比较基础、低级的那部分，犹如数学中的小学算术，必须会，但对付不了高考，股市实战其实就是你的人生财富高考。

只会"技术分析""基本分析"，即使是非常熟练的股民，最多只能算作 A 股股海江湖中低武功的"江南七怪"，距离"财富 211"的分数线要求尚远。

　　要想在股市中发财，成为股市中的"东邪西毒""南帝北丐"，必须熟练掌握股市中的真实战技术。然而，大多数股民由于游离于职业投资的圈外，别说掌握股市中的真实战技术，可能连概念都没有听说过，误以为"大刀长矛"是最现代化的武器，以为在华山论剑的豪客是"江南七怪"。

　　本篇接下来介绍一下什么是 A 股中的"真实战技术"，又叫作职业投资技术。

　　职业投资技术主要分为：仓位技术、选股技术、目的技术、概率技术、特权技术、纠错技术。

　　下面，我就来进行概念和要点解析。

一、仓位技术

　　仓位技术的核心是控制风险，投资收益等于成功的价差收入减去失败的价差损失。

　　控制风险这一块，大多数股民（包括业内人士）其实都知道这个概念，但是把控制风险作为一项技术运用到实战中的人很少，绝大多数股民的实操和市场中流行的玩法都是最大限度地追求进攻，而不考虑控制风险，有的人会玩"核按钮"，我认为控制风险的关键技术是事前，而不是事后，"核按钮"属于已经面临危境后的恶性纠错措施，是职业投资人应严格避免出现的。

　　仓位技术在实战中技术的经典体现：

　　1. 操作系统技术

　　操作系统技术是股市真实战技术之母，只有掌握了这项技术，其他技术才谈得上有积极作用。没有操作系统技术做前提的永动机技术、永炖机技术其本质就是赌博。

　　2. 固定收益技术

　　常见的固定收益技术中的年化收益率，其功能有限，但也可以作为职业投资中的生存技术，况且市场中还有收益可观的现金选择权、要约收购、高级别的折价转债等年化收益率并不低的无（低）风险机会。

　　对于固定收益技术绝不能只知道概念，必须洞悉细节以及延伸理解。

二、选股技术

1. 选股技术的误区

（1）技术分析高手的选股误区。技术分析高手的最常见选股误区有二：一是只追求大振幅，不限制大风险；二是只考虑个股因素，不考虑大盘系统因素。

（2）基本面高手的选股误区。基本面分析高手最常见的选股误区有二：一是只看表面因素，不了解隐藏的关键因素（难度也大）；二是只考虑上市公司情况，不考虑市场大趋势与大主力资金面的情况。

2. 选股技术的要点

（1）定时爆破点。时间确定、价格确定，这两个要素是最重要的优先原则。

（2）收益风险比。首先追求高收益低风险，其次是低收益低风险高概率，反对高风险前提下的一切收益。

（3）成熟盈利模式战法。要有阶段高效的盈利模式和成熟的选股选时战法，这方面已经总结在《千炼成妖》一书中了。

（4）题材与主力。题材是第一生产力；主力家有粮食有资源。

这两个因素高于技术分析和基本面分析。技术分析、基本面分析要在操作系统、题材、主力这三个因素之下发生作用，而不能超越这三个关键因素。

（5）热点与盲点。大盘强势时重热点，大盘弱势时重盲点。

3. 目的技术

人们进入股市的常见目的有：

（1）理财。必须完全顺势，尽量回避逆势；

抓简单明显机会，不参与复杂模糊机会；

短线波段为主，迷茫看不清楚时，场外观望。

说得直白一些，就是不折不扣地完全按照《百战成精》《千炼成妖》《万修成魔》的原理干活，不要搞修正主义，不要有情绪和胡思乱想，接受不完美和不可避免的小损耗。

（2）改变命运。改变命运首先要把"理财"技术掌握纯熟。

在资金不足时，在系统安全的情况下追求大振幅和适当的中线波段。不能因为资金小、心情急就违反系统安全的原则，一切目的的实现都离不开系统的安全。

改变命运的方法还有要把股市理财当作事业，运用社会资源和合法杠杆。

4. 概率技术

在系统安全和战法高概率的前提下，运用增强概率的方法。

（1）品种组合。防止"黑天鹅"。

（2）选时组合。保持心态和增加赢面。

（3）资金优势。如果你资金足够大（相比筹码），就会有效率以及增强低点的概率。其实，巴菲特的优势就在于此，而不是在于基本面分析（价值投资）。

（4）战法总结。统计涨跌幅与原因的关系。

5. 特权技术

发挥优势，回避劣势。

（1）交易权限优势。网下通道等优势。

（2）独门信息渠道优势。一个是盲点信息渠道，另一个是勤奋优势。

（3）强势圈子优势。优势互补强于独行侠。

6. 纠错技术

即使你再小心，也会出现不利的时刻，对于错误，一个要防患于未然，另一个是把错误扼杀在摇篮中。

（1）坚持操作系统；

（2）坚持最后防线；

（3）接受可接受的现状，不能给不愿意接受的可能以机会；

（4）学习技术，一定要弄懂原理，接受逻辑，不以小概率结果论英雄。

花门技 4
怎样设自选股并利用之赚钱

人生到处知何似？应似飞鸿踏雪泥。泥上偶然留指爪，鸿飞那复计金银？

股民是猎户，股票是猎物，但这猎物是野兽，野兽值钱，但也咬人。

选好机会股，设为自选股，熟悉其股性，在合适的时机操作一把，赚得雪花银，这就是股海猎户的人生，是职业操盘手的基本技能。

下面我就分别从中线和短线的角度，来谈谈怎样选自选股，怎样用自选股变金钱魔术？这可是独门看家本领，一定要记熟、理解、熟练。

一、中线自选股

中线自选股主要分为三类：大题材，主力重套，时间确定、价格确定。

1. 大题材

（1）自选股选择。

第一，有社会大题材的股。例如，奥运题材、第一次自贸区题材、雄安（消息前）题材。

第二，个股有借壳上市、重大资产重组征兆题材。

（2）自选股跟踪与操作。

跟踪：题材要硬，依据也需要硬，分析清楚敏感时点。

操作买点：大盘的中线低点、大盘的启动点、个股题材的敏感时点；分批折中降低成本的形式。

2. 主力重套

（1）自选股选择。

第一，主力重仓被套，且主力有后续资金。

第二，需要调控市场的股票；抱团取暖的弱势防守股；期指成分权重股。

（2）自选股跟踪与操作。

跟踪：要熟悉其活动规律，要对其成本、数量清楚。

操作买点：根据规律和异动征兆重仓打伏击。

3．时间确定、价格确定

（1）自选股选择。

第一，时间确定。

第二，价格确定。

（2）自选股跟踪与操作。根据确定的时间点、价格点以及满意的年化收益率，分批折中地坚定等待爆发。

二、短线自选股

短线自选股主要分为三类：爆破点、风险可控、即时活跃。

1．爆破点

（1）自选股选择。爆破点明确且有统计时效。

（2）自选股跟踪与操作。要考虑大盘安全度和统计时效，超短线操作。

2．风险可控

（1）自选股选择。选择下跌空间可控的流通市值小的品种，比如转债、小市值赌注股。

（2）自选股跟踪与操作。根据大盘的高低点做短线差价。

3．即时活跃

（1）自选股选择。经常翻涨速排名，选取其中技术形态好的品种。

（2）自选股跟踪与操作。观察其潜力是否有持续性？以及股价、技术指标、趋势、挂单的规律特征，根据规律特征来玩超短线（注意，这是近期的绝招）。

花门技 5
阶段的自我操盘守则

我没有靠山，自己要成为自己的靠山！没有天下，自己打天下！没有资本，自己赚资本！这世界从来没有什么救世主，我弱了，所有困难就强了，我强了，所有阻碍就弱了！活着就该逢山开路，遇水架桥。生活你给我压力，我还你奇迹！

在股市有志气是好事，有志气还得有手段，要知行合一。

在股市中，客观地认识阶段市场，客观地制定自我操盘原则，并坚决地执行，这三点是非常重要的，是保证自己避免风险抓住机会的关键因素。在每日看盘、研判市场、实战操作都要注意这些原则，服从这些原则。

下面，是我为自己制定的现阶段自我操盘守则，可供有缘者参考借鉴，知道职业投资者有这种守则，并可以根据自己的实际情况制定适合自己的自我操盘手则。

一、量能是关键

判断市场、定性市场的关键是大盘的成交量。

我目前定义市场强弱分界线的强弱量能指标是沪市的 2400 亿元，即沪市大盘的成交量在 2400 亿元左右且指数不跌为平衡市，沪市大盘持续的成交量越是超过 2400 亿元就认为越强，越是小于 2400 亿元就认为越弱。

因此，在大盘目前的 2000 亿元以下的持续成交量，我认为是弱势，弱势的操作原则是：逢高做空、逢低观望、暴跌做超短线反弹。

2400 亿元这个成交量指标是我根据近几年的市场强弱与大盘成交量的关系统计出来的规律数据，以及根据自己的操盘能力，而定性的一个坐标指标。如果你认为你的实战能力强于花荣，可以把成交量指标值降低一些，如果你认为你的实战能力弱于花荣，可以把这个指标值再提高一点。

注意，这是一个持续的数值，一天的数值不具备参考意义，甚至可能出现偶然值的高点现象。

二、逢高做空是低量能背景的常用手段

目前沪市市场的成交量经常在 1500 亿元的水平，我认为这是一个弱势市场的经典特征。

弱势市场的避险手段是逢高降低现货股票仓位。

弱势市场的盈利手段是逢高做空股指期货。

逢高做空股指期货的注意点有：

(1) 注意大盘的强弱爆破点；

(2) 注意弱势指数的技术指标（MACD）；

(3) 注意弱势指数的偶尔高点；

(4) 注意弱势指数的初始破位征兆；

(5) 注意国家队调控指数的意图；

(6) 用二分短线操盘原则操作。

三、强势热点是变盘征兆

在市场处于弱势时，也会出现指数反弹走势，那么哪些反弹走势是偶尔的高点，哪些反弹走势是行情启动的征兆？

1. 哪些反弹走势是偶尔的高点

大盘没有成交量，没有明显的新强势板块（多只涨停），这经常是偶尔的高点，可以逢高转弱时考虑做空弱势期指。

出现小利好的高开走软、个股普涨后的走软，都是常见的短线做空机会。

2. 哪些反弹走势是行情启动的征兆

在大盘明显放量，权重板块（通常是金融板块）成为有多只涨停的热点板块时，这可能是大主力为发动行情的点火行为，这个时候可以考虑组合性介入。

四、涨速异动是自选个股源

1. 中线自选股

在弱势市场中最常见的中线自选股是主力重套股和时价关系明确的低风险品种。

2. 短线自选股

第一，交易时间经常查阅涨速异动。

第二，从中找出相对低位的股票。

第三，跟踪观察是偶尔一天现象还是近期持续现象。

第四，对于近期持续活跃的股进行逻辑和股价波动规律分析，看能否找到爆破点。

五、小资金的特殊玩法

在弱市场中如果想娱乐或者玩实盘比赛，其主要手段有：

1. 爆破点

找寻个股的有效爆破点，根据有效爆破点超短线操作。

2. 低波动股的低点

找寻低波动股，在大盘安全时，低吸低波动股做短线。

低波动股的形式有两种：

第一，上下挂单稀少的小市值股，结合爆破点的低吸高抛。

第二，上下挂单较大的低市盈率中等市值股，结合大盘安全性地尾市买进操作。

六、进一步增强

你还有更好的弱势赚钱方法吗？

花门技 6
股市中的简单赚钱绝招

每一个进入股市的人，都想修炼出自己的绝招，都想在股市里掌握别人不懂的绝招，这个市场里到底有没有绝招？有没有什么是一般人做不到的，只要你能够做到就能够获得收益的绝招呢？从我接触的优秀职业投资人的经历来看，还真有这样的绝招，只是这个绝招没有什么特别的，其实就是要客观了解市场，顺应市场，知行合一，中庸地应用合理的盈利模式，别做低级傻事。

下面我就举几个简单有效的盈利模式，并结合中庸有效的操作原则，来谈谈在 A 股中到底怎样赚钱？既赚到钱又对收益率满意且风险还很低。下面我们一起来讨论一下吧！

一、强势市场能赚到钱

这里的强势市场定义是，沪市的成交量持续保持在 2500 亿元以上（2019 年时的数值，随着市场的扩容以及指数位的高位会有些变化，可通过统计数据来定性设定），沪市 30 日均线方向向上，大盘的涨幅没有中长线超买（机构中线获利巨大且市场平均市盈率处于高位）。

统计数据事实证明，这种强势市场（牛市）是 A 股投资者最容易赚钱的时间，有部分幸运者和职业高手可以改变命运，这是 A 股最重要的不容放弃的第一等级机会，我自己的主要财富基本上也是靠这样的强势市场赚得的，2005～2007 年、2009 年、2014～2015 年，这三波时间是 A 股最近三波赚大钱的时间段。

非强势市场时间赚大钱很难，不能重仓硬拼，要有等待最佳机会的耐心，并为最佳机会的来临准备各种资源。

在强势市场中最常见的盈利方法有：

（1）中短线参与强势热点板块。

（2）中线波段持有走上升通道筹码集中股和大题材股。

（3）短线投机爆破点题材股。

（4）与大盘大跌抄底短线大跌短线强势股。

（5）不做下降通道股和冷门沉闷股（熊市中的大牛股）。

（6）组合持仓（不轻易单一持股）。

（7）适当的短线考虑杠杆。

二、无（低）风险套利能赚到钱

这是 A 股的第二重要赚钱机会，弱势市场中的第一重要赚钱机会。

最常见的无（低）风险套利机会有：存在确定性差价利润的现金选择权，存在确定性差价利润的全面要约收购，有面值保护、有效率的转债（交换债），有面值、净值（确定）保护且年化收益率满意的高等级债券和稳健基金，有双规价格非自动除权的非长线品种等。

无（低）风险套利的操作注意点：

（1）逻辑要硬，不能幻想凑合，防止主体反悔或者困境，把盲点套利玩成盲眼套利。

（2）要组合选时建仓，在熊市中任何品种都可能出现意外的价格。

（3）接盘下家很重要，不能利润无法兑现或者自动除权。

（4）一定要考虑周密，不能高买低卖，因为乱操作而出现亏损。

（5）年化收益率的概念很重要，短线确定的满意年化收益率品种可考虑杠杆。

（6）要有耐心地跟踪一批这类品种，分析其消息面变化，等待意外价格。

（7）最佳机会来临时，也就是无风险利润确定时，合适时机仓位要重。

三、暴跌后的反弹能赚到钱

这是弱势中相对概率大一些的投资方法，技术不熟练的人不考虑不算错，或者可以只用于无（低）风险品种、效率高的转债。

操作的注意点有：

（1）跌幅要足够大、足够急，几百点跌幅那种，或者是大规模跌停后的止跌，阴跌不可以，没有跌出恐慌盘的不可以。宁可错过、晚一步，不能提前抄底。

（2）抄底的信号必须是空仓的人也有点怕，知道这是底，但是不敢买，而且指标股已经止跌，大盘的 PSY 指标处于历史罕见位置。

（3）抄底的主要候选品种应该是即时热门板块、中线超跌兼具短线超跌的板块、出现急跌的基本面尚可的机构重仓股、无（低）风险品种、效率高的转债。

（4）不适合抄底的品种有前期的抗跌股、跌幅相对小的股、基本面下滑的股、有主力出货的股、流通市值大但不活跃的股、公募基金众多的股。

（5）抄底后应该在适当的时间退出，不能短线变中线。

（6）抄底要控制仓位，不能重仓，而且要保持进出灵便性。

（7）要有一定的抄底技术和经验，有许多人经常有这样的教训：大盘不反弹不赔钱，一反弹抄底反而赔一把。

四、有底且有弹性的品种能赚到钱

这是市场处于相对低位的一种适合机构大户的一种盈利模式。

这种盈利模式的要点是，选择一只基本面稳定且优异的小市值股（也可以是人生赌注股），利用资金力量逆反于大盘波动节奏进行小箱体的低吸高抛，进行差价套利。

其操作要点是：

（1）选股最好是流通市值低、基本面稳定、有后续题材、里面没有其他的常规机构、没有大小非减持的危险。

（2）操盘上，可以逆反于大盘的 MACD 指标和大盘的短线较大涨跌幅买卖。

（3）要留有足够的资金，不能因为大盘出现意外的几天大跌，就使你没有后续资金或者让股价失控下跌。

（4）早盘技术、尾盘技术要相当熟练。

（5）要不断地让持仓成本降低。

（6）一旦大盘出现明显上涨的初期或者大盘强势的初期，股价表现要强势引人注目。

（7）如果以转债为主要底仓筹码，对应的股票为活动筹码，这是一个更为理想的盈利模式。

五、弱势做空能赚到钱

弱势做空符合顺势而为，这与重仓做牛市思维是一致的，是职业投资者必须掌握的最重要的盈利模式。

操作注意点：

（1）只做主趋势，不做次级趋势；操作条件也要异常严格。

（2）由于上证 50 指数经常有大主力出其不意的买卖，因此另外两个期指更适合操作。

（3）意外利空、逢高做空、做资金紧张的月底、做 MACD 指标恶化期，是最常见的四种放空思维。

（4）原则上，以上午放空为主，不轻易在尾市开仓。

（5）不在消息敏感期轻易开仓。

（6）可以在适当的时候对冲现货的下跌风险。

（7）适当地了解跟踪主要成份股的综合动态。

六、操作执行的注意点

（1）上述盈利模式可以套作，也可以一种为主，也可以混合组合，要看风险收益比。

（2）每一种盈利模式要有操作计划和资金分配计划，计划必须是多维的。

（3）股市中的技术能力是综合的，而不只是分析能力，这点基础素质差的人体会不到。

（4）市场的交易权限是不同的，尽量争取多的交易权限，不能只当普通投资者。

（5）出现错误时，第一时间纠正，不要迟疑，迟疑常会带来更大的损失，尤其在弱势之中。

（6）对于非这五类盈利模式要适当谨慎，这五种盈利模式对于自己已经足够了，自己不是超人，其他的模式难度大，还会冲击这些最常见的主要盈利模式的实战运用。

（7）最后再强调一次，逻辑要硬，要有耐心等待最佳机会，凑合不但赚不到钱，还会影响一定会来的最佳机会。

花门技 7
职业高手的最常规套路

在股市中，一个个性结果的出现，需要有多因配合。一个强势翻倍股的出现也是这样，通常需要大盘配合，需要机构有实力且不怕死，需要个股的题材足够大，需要股性已经被激活并造成市场共振。

百分之百地选出翻倍强势股的方法是没有的，在任何时候都能选出翻倍强势股的方法更没有。但是有一些原则如果注意到，在合适的时机能增大抓住强势牛股的概率。

个股上涨的最常见、最重要的原因主要有以下几点：

一、大盘上涨

大盘上涨，个股上涨的概率才大，大盘上涨的力度越大、时间越长久，个股涨幅大的概率越高。

1. 大盘上涨初期

涨幅超越且低位价涨量增的股票，涨势概率相对较大。

2. 大盘上涨确立（涨了一阶段）

开始活跃的筹码集中股和上升通道股，涨势概率相对较大。

3. 大盘上涨形成正反馈（新股民大量开户）

滞涨的基本面尚可股与大盘绩优股，涨势概率相对较大。

二、题材是第一生产力

题材产生效力的力度也是与大盘的强度挂钩的，同一个题材在大盘不同的背景时，涨幅是不一样的。

1. 震撼题材、突发题材最佳

雄安新区、科创板开设这类消息属于震撼题材，某地大地震、某重要生产工厂爆炸等消息属于突发性题材。

2. 社会大题材最容易把握

香港回归、奥运会召开、第一批自贸区设立，这都属于社会大题材。

3. 个股爆破点题材最常见

一般小题材经常出现但要考虑大盘的背景才行，个股的大题材把握难度较大但涨幅也比较大。

三、有"庄"则灵

这个"庄"既有历史沉淀性质的，也有新近活跃的。

1. 重仓被套出黑马

要有明显的逻辑信息证据证明，持仓量大，被套的幅度深，且庄还是活的、有后续资金的，这样的庄股一旦初步活跃最好，这个初步活跃可能距离启动的低位有 15%～25% 的幅度。

2. 板块龙头最常见

板块非常强势，最先冲击涨停的股票最容易操作。如果板块热点够强，第二天有时也有合适的买点。

3. 低位堆量操作相对容易

对于中小市值的股，出现低位堆量，可以阶段关注。

4. 超跌反击可以追涨

在大盘暴跌后抢反弹，可以对超跌后的反击股在第一根阳线时追涨。

四、其他经验

其他经验有时也很重要。

1. 活跃机构

有时在某段时间，某个机构是活跃机构，其持仓的重仓股会轮番活跃。

2. 分时波浪攻击

在大盘强势时，有些市值比较大的个股出现分时波浪攻击，且低点和高点抬高，这类个股容易涨幅大且涨势持续，可以适当追高。

3. 第一次大震荡

当强势热点板块在第一次大震荡止跌后，常常反击比较凌厉，容易成为短线急涨股。

4. 规律明显的股

有的筹码集中股，只要大盘活跃就走势比较强，这类股要发现了，就放到自选榜上备选。

5. 大盘股热点

当大盘股成为热点，出现二八现象时，应在第一时间换股，不能因为自己的习惯错失机会甚至赔钱。

花门技 8
股市赔大钱发大财的周期

熊市的运行方式是复杂的，熊市对投资者的打击是残酷的，不彻底消灭"座山雕"是不会收兵的。但股市是周期运行的，熊市终会有结束的那天，底部终会有来临的那天，熊市持续的时间越长，下跌的幅度越残酷，越可能孕育着大机会。因此，职业投资者在熊市中不能着急，要耐心地等待熊市的结束，大盘的真正底部的来临，强势的来临。

下面我就来总结一下怎样等待熊市的结束？如何判断大盘的真正底部？底部的操作原则是什么？怎样判断强势的来临？

一、怎样等待熊市的结束

1. 要有耐心，不能主观猜底

熊市一旦形成趋势，难以轻易结束。

熊市的结束需要市场付出代价以及后续的重大事件（或消息题材）。

在市场付出代价以及后续的重大事件出现（或消息题材）前，不要轻易地以技术分析依据猜底，不能在熊市中赔大钱，在熊市中赔大钱是很容易的事情。

2. 怎样对待反弹

熊市中会有反弹，尤其是那种成交量并不足够的反弹，弃之可惜，不弃又没有肉，甚至最后反弹结束后还赔一把。对于许多股民来讲，熊市不反弹还好，反弹一次赔一次钱。

3. 熊市中常规工作

有能力的人，可以适当地做反弹，但是要严格控制操作条件和原则，要严格控制仓位，快进快出，可以提前出，熊市中的反弹等你看清楚后再清仓，一般都会把利润彻底抹去甚至会赔一把。

在熊市中，最重要的事情是把固定收益做好，把时间用在可以产生看到效益的实际事务上去。如果技术分析、基本面分析暂时看不到实际效果（甚至出现负效果），可以暂时放弃。

二、如何判断大盘的真正底部

1. 先有政策底，后有市场底

A股一旦进入熊市，没有国家力量的扭转，很难再起有力量的升势。

国家力量的出现一般有两种情形：一是危机的出现，绝望情绪的出现。二是国家对证券市场有新的需求。

真正的见底过程通常是，先有政策底，再有市场底。也就是说，由于政策消息面刺激，市场出现强烈反弹后，再次出现的底部上升，那个底才是真正的底部。

如果一个强度较大的政策消息刺激过后，较长时间后没有形成市场底，这个政策底将作废，市场要出现底部，要再来一次"先有政策底，后有市场底"。

2. 恐慌的下影线与强反击

在强烈的政策底信号出现后，会有大主力以顽强的决心很大力度地扼守某个点位，而且扼守都是很有效的，某些指标股的动作是坚决的。

此时，如果市场因为某个原因出现短线恐慌下跌，然后有强有力的反击，这种反击形成下影线或者反击K线组合，此时底部的概率较大，如果放量走出上升趋势，则是新机会出现的标志。大盘量能没有持续放大，这里很可能是底部区域，大盘价涨量增，强势市场则在眼前，应该加大抓机会的力度。

A股的底部往往是尖底加上整体的上升通道，或者是尖底加上局部指数的上升通道。

在尖底的时候是有恐慌情绪的，空仓者也害怕，知道这里是底部，但是不敢买股票。

三、底部的操作原则

在市场到达底部后的主要操作原则有：

（1）根据技术指标操作活跃指标龙头股。

（2）分批定投人生赌注股。

（3）如果不会选股，就要注意小盘金融股。

（4）短线技术差的可以中线关注效率高的转债股。

四、怎样判断强势的来临

在熊市市场，强势市场的再度来临，一定要有大盘成交量的持续放大，这是必须的，即使有其他因素，也不能或缺这一关键因素。

在 A 股股史上，再次强势的点火板块往往是金融指标股。

股市是周期循环的，一定会有牛市来临的时间。越是残酷难耐的时间，越是距离机会期临近的时间，天亮前的黎明最黑暗。

A 股向全世界全面放开，是造就一轮大牛市的一次明显机会，这个机会属于不能放过的机会，届时的新热点强势股也属于人生赌注股。

花门技 9
游资常年惯用的突击战法

游资又称热钱，或叫投机性短期炒作投机资金，是股市中影响股价波动的重要机构，是短线投机小资金的重要短线猎物，不过这种猎物不是黄羊兔子级别的，而是类似于老虎、金钱豹的，虽然操作成功会有一定收获，但操作不当猎手有可能被咬伤。

股市中个股的庄家和游资的根本区别在于是否长线持有股票。庄家一般会长线维持操作股票的市值，操作全过程一般会有一个较长的周期，控盘的资金也比较大。而游资的目的是为了赚取股票短线差价，通常不会在某个股票上停留太久，是游击战，不管输赢都会很快地撤出战斗。

下面，我就总结一下游资常年惯用的突击战法，如果你是小资金高手，看看你敢不敢艺高人胆大；如果你是大资金激进者，看看你能不能成为新的食肉动物。

一、游资战法的框架

1. 时机

最佳时机是当市场出现能够激发市场跟风盘的题材消息时间，此时操作相关板块。

有时市场没有出现较好的题材，也可能炒作当时大家可能最认可的板块。

2. 选股

无庄股、无基金股、无大户股、小盘股、市场传统形象好的股。

其中，会选一只或几只概念比较直接的股作为龙头股。

如果热点题材大，几股游资机构可能会汇集于同一板块作战。

二、领头羊

当机会来临的时候，主打个股是领头羊，它是上涨空间最大的股，是制造利润的主要品种。

领头羊的制造操作方法：

（1）最先出现在强势股榜上，买入量最大，不计价格，要短时间多买进筹码。

（2）如果时间许可，也可以事先吸货，经过一段时间震荡后直接展开封板攻击。

（3）拉升攻击时分时线可以陡峭攻击，在7%以下有大单就吞吃，中间不调整股价。

（4）同时启动僚机配合板块。

三、打涨停板的技巧

1. 启动

要在开盘后立即启动，如果消息突发则在第一时间启动。

龙头股要先拉到7%左右横盘。这样做的目的有两个：

第一，消化一些短线浮筹，减少随后的涨停板抛压。

第二，有时间让市场发现这个股可能是潜在龙头股，争取更多的打板同盟军。

2. 打涨停板的时机

经验表明，每日开盘半小时内涨停的个股，最容易受到跟风盘追捧。

如果题材够大，或者实力够强，也可以在开盘集合竞价就封涨停。

四、涨停后的经验

这是个统计经验，可供制造涨停者和追涨停的人同时参考。

（1）开盘半小时内涨停的个股：一般都是高开6%以上，很快涨停，刚涨停时成交放巨量，但封盘量越来越大，随后成交量萎缩，有些个股上午有一次打开涨停的机会，下午之后成交小得可怜，至尾市时几分钟才有几手、几十手的成交出现。

（2）上午开盘半小时后午市收盘前涨停的个股：盈利机会小于前者，日成交量已经很大，封盘较少，后市打开涨停板的次数较多，有些个股打开封盘后就不再封住了，因此这段时间内涨停的个股风险较大，不是不可追，仓位要小。

（3）午后乃至尾市才涨停的个股：一般为跟风庄家或者后知后觉的大户制造，封盘不坚决，封盘量很小，这类涨停股风险较大，不要轻易追。

我的经验是：不要轻易在尾市涨停的这个价位去追，第二日很可能还有比此价低2%~3%的价位出现，那个价位买入，成本会更低一些。

五、跟风盘经验

（1）半小时内涨停并符合前述条件，第一个涨停板的个股可以追，据统计，此类个股能盈利的可能占80%，短期吃大肥肉的可能占60%。

（2）如没有及时发现这类（半小时内）个股涨停，可重点关注一下，选择沪深股市最先涨停的各前三只个股，将选择的涨停个股选入自选股中，以各自涨停价低一分钱的价位设置低位报警。然后可以去关注自己的个股，当大盘出现急速下调时，其中个股有可能打开涨停板，此时系统报警，可以注意并决定是否买它，大多个股会下调1.5%～2%，个别的能下调3%左右，买时可以此为参考价，绝大多数这类个股会迅速重新封至涨停。

六、收市后对涨停个股的研判

主要看日成交量和封盘量。在此仅提供一个参考值：

（1）封盘量是日成交量的80%以上，该股明日高开6%以上，能上摸涨停价，并有很大可能封死第二个涨停板。

（2）封盘量是日成交量的50%～80%，明日高开5%以上，能上摸8%～10%，也有第二个涨停封盘的可能。

（3）封盘量是日成交量的30%～50%，明日高开3%以上，能上摸6%左右。

（4）封盘量是日成交量的10%以下，明日上摸2%～3%，订好加手续费的价位，明日竞价卖出，不赔先走人。

给出的封盘量概率也是一个参考值，更重要的是在盘中观察个股在封盘过程中的表现，例如，一个股上午10点以前封涨停，全日无打开的现象，本来封盘率较高，但收市时减少至10%～30%，这个现象表示该股今日惜售特征很明显，收市前机构已无大量封盘的必要，撤掉大部分单去做别的股票了，这只股明日开盘不久仍将封停。

一只股昨日封盘量很大，今日封盘率并不大，明日能否继续涨停？看看今日的成交量，是不是比昨日明显减少，也许昨日成交很大，今日成交明显减少，表明主力已控盘，明日开盘即会涨停。

七、追涨停套住了怎么办

如果你追的个股尾市封盘率小于10%，第二日以2%的上涨率申卖又没有成交，收市股价低收，此时就要以解套和止损为重要操作目的了。

（1）如果全板块走弱，则需要止损。

（2）如果只有这个个股走弱，同板块其他股比较强，则说明这个股是个小机构或者市场偶然因素造成的假龙头股，则需要解套就走。

花门技 10
七种不能放过的异动股图形

图形复盘是所有投资者必须做的功课，它能够让投资者对整个市场有一个直观的感觉，也是大多数投资者选股的第一步骤。短线实战经验丰富的投资者，本身通过图形就能够对个股的短线强弱有一个大概的判断，在没有意外消息的刺激下，就能发现一些个股短线机会一般，而另外一些个股在大盘背景可以的情况下可能存在短线机会。

一些有过大户、机构工作经验的投资者，通过对机构操作大资金的了解，以及长时间的复盘经验总结，认为下列几种图形在复盘时是需要特别留意的，在大盘安全时属于不可放过的图形，一定需要进一步了解和跟踪，有一部分这样的股可能能够创造不错的短线效益，这个技术是职业投资者必须掌握的非常重要的技术。

我认为，下列七种图形的股不能轻易放过：

一、中长线上升通道

表现形式及操作要点是：

1. 熊市中的抱团取暖

（1）典型的图形例子。白云机场 600004，该股从 2019 年 1 月 18 日走出跨越强弱周期的上升通道。同期的通策医疗 600763、华测检测 300012、五粮液 000858。

（2）特点与原理。公募基金在熊市时也必须有持仓下限（而且比例不小），因此熊市抱团取暖是一个防守策略，选择的股票容易是稳健的绩优股，常常是白酒、医药、公共事业等行业股票。

（3）操作要点。在重要均线处受到强支撑时是短线买点（选股点），在通道上轨出现回落时是卖点。尽量选择通道中间位置操作最为安全，在市场转强时，这类股票涨幅慢。

2. 熊市强庄股

（1）典型的图形例子。海虹控股（国新健康）000503，该股2016年走出整年独立于大盘的上升通道。

（2）特点与原理。有些机构因个性原因或者其他原因，出现了这种操作。

（3）操作要点。在重要均线处受到强支撑时是短线买点（选股点），在通道上轨出现回落时是卖点。尽量选择通道中间位置操作最为安全，在市场转强时，这类股票涨幅慢。

3. 强势中的上升通道

（1）典型的图形例子。龙头股份600630，该股在2015年上半年牛市背景走出独立的上升通道。

（2）特点与原理。这类股往往是有一个中线题材或者有强机构驻扎。

（3）操作要点。在重要均线处受到强支撑时或者大盘大跌时造成的大阴线、下影线是短线买点（选股点），在通道上轨出现回落时是卖点。在题材未尽时是安全期，临近题材时是爆发期。

二、大涨后强势横盘

表现形式及操作要点是：

1. 新股开板后的横盘

华林证券002945、红塔证券601236，新股上市开板后强势横盘，随后出现上涨走势。

2. 复盘连板后的横盘

领益制造002600在2019年2月初复牌后连续涨停，涨停打开后强势横盘，后再度连续涨停。

3. 大涨后的横盘

浙江广厦 600052（2019 年 9 月初）、宁波华翔 002048（2019 年 9 月初）、中光学 002189（2019 年 2 月）都是在连续大涨后强势横盘，然后继续大涨。

三、螺旋桨王趋活

表现形式及操作要点是：

1. 中位的螺旋桨

博信股份 600083，在 2019 年 8 月中旬股价开始连续活跃，股价开始独立上漂。

2. 低位的螺旋桨

广聚能源 000096，在 2019 年 8 月下旬、汉森制药 002412 在 2019 年 3 月中旬，股价开始连续活跃，股价开始独立上漂。

四、短时间内再度强势

表现形式及操作要点是：

1. 波浪上攻的再度强势

万向德农 600371 在 2019 年 5 月底、嘉澳环保 603822 在 2019 年 1 月底、恒河模具 300539 在 2019 年 2 月下旬、实丰文化 002862 在 2019 年 3 月初，股价都出现再次强势上攻，从而出现较好的短线机会。

2. 横向大箱体的再度强势

青松股份 300132 在 2018 年市场比较差的情况下，股价出现大箱体的走势，每次在低位启动时都是价涨量增。

五、阳线连板

表现形式及操作要点是：

1. 领头羊的连板

中国人保 601319 在 2019 年 2 月下旬出现连板走势。

2. 个股的连板

华北制药 600812 在 2019 年 8 月下旬、风范股份 601700 在 2018 年底、深天马 000050 在 2019 年 2 月中旬，都出现连板走势，这种图形好像还比较多。

3. 操作要点

分析的方法：在两连板后要注意（选股点），第三根 K 线如果强势，后续就存在短线机会。需要特别说明一下，这种玩法需要经验和熟练度，也有一定的失误风险，只适合小资金娱乐或者比赛使用，不适合生手和大资金玩。

六、连续强势小涨

表现形式及操作要点是：

应流股份 603308 在 2019 年 8 月底、维力医疗 603309 在 2019 年 3 月下旬、傲农生物 603363 在 2019 年 2 月中旬、江铃汽车 000550 在 2018 年 12 月底、百润股份 002568 在 2019 年 2 月中旬，都是先是出现连续小涨幅强势，然后出现短线机会。

七、严重超跌后的强反击

盛运环保 300090 在 2019 年 6 月中旬、兴源环境 300266 在 2019 年 2 月初、博创科技 300548 在 2019 年 2 月初，都是出现了急跌的强反击，随后有短线机会可把握。

八、特殊说明

（1）这些图形只是相对其他图形的高概率，不是 100%，分析时还要考虑大盘因素和个股的基本面因素。

（2）熟能生巧，对一种图形要经过多股多次的观察（包括实时）才能熟练掌握买卖点。

花门技 11
炒股的关键原则思维

江山易改，禀性难移！

北京电视台有一个收视率比较高的节目，"欢乐 2 打 1"（其实就是斗地主），由于是晚饭时间，我基本上期期观看。我喜欢看这个节目，并不是喜欢玩扑克牌，而是借此了解人、人性，该游戏中的人、人性几乎是与股市类似的，局外人能看得比较清楚。

通过观察这个节目，我得到了下面一些直观感受。

一、玩牌的基础素质和专业性

1. 基础素质

（1）逻辑性。大部分人没有基本逻辑概念，没有当局牌的逻辑，更没有整体 15 局的策略逻辑，完全是情绪化，跟着感觉走出牌。也就是说，运气因素至关重要。

（2）努力不够。大部分人不记牌，断张、大牌、关键牌基本不记。按理说，打到电视台这个平台，欢乐为主，这没错。但是，人是有习惯的，如果这么简单的事情都不严谨认真，不对自己负责，做其他事情，包括炒股，估计也差不多，江山易改，禀性难移。

（3）精英群体。相对来说，这个节目中的老年人、女性瞎玩的比例非常高，出现不可思议的笑话很多，用解说嘉宾的话来说，这个节目中，任何不可思议的思维（胡思乱想）和出牌现象（非主观的害自己、害同伴）都可能出现，是经典的错误教科书。这个群体的共性是做"农民"时不扛牌，不合理地保存实力，出牌不考虑同伴情况，习惯性地出最小的牌，这是典型的自私弱势思维（社会上、股市上也基本这样），多数老年人、女性出错后，不认错，并会找出其他牵强的客观原因。

与人打交道少的人过分注意别人的评价。比如，有人过分执着于末局首叫权（因为一个解说经常强调这点），而不顾牌局牌面情况硬叫分保这个末局首叫权，导致在牌局未到2/3阶段时就已经大比分落后，从而丧失竞争力了。另一个经典的例子，美丽漂亮的主持人对一位稳健的牌手说，你不喜欢叫牌啊！其实该叫也得叫的。结果，下局牌，该牌手很乖，2个"2"一个"A"叫了三分，挨了两炸。

相对来说，二三十岁的人只要不莽撞瞎叫牌，水平相对要高一些。

而精英属于四五十岁的有逻辑的人，比如解说嘉宾李军、宋琪等。

2. 玩牌的专业性

（1）叫牌。叫牌其实只有两个原则：

一个原则是系统叫牌，即有什么牌叫什么分，兼顾对手的风格和叫分这是一个原则纪律。

另一个原则是根据牌局分的进程，有整局牌的输赢策略。

（2）基本原理。斗地主的基本技巧是：

强牌面原则是：先出小牌，后出大牌，最后争取控制牌面。

弱牌面原则是：帮助同伙，尽可能合理地破坏干扰庄家行牌，别痴心妄想。

（3）行牌过程。要记关键牌，要有合理的逻辑推断，顺势而为，不乱叫牌。

二、炒股的基础素质和专业性

其实，炒股与"斗地主"是相通的，大多数股民连炒股的一些素质和基本点都不清楚，还想赢钱，这不是开玩笑吗？

下面，我就谈谈炒股必须了解的基本点和关键点，如果能了解并做到这些，大多数人的胜率能提高不少。

1. 基础素质

（1）逻辑性。炒股的人必须要有逻辑性，投资行为必须要有硬依据。如果这关不迈过去，连是非都分不清楚，怎么能发财？我认为，许多股民炒股赔钱，这是第一道槛，也是最重要的一道槛，熟人间还没办法帮他把这个指出来。我不能为了让你少赔点钱，而得罪你啊，再说你也不听啊。

（2）努力不够。必须付出足够的努力。最起码，《股票操作学》《百战成精》《千炼成妖》《万修成魔》《操盘手1》《操盘手2》《操盘手3》要看懂看熟，形成本能，越困难越是要过关，别人都不过关，你过关了才能发财。

（3）精英群体。股市成功者一定是整体素质的成功，不可能这个人基本素质差，但是股市炒股高手。

股市成功者一定是多阅历的，有过散户、大户、机构、主力机构、券商等不同角度的阅历，这几个角度是不一样的。

2. 股市的专业性

（1）选时的顺势而为。必须用操作系统选时的顺势而为，建立自己的操作系统，坚决地执行，一旦违反就必须自我惩罚，是除了赔钱外的自我肉体惩罚。

这关也是重中之重。

（2）风险的防范性。炒股是风险投资，想赚钱先考虑风险，后考虑赚钱，如果你没有防范风险过硬的措施，就必定赔钱。

防范风险的角度有：大盘的系统风险、个股的技术风险、技术打法的下跌速度风险、操作技能的组合风险。

（3）主要的技能。

无风险套利：负责生存的。

牛市组合及逃顶：负责发财和能力强于一般人的。

短线爆破点：负责正常理财和股市上班工薪的。

防范风险和纠错：负责别让你家破人亡、成为和平时代的失败者。

人生赌注股战法：防范风险的前提，试试人生运气。

这五个方面要根据《万百千》写出自己的论文。

（4）了解对手多拜师傅。

炒股炒得好，要多拜师傅，多与其他投资者交流。

交流时不能光吹牛皮，要用逻辑分析，要比较，要认可强者思维。

尽量让自己和家人生活多样化，不能因为炒股变成了傻瓜，更不能让家人为你担心，要让家人为你自豪。

要靠技能赚钱，不能靠运气赚钱。学习技能不是阅读，而是动手实践，多次的正确重复，最后形成独立的本能。

花门技 12
大停牌战法实战综合讲义

抓大停牌股，是职业操盘手的看家本领，是以小博大的一种特殊方法，干好了，会获得超额收益，资产重组也是资本市场最有魅力的题材。

近期，关于并购重组方面的政策也有了一些变化，为资产重组这个题材带来了一些希望，但抓大停牌股的难度也是比较大的，如果不讲究方法，也容易损失惨重。

分析并操作大停牌股，需要经过专门的一些训练，下面我们来探讨一下大停牌股战法：

一、大停牌股适合的人群和大盘时机

（1）适合无负担的穷小子翻身，抓住了资产会提升很快，没抓住也可以继续打工攒钱等待下次机会。

（2）适合富人用闲钱少量投机，不能下重注，风险回报比不划算。

（3）也适合有家庭负担并有部分资产的人用不影响生活的资金量来操作，赢了对家庭资产有提高，输了损失也能承受，但资金量需要严格控制，家庭是最重要的。

（4）大盘非牛市，要想获得超额收益，大停牌股是最适合，但也不能是单边熊市的开始，最好是大盘整体下跌有一定的幅度，并且未来有稳定一阶段的预期。

（5）熊市底部阶段最适合压大停牌股。

（6）在牛市明确开始后，也适合部分资金压停牌股。

二、怎么发现目标

（1）出售主业资产，导致变为净壳，并且大股东明确表示要转型发展的，容易借壳上市。

（2）有过比如整体上市、注入资产等股东承诺的（行情好时容易实现，行情差时容易反悔或延期）。

（3）大股东或新股东是资本市场玩家，以往有过重组战绩的。

（4）公司以往进行过并购重组等资产运作但失败了的。

（5）与专业金融机构有关联，比如签署战略协议、成立并购基金等。

（6）股东里有压重组高手或机构的，比如曾经的蝶彩基金。

（7）大股东持股比例高，在年报里或讲话等表态过要进行并购等意图且手里现金充裕的。

（8）国企或央企，通过对相关政策及讲话的分析，也可以发现相关上市公司并购重组的意图。

（9）走势强的 ST 股（壳干净），再大幅计提后，或者大规模处理资产后，容易大停牌。

（10）螺旋桨走势容易出大停牌，大停牌股一般在中小市值的股票里选。

三、如何判断潜力及可靠性

（1）大停牌赌的是主力，主力实力要强，实力越强越可靠，涨幅越大。

（2）低位股涨幅大，借壳或并购、注入的资产属于热点优质资产涨幅大（每一阶段的市场热点是变化的）。

（3）国企绩差净壳，可靠性加分。

（4）中小市值的股涨幅大，大盘股潜力一般。

（5）大股东或关联人或关联机构有优质资产的，潜力及可靠性加分。

（6）实力股东或关联人被套的股数和幅度大，潜力及可靠性加分。

（7）以往有过短时间内大量增持回购的（意图急切），可靠性加分。

（8）以往进行过资产运作，因大盘或其他原因导致里面相关股东被套，潜力及可靠性加分。

潜力及可靠性需要在若干标的里综合比较，才能选出最优。

四、如何操作

（1）先看大盘，大盘整体头部、单边熊市时不操作大停牌股，往往及时停牌也会以失败告终或者复盘补跌，最好的方式是在阶段底部逢低吸纳。

（2）组合持仓，最好不要重仓压一个股，容易掉入概率陷阱及心态失衡。

（3）阶段市场因素需要考虑，比如阶段热点、市场政策氛围等。

（4）由于压大停牌有一定的运气成分，中线持仓要轻，短线没把握时也要考虑先把短线利润拿到手。

（5）最终赌的是停牌，所以有一部分仓位持仓要久（在大盘没有明显危险时），最好能够高抛低吸摊低成本，大盘走势弱时尽量只部分持有一只大停牌潜力股。

（6）需要考虑交易所对停牌前股价短线及阶段异动的判断标准。

（7）大股东注入资产前，股价走势容易受到压制；购买外在资产，股价容易先涨一波。

五、风险防范

（1）没有十足把握的，不要去碰可能退市的股票。

（2）中国资本市场法规逐渐在完善，因此对标的分析非常严格，并且要严格按照系统进行仓位管理。

（3）组合及闲钱投机。

花门技 13
大众经典投资方法的优缺点

A 股市场最常见、最大众的投资方法有下面几类：

第一类是基本面分析投资方法，又可以细分为蓝筹投资法、成长股投资法、分类指数投资法。

第二类是技术面分析投资方法，又可以细分为个股技术投资法、大盘趋势技术投资法、猎庄打板法。

第三类是量化投资方法，又可以细分为期指指数法、软件公式法、精确预测法、集中持股法。

第四类是操作系统投资方法，下属细分技术又可以分为大盘选时系统、无风险套利技术、人生赌注股、强势爆破点技术、风控归零技术。

下面我就这些投资方法的优缺点做一些分析比较，供有缘者参考。

一、基本面分析投资方法

基本面分析投资方法的最大特点是只考虑上市公司的基本面情况，不考虑大盘的趋势涨跌问题。A股中的绝大多数机构、大户都采用这个方法。

1. 优势

（1）这个方法是符合股市主流价值观、符合基金公司的利益、符合实体经济的心理习惯，因而为社会主流媒体所倡导。

（2）符合个人一次性选股然后持股不动的懒汉思想。

（3）由于公募基金资金量比较庞大，它们又有最低持仓限制，即使看空也不能空仓并且要重仓死扛，这样在某个熊市阶段公募基金会抱团取暖，会导致熊市阶段出现一些逆势的基金重仓股。

2. 劣势

（1）在熊市中，大部分股票都下跌，"早下跌，晚下跌，早晚都要下跌"是绝大多数股票的命运，熊市中重仓长线持股赔钱是大概率情况，而且一旦失误容易成为最成功的失败者，损失惨重，在熊市中重仓很难保持稳定心态。

（2）熊市中一些逆势走上升通道的个股，与其说其基本面的胜利，不如说机构重仓并不断加仓的胜利，因此很难通过事先基本面分析获得成功，更何况许多绩优股的财务报表是包装过的。

（3）由于运气因素，熊市中有部分打着价值投资旗号的股票走势比较强，但是这个收益率也比不上更有优势的其他投资方法，由于媒体和一般投资者不懂其他投资体系，就胡乱吹牛，神话了价值投资成功的概率。

（4）熊市的绝大多数逆势上涨股或者抗跌股，在牛市中普遍表现平庸，甚至逆势下跌，而在股市中发财改变命运，最重要的手段就是在牛市中集中注意力抓牛股。

3. 综合评价

如果你是公募基金，必须在熊市中重仓斗熊，那么你采用这个方法并为了稳住基民而鼓吹这种思维无可厚非，这是由于处境和利益所决定的。

如果你是普通个人投资者，绝对应该回避熊市重仓持股，只在牛市中持股，至于什么时间是熊市、什么时间是牛市，价值投资方法思维是模糊的，甚至认为这个问题是弄不清楚的，而事实是，在其他投资方法体系中对这个问题是能够弄清楚的。

许多人投资股市的财产占家庭的比重是比较大的，理应付出更多的时间和劳动，掌握更客观、更有效的投资方法体系。

股市高手常常嘲笑在市盈率高分红率低的 A 股中进行价值投资的人是"永炖机"。

二、技术面分析投资方法

技术面分析投资方法最大的特点是教科书众多，媒体上乃至营业部投顾中所谓的高手众多，更容易为投资者接触到。A 股中的绝大多数个人投资者，特别是投顾、年轻人喜欢这种方法。

1. 优势

（1）符合投资者天生的短线追涨杀跌的人性，迎合新股民多巴胺旺盛的赌性。

（2）入门方便，行情软件提供了各种图形、指标供投资者信手使用。

（3）偶然的幸运赌徒都愿意把成功案例归诸于技术能力的胜利，由于符合营业部短线交易量的需求，且辅导说服客户更为容易，券商更倡导技术分析短线交易。

（4）有些技术分析群体形成了门派、体系、信仰，比如打板族等。

2. 劣势

（1）技术分析的依据基本上不够硬，概率不够高，因此心态不可能稳定，有"小偷"心理，并且容易让人赌红了眼，刹不住闸，交易成本高。

（2）有些技术分析的使用，一旦出现失误，损失非常大，比如打板族中的术语"核按钮""吃大面"，这些都是投资大忌。正确的投资方法绝不允许"核按钮""吃大面"这个情况出现，何况还作为投资体系的一个组成部分。

（3）容易让错误的投资方法经过多次重复而形成固执的习惯，甚至让赔钱更有道理，如果这样，这个投资者就被毁了，在股市中有信仰的赌博比在赌场中赌博更坏。

（4）最坏的赌博不是每次都输，而是小赢大输，有人偶尔赢大多数人输，大多数都不会统计技术，无法客观认识事实，导致走火入魔，选择性认同和记忆，就像江南七怪中的柯镇恶一样，谁都打不过又谁都不服。

3. 综合评价

如果你是券商工作人员，为了交易量和券商的经济效益，那么你鼓吹这个方法无可厚非，这是由于处境和利益所在决定的。

如果你是普通个人投资者，绝对应该采用具有更高成功率的方法，坚决杜绝采用那些具有产生人生大失败可能的方法。

采用技术分析的人数众多，特别是短线人群庞大，所以这个方法一定要学会，学会不是为了执迷，而是为了利用。社会智慧是，摆脱愚蠢，利用愚蠢；股市智慧之一是，学习技术分析，利用技术分析。

技术分析的最大特点是，在牛市中大多数买入信号都准、大多数卖出信号都不准；在熊市中则刚好反过来。

股市高手常常嘲笑在 A 股中的技术赌博人是永动机，而且永动机中的战斗机。

三、量化投资方法

量化分析是技术分析的升华和机器化，美其名曰去除人性的弱点。这里把期指指数量化法、软件公式法、精确预测法、集中持股法都列为这一类。

1. 优势

（1）有科技含量的幌子，显得有点高大上。

（2）符合好吃懒做的懒汉思想。

（3）部分量化交易、集中持股法有操纵市场的快感和成就感。

（4）精确预测，符合装神弄鬼的传统文化，很神秘，有时会很神奇。

2. 劣势

（1）股市博弈是多维博弈，多因一果，而多数量化交易的交易依据只是已经成型的传统技术指标的简单组合，缺乏无法量化成技术指标的柔性因素，因而可靠性有限，或者只是阶段性的可靠性。

（2）部分量化交易、集中持股法，你认为是技术，执法机构认为你是违法行为，比如曾经的光大证券量化交易、上海青岛等地的量化交易机构。

（3）股市事前的远景精确预测是挑战不可能，其实与洪秀全的天帝附体没什么区别。

（4）容易赔大钱。

3. 综合评价

提高基础素质，分清是非逻辑，合法合规，是成功必须的前提，否则不但财富事业失败，可能还会人生失败。

四、操作系统投资方法

操作系统投资方法，下属细分技术又可以分为大盘选时系统、无风险套利技术、人生赌注股、强势爆破点技术、风控归零技术。

1. 优势

（1）尊重客观事实，尊重大概率，顺势而为。

（2）稳定持续盈利，心态好，随着时间的推移财富逐步增长，并有暴富的可能。

（3）细化股市不同时期的利润点，比如说熊市做空、固定收益，牛市中高效率短线爆破点。

（4）适合不同规模的资金，学习起来容易，执行起来也容易。

2. 劣势

（1）需要重新学习，但普通投资者接触这种方法的机会少，并且需要投资者经常关注信息、跟踪信息。

（2）不存在大概率机会时，需要空仓等待，赌博成瘾的人会因赌瘾发作难受，要求入错门派的人放弃原来的坏习惯（这点有点难）。

（3）只是大概率，需要组合，不符合极端的高标准要求（其他方法更实现不了）。

（4）不会出现大失误。

3. 综合评价

目前，我认为这是最上乘的，也是最适合 A 股的股功。

学习的教材主要有：《操盘手1——自由救赎》《操盘手2——骑士精神》《操盘手3——一念天堂》《百战成精》《千炼成妖》《万修成魔》。

【花言巧语加油站】

（1）改变世界是一个令人兴奋的想法。改变自己使它成为可能。

（2）了解"江南七怪"并不是做无用功，而是为了了解愚昧并利用愚昧。

（3）人的成熟不是年龄，而是懂得了放弃，学会了圆融。

（4）冲破自限，是普通人上进的第一个必须意识和难关。

（5）如果你不变强，连死的方式都不能自己选择。

（6）不要说你学不会！你是个人你就能学会！

（7）唯一比情绪幻想更糟糕的事情就是相信它们。

（8）不要让你的痛苦保持痛苦。从中获取一些东西。让你的痛苦推动你成长。

（9）人贵有三品：沉得住气，弯得下腰，抬得起头。

第二部分

磨 刀 石

　　没有哪个冬天不可逾越，没有哪个春天不会到来。人生中总有些难熬的时光，有人颓废荒芜，投降认输；有人则痛下决心，突出重围，选择往往一念之差。斗志战胜脆弱，才能柳暗花明。

磨刀石1
盘中如何预感股票将要大涨

　　买了就涨，是许多股民梦寐以求的事情。其实对于一些有经验的职业操盘手来说，盘中预知股票将要拉升，并不是"可'想'不可及"的事情，而是通过长期看盘、操盘实践，可以达到或者部分达到的境界。其中一个重要方法，是"结合技术形态研判量能变化"，尤其是研判当时有无明显增量资金的异动迹象。

　　一般说，量价关系，如同水与船的关系、水涨船高的关系。因此，只要有增量资金，只要增量资金足够有实力，则股价是可以预见即将拉升的。

　　盘中有个股出现下列交易迹象时，股价有可能即将出现短线上涨拉升。

一、开盘阶段

1. 大盘无原因高开

某个 K 线技术形态中低位的股，没有利好刺激大单直接高开，且前半个小时走势比较强，如果大盘背景安全，股价可能会上涨拉升。

2. 开盘高开直接上冲

某个股开盘后高开，然后在 9：30 后的几分钟，涨速靠前且数值较大，有往涨停板上冲击的架势，很容易形成封死涨停且第二日继续涨的可能性，这是大盘安全期最常见的一种涨板甚至连板的方式。

3. 低开后快速补缺

某个股早盘低开后，快速补缺，个股这种操作有可能是机构大户的最后收集动作，如果股价继续强势，有可能短线急涨。

4. 筹码集中股高开后

筹码集中股（螺旋桨股、十大股东中有超重仓机构）出现了高开了 2～5 个百分点的情况，当天走势比较强，盘中因大盘震荡而产生的低点是比较好的短线买点。

二、盘中阶段

1. 强势上冲波浪

明显的高点抬高、低点抬高的上冲浪。

2. 盘中多次间隔大买单

单日中三次以上的出现吞吃数个价位的情况，尾盘前则可能上涨。

3. 多次吞吃大卖单

只要有大卖单出现，立刻有人吃掉，即使大盘调整时刻也是这样，则迹象更加明显。

4. 大盘调整个股不调整

在大盘盘中调整时，股价表现得很硬，一旦指数上涨，个股容易涨。

5. 逆势的筹码集中股

有些筹码集中股，就喜欢在大盘指数强势调整时逆势上涨。

6. 在 10（30）日均线处强硬的强势股

当大盘调整时，股价在 10（30）日均线处强硬的前期强势股容易出现大涨幅。

7. 指数上涨时领涨的股

指数表现平庸时，突然指数出现明显上涨，此时的涨速靠前的股，股价继续强势，容易是这个阶段的强势股。

8. 大盘股大涨幅

股价沉闷的大盘股，一旦股价上涨超过 6% 以上时，股价如果继续强势不明显回落，可能是波段上涨的开始。

三、尾盘阶段

1. 尾盘单笔大幅砸股价

尾盘一笔下砸 7% 以上，第二天大幅高开，容易在第二天涨停。

2. 尾市集合竞价吃货

在尾市三分钟集合竞价时，价格不断（数次）上涨（数个价位），且买盘增大，该股第二天容易是强势股。

3. 2：40 左右的买卖比靠前的大涨幅股

2：40 左右的买卖比靠前的大涨幅股（6% 以上），第二天容易继续强势。

4. 强势中射击之星

大盘强势时，大盘尾市急速跳水（最好是周四或者月底），涨幅较大的股被拖累成小涨幅的股，如果大盘第二天稳住，这种股容易继续大涨。

四、与大盘的关联

1. 个股服从大盘

只有在大盘安全时，上述经验才管用，大盘连续下跌时什么股、什么战法都没有用。

2. 大盘强弱时的选股原理

大盘强势时应选初步超越的股；

大盘弱势时应选极度超跌的股。

3. 异动逻辑

有明显异动的股，短线结果好的股有短线机会，短线结果不良的股是最坏的股。

4. 大盘强势时成交窗口

在大盘强势时，利用软件的短线强势股成交显示窗口选股，进行小仓位、多品种的组合方式（适当考虑补仓），是个不错的强势战法。

磨刀石2
怎样利用尾盘进行超短线投机

在市场弱势时，绝大多数常规的短线投机方法都具有很大的风险，不仅是投机成功概率低，而且有些激进方法一旦失误亏损额会比较大。但是，一些职业股民在长时间的弱势中也需要有收益，一直在寻找研究发现是否在弱势中也有相对高概率的超短线投机方法，有人发现利用尾盘进行超短线投机这个思路，这个方法比较适合小资金获得一些超短线的小收益（买个糖吃，或者买个苹果手机玩），也适合一些小资金的炒股比赛。

尾市操作法主要是一个超短线的投机方法。临收市前近半小时左右，股市容易产生相对较大的波动，受"T+1"制度卖出的限制相对时间短，一些主力机构喜欢在这段时间兴风作浪。有时全日都在上升，但临到收尾的数分钟却变成了"跳水"；有时全日都跌，到收市时却戏剧性地以飙升收场。可见尾市是一日之内比较适合小资金短线投机的时间段。

尾市操作法是根据市场的规律总结分析去推测市场最短期的走势，在尾市10分钟和第二天开盘10分钟间进行超短线操作，并赢得劳动成果。

下面，我把这个战法做一些总结。

一、要选择大盘的时机

不顾大盘时机的短线频繁操作，我们称为永动行为，这是股市大忌。

这个战法的大盘时机最好选在大盘处于超跌后指数出现第一根反弹阳线的交易日，并且这个反弹应该有一定的强度。

根据经验，已经超跌后的周四尾市或者月底的最后一个交易日尾市，是相对好的黄道吉日。

另外需要注意的是，2019 年这阶段大盘超跌后的反弹有一个规律，都是指标股先反弹，然后第二天是中小盘股的反弹。

二、要选择振幅小的股

许多短线爱好者喜欢操作振幅大的股，这种玩法也是弱势中的大忌，弱势中振幅大的股因为心态不稳定的原因和大盘弱势的原因，容易赚小钱赔大钱。

而振幅小的股，因为不会赔大钱，又可以为打新股贡献市值，容易让人保持良好心态。我一直认为股市技术的构成是，六分心态，三分技术，一分运气。

我自己偏好的小振幅股有两类：

第一类是成交金额最小的一类股，上下买卖挂单相差比较大（有时甚至相差 1%），要有耐心低挂等（一般情况下买单稍微大一点，就容易有人砸，没买单后尾市又有人拉高）。

第二类是跌破净资产的低市盈率股，比如高速公路股，这类股的好处是，价格低，你买高几个价位（可能 1% 以上），下档就会出现挂买，第二天早盘容易卖出。

三、要选择超跌的股

弱势中买强势股也是永动机的天性爱好，由于补跌轮跌原因，这个思维也容易赔大钱。

实战中，我的选股经验是，选那些超跌的没有明显利空心理影响的股。操作经验是，小量买进后，在更低的价位挂上大买单，有时被套的机构大户会赌气拉尾盘。注意：买单挂上后，不要随便撤单，那样可能交易所给你打电话。挂得低，一般不会成交，即使成交也没关系，短线也有机会获小利出掉。

四、要选择波动有规律的股

这个也很重要：

（1）螺旋桨阳线多的规律。

（2）喜欢拉尾盘的规律。

（3）喜欢第二天早盘高开的规律。

（4）这点不能忘，股价要远低于重要均线（10日、30日），不能被重要均线压住股价，特别是不能让多条纠集于一点的均线压住股价。

五、要选择有题材刺激的股

有条件的话，应选择那些有题材刺激的股。

比如，重要的股东大会、重要的事件批复、业绩说明发布会、增持回购限期即将结束等，总之是要有事件刺激且时间可判断。

六、网状思维

上述条件要严格和综合判断实施。

磨刀石3
股价大涨前的常见试盘动作

有庄的股票是个宝，无庄的股票是棵草。

猎庄、跟庄技术是A股中的重要投机技术，正确使用，收益率会明显大于其他投资思维方法。

每个庄家的想法不一样，但是股市中的运作手法就那么几样，无非是量价关系的组合，机构在资金运作的过程中，不可避免地会留下种种迹象，有经验的分析者只要对股价波动进行细致的观察分析，庄家的有些举动就会暴露在我们眼前，再结合一些历史信息，我们就能有逻辑地合理推断，再结合大盘来进行猎庄、跟庄。

下面是我总结的一些猎庄术和跟庄术：

一、牛市阶段个股大涨前的征兆

1. 牛市常规牛股

在大盘处于牛市上升期间，机构往往胆子比较大，顾忌比较小，机构开始拉升股价时就不怎么使用多余动作，而是直接往涨停板上拉。

因此，在牛市中，要多加注意那种第一个涨停封单比较大的低位冷门股。

2. 大停牌股

在牛中，还有一种牛股是大停牌重组股，它的涨幅主要是由于消息公布后的连续涨停造成的，但是在消息出台前股价不怎么涨，非常磨人，但是最终涨幅却非常大。

所以，在牛市时，也可以用少量资金押注这类股，但是要把分析做扎实，要有重组前的信息征兆，要对主要股东的风格熟悉（有些主力机构就是这种盈利模式）。

3. 牛市的盈利模式

第一种，抓住低位顺势的大牛股，主要是主流热门题材股和筹码集中股。

第二种，停牌后连续涨停的股，主要是特殊模式机构重仓股。

第三种，精准的连续爆破点技术和短线低位重仓技术。

第四种，牛市逃顶并做空，但是做空必须要有明显的趋势扭转征兆，不能轻易乱做空。

二、非牛市阶段个股大涨前的征兆

在非牛市阶段，许多主力机构大动作前就喜欢玩一些花招：

1. 高开低走大阴线

这种图形往往是场内控盘主力早盘高开后快速打压以致昨天的收盘价附近，使一部分既得利益者心态不稳导致出局，以消化短线浮动筹码的压力。

然后，开始上攻。

注意，这是一种组合形态，是正反击并收复超越的走势。仅有高开低走大阴线可不行啊，没有反击的后市走势，高开低走大阴线有可能就是力不从心或者主力出货。

2. 上攻未果

主力在前期高点附近地区常常利用人们对所谓压力的"耿耿于怀"，早盘冲高后，尾盘通过几笔大单将其打下，造成所谓的主力资金实力有限的假象，过了几天之后，开始玩真的，走出单边上涨。

3. 带量持续上攻形组合

主力为了达到在低位尽可能多建仓的目的，常常连续性放量在前期密集区下方，造成箱体震荡的走势，以便高位持股的人在箱体内"割肉"。筹码拿够后，先破位，后再反击开始大幅上涨。

4. 先下后上

有的主力跟散户玩孙子兵法，为了消化前期头部压力，同时可以震仓洗盘。先向下连续下跌（经常是在大盘弱势时），然后突然停牌开始大动作重组，复牌后连续涨停。

这种股不太好做，必须要把逻辑分析清楚，操作上采取少量分批的原则。

5. 非牛市的盈利模式

要分析清楚大盘趋势，并顺应大盘趋势。

操作上要控制仓位，采取分批原则，不能轻易重仓。

磨刀石 4
如何利用持股"T+0"摊低成本

在市场处于弱势时，许多股民手中都会持有一部分被套的股票，大多数股民遇到这种情况都是不动不看了，等待完全解套后再说，这种做法很容易导致越套越深，浅套变中套，中套变重套。如果以积极的态度对待这些被套的股票，灵活地使用"T+0"技术，套牢的股票可能会更早地解套或者赚更多的股票。

利用被套股票套利的操作技巧主要有两种：顺向的"T+0"操作和反向的趋势操作技巧。

一、顺向的"T+0"操作技巧

自 A 股实行"T+1"交易制度以来，投资者已经不能采取"T+0"操作方式，但如果手中持有被套的股票，则可以变相地使用这种相对灵活的交易方式。具体方法是：先买入与被套个股同等数量的股票，当天就将原先的被套股卖出，由于在获取当日股票差价利润的同时，持股数前后没有变化，等于完成了一次盘中"T+0"操作。这种操作方式通过经常性地赚取短线利润，达到最终降低持仓成本的目的。

顺向的"T+0"操作属于超短线操作方式，有一定的操作难度和风险，具体应用时要掌握其操作原则：

（1）"T+0"操作必须建立在对个股的长期观察和多次模拟操作的基础上，能够非常熟悉个股股性和市场规律。

（2）"T+0"操作要求投资者必须有适时看盘的时间和条件。还要投资者有一定短线操作经验和快速的盘中应变能力。

（3）"T+0"操作时要快，不仅分析要快、决策要快，还要进出果断。这就要求投资者注意选择资讯更新及时、交易方式迅速和交易费用低廉的证券公司。

（4）"T+0"操作时切忌不能贪心，一旦有所获利，或股价上行遇到阻力，立刻就落袋为安。这种操作事先不制定具体盈利目标，只以获取盘中震荡差价利润为操作目标。

二、反向的趋势操作技巧

当大盘和股价均处于下跌趋势中时，如果投资者依然采用顺向的"T+0"操作，不但获利难度大，还容易遭遇被套的更多结果。实际上，这时应该采用顺就市场趋势的操作方式：反向趋势操作。先把手中持有的被套股股票趁反弹时逢高卖出，再等股价回落下来时择机买入。

反向趋势操作与止损的最大区别在于：止损卖出后，未必再买回来，造成的资金损失是非常现实和残酷的。而反向趋势操作是卖出后还会逢低买回来，在不扩大原有被套损失的前提下，还会获取一段反向操作利润。因此，反向操作比止损更容易被投资者接受，投资者在实施反向操作时和实施止损操作时相比心态更稳定、行动更果断、失误率低，而成功率高。

实施反向趋势操作时应注意的要点是：

（1）要求投资者具备对市场整体趋势研判的能力。因为反向趋势操作只适用于大盘处于下跌趋势通道时的其他时期，如大盘处于横向整理阶段或牛市行情阶段都不能采用这种操作技巧。因此，要求投资者必须认清未来趋势的大致运行方向。

（2）反向趋势操作要把握好股价运行的节奏，要趁股价反弹时卖出，趁股价暴跌时买入。在弱市下跌途中经常会出现短暂非理性变动机会，最大限度地利用股价的宽幅震荡所创造的差价机会来获取利润。

三、我的"T+0"操作经验集锦

（1）当市场出现意外大跌，大盘有超跌反弹迹象时可以正向"T+0"。

（2）当所持个股成为市场热点板块时可以正向"T+0"。

（3）当大盘的MACD指标金叉、个股也MACD金叉时，可以正向"T+0"。

（4）当市场出现利好高开走低时，可以反向"T+0"。

（5）当市场出现随机的涨高后再度走弱时，可以反向"T+0"。

（6）当个股被重要均线压头走弱时，可以反向"T+0"。

（7）在月底的周四前夕，大盘依然比较弱，可以反向"T+0"。

（8）当大盘的MACD指标死叉、个股也MACD死叉时，可以反向"T+0"。

你还有什么好经验需要补充吗？

磨刀石5
需要固化的操盘习惯

炒A股是一门概率技术，是一门需要偏门悟性的概率技术。

进入的门槛很低，低到只需几百元就可以进行操作，不需要上下关系资源，也不用看任何人的脸色就独立行事，在牛市中局部阶段赚钱也不是难事，可以说是最自由、最平民化的活动。如果悟性稍高，思维正常（半开化的人还是不少的），炒股确实是走向成功的一条非常好的途径。但要把股票做好又是一个非常难的事情，需要懂的东西很多，对人性的考验尤其大，长时间的最终结果是"1赢2平7亏"。

股市中炒股技术很多，但有几项技术是核心技术，是否掌握核心技术决定你的股海生涯命运，而其他的技术只能在核心技术的框架内锦上添花。

核心技术是必须掌握的，你必须开窍改造好自己。如果自己都没有改造好自己，又拿什么去跟市场上几千万人去竞争。

下面就让我们一起开窍，首先来了解一下炒股的核心技术吧！

一、顺势而为

（1）根据大盘的成交量大小来判断势，成交量大是强势，成交量小是弱势。你必须在每个大阶段内把市场分为强势、弱势、平衡势，并用统计分析的手段发现强弱势的大盘成交量数值情况。

（2）根据大盘成交量情况，强势做多，弱势做空。

（3）一个势头的形成会持续相当长的时间，必须要有过头的走势出现才能回头，一个大趋势的结束通常与极端势头有关，与重大消息面影响有关，与管理层的利益需求有关。

（4）股市是周期运行的，牛市来临时一定要赚个大的，在牛市结束时（或者提前）一定要保住胜利果实；在熊市来临时，不能赔个大的，而且要用做空的手段来赚钱。

（5）逆势的永炖机、逆势的永动机、不会做空、选时条件不严格是股民四大傻，是倒霉蛋的典型特征。

二、盈利模式

1. 强势

（1）强势中的常见盈利模式是：追寻题材、追寻热点龙头、追寻初步超越。

（2）强势中的常见辅助手段是：适当组合、适当杠杆、适当加力、不放弃低点。

2. 弱势

（1）弱势中的常见盈利模式是：逢高做空期指，逢高的时机主要是弱势敏感时间、无量大反弹后的弱势，MACD 指标绿柱线伸长过程中的分时高点，不能与指标股的强势作对。

（2）弱势中的常见辅助手段是：暴跌后止跌反弹时的超跌活跃股、无风险套利品种。

3. 平衡势

（1）平衡势中的常见盈利模式是：七种不能放过的图形、高效爆破点。

（2）平衡势中的常见辅助手段是：成交量处于大小两个极端的股以及挂买有大托单股的 MACD 放量金叉。

三、个股评判

（1）总则是万能公式。

（2）题材是第一生产力。

（3）有庄则灵。

（4）量能堆积，阳线明显占优势。

（5）波动规律习惯很重要。

四、操作习惯

（1）大盘不好时，感觉不对时，要第一时间退出，不能拖，短线的低点可能是中线的高点。

（2）在大盘成交量放大初起行情时，要克服心理障碍瞄准那些价量关系处于超越的个股，不能完全是股价涨幅不大的安全组合思维。事实证明，有活跃力量的存在才是真正的安全点所在。

（3）即使是最有把握的品种，甚至无风险套利的品种，只要不是爆破点近在眼前，就必须把握分批建仓组合买点的原则，证券市场的熊市中任何情况都可能发生。

（4）如果你想做短线波段，就必须考虑好退出的问题，理论上存在而事实上不存在接盘，甚至会自动除权的品种，也会害人不浅。

（5）对于题材存在出尽的品种，必须要留出足够的提前量，特别是在大盘行情不好时，不能等到最后时刻的来临。

（6）心中不必有绩优股、绩差股之分，也不存在大盘股、小盘股之分。股票只有强势股和弱势股之分，只有强庄和弱庄之分，这点在热点意外涨跌分化时一定要注意。

（7）最佳的操作时间是开盘后的 15 分钟与收盘前的 15 分钟，这两个时间段是机构最活跃、股民情绪最昂奋的时刻。

（8）准备重仓一个股时，必须要把机构成本看清楚，把利润点和风险点看清楚，不能漏过明显的重大弱点，但是对小缺点不能太计较。

（9）股市最大的难度不是去争取利润，而是避免不犯大错。常犯大错的主要原因是熊市永动机或者熊市永炖机。在 A 股学会做空非常重要，那就不是一根筋了。

磨刀石 6
能产生效益的股民功课

静若处子动若风，身似猿猱走轻灵。股中名箭归花门，钢镖陷阱判幽冥。

炒股是一项复杂的脑力劳动，不做功课碰运气就是赌博，久赌必输。

即使许多股民很用功，但是用的功不对也很难赚钱，甚至越用功赔的钱更多。

炒股赚钱既要用功，更要用对功。那么哪些是能产生效益的功课？下面我来举实例总结如下（一定要会，否则南辕北辙可不行）：

一、要做顺势的功课

一定要做顺势的功课，逆势的功课越用功越赔得狠，还容易因为你用功产生小的甜头持续投入，最终避免不了赔大的。

股市中的技术势主要与大盘成交量和趋势有关。

在量能大、趋势向上时要在做多的方向做功课，其实这点不用强调，是许多用功股民的天然美德。

需要强调的是，在大盘量能小、趋势重心下移的过程中，要以做空的思维为主，比如做空股指期货等；如果逆势做多，无论你技术有多高，无论你凭恃什么，越用功越用力，打的败仗越大。这句话要看三遍。

操作系统一定要严格执行，不能走样。

二、要做确定性的功课

这个确定性，主要指时间确定、价格确定。

最常见的品种例子是固收品种与有硬性面值年收益率的品种。

对于有股性的品种，就是低于面值有效率的转债、全额邀约收购、现金选择权。

如果市场继续弱势下去，央企的转债、可交换债、分级 a 等品种要仔细研究一下。

三、高概率的技术

许多股民在学习应用炒股技术时有三大误区。

一是认为正确的炒股技术是 1 + 1 = 2，存在正确率百分之百的技术，这是不对的，绝大多数技术只是一因，而股价波动是由多因造成的，而炒股技术是注意到了比较重要的一因，因此多数炒股技术只是一种概率，需要注意的是，某一因越重要，同时多因指一方向，概率也就越高。

二是认为炒股技术是简单技术，看一遍书就会，这是不对的，能赚钱的炒股技术是复杂技术，需要多次重复实习才可能熟练并形成本能，才能知行合一，比如你乒乓球已经玩得不错，也需要经常玩保持技能记忆力，否则也会生疏。

三是"一招斗牛熊"，这是不对的，十八般武艺，每个兵器每项武艺的都用处不同，要用对点，牛市绝招熊市赔钱，熊市利器在牛市太保守，不能教条主义，要因地制宜。

我经过统计研究认为，适合目前市场的主要高概率技术为下列五项，这也是花家军应该把精力放到位的有用功。

1. 量能断大盘

坚持用量能判断大盘主趋势的核心技术，不胡思乱想，不幻想做超人创造奇迹。

坚持主趋势技术，次级趋势技术只能超短线和少量娱乐。

弱势市场的核心技术就是逢高做空弱势期指，而不是幻想做熊市抓黑马高手。

后面的四项股票做多技术，必须服从这一条，要看准大盘、要短线、要控制仓位。

2. 异动判个股

落实到实战，这个技术就是"涨速异动跟踪技术"（微博每周星期日开设这个专栏），就是用涨速异动的方法发现线索，精选出相对低位股，发现其异动逻辑，总结其股价波动规律，然后根据大盘和个股爆破点打伏击。

如果白天没时间看盘，晚上复盘时用振幅排名的功能也可以找到涨速异动的个股。

3. 信息定逻辑

落实到实战，这个技术就是"实用信息跟踪和新信息精选技术"（微博每周星期日开设这个专栏），有些重要的上市公司信息在后市依然会有股价爆发潜力，不断地发现更有价值的新信息，是职业投资人的必须功课，这个功课不能荒废，而且要把这个功课与跟踪目标的爆破点、股价异动、大盘背景结合起来产生利润。

4. 爆破点是猎物

个股的重要信息是长线跟踪价值。个股的短线爆破点是短线价值，也就是我们所说的个股爆破点炒股日历技术（微博每周星期日开设这个专栏），这个技术可以分为两类，一类是当前有效的爆破点（需要统计发现），另一类是潜在爆破点（在大盘好时有效），我们职业投资者，做这些功课是工作。

5. 低波动有助心态

炒股技术和判断是概率性的，优势大盘呈现短线强势状态，但是否能真的出现并延续状态，是不一定的，这个时候折中一下，选股目标定为低波动股更为安全一些。低波动股这里也分为两类：

第一类是买卖挂单众多低波动的，特别是股价上涨后买单能跟上的低市盈率防守股。

第二类是买卖挂单稀少且价差大低波动的，特别是低市值与筹码集中的，如果有爆破点更好。

对于这两类股可以适当采用合理的操作技术。

四、你有更好的建议补充吗

今后，这些有用的功课将以微博问答的形式每个星期天公布在我的微博上，做这些功课就像跑步一样，越坚持跑功力越强，为了自己、为了财富，你也应该开始坚持做这些功课，把努力变成财富，至少要比工资赚得多。

如果你有更好的盈利模式，咱们可以一起研究完善，研究发现应用当前的投机技术，应是职业投资者坚持不懈的努力。

磨刀石 7
大幅增加操作成功率的手段

股票买卖操作的结果可能性有两个：一个是赚钱成功卖出，另一个是赔钱割肉卖出。

技术分析是强市场中最常见的投机手段。技术分析是一种概率技术，由于不确定性多因的存在，没有那种没有失误可能性的技术分析手段，即使水平再高的投机高手，也会有失误的时候，但是高手的准确率相对高，并且有纠错手段避免大失误。

以技术分析为主要选股手段的操作方法，如果加入下列因素的进一步思考应用：题材爆破点、主力强大且活跃、波动规律、资金力量、时机的多从组合，将能极大地增加你的操作成功率，投机收益也会因此大幅提高。

一、题材爆破点

主要的题材爆破点有：

1. 个股的题材爆破点

主要个股的个性题材，比如被套的定增上市、重大事项的公告（股东大会等），《千炼成妖》中有多种案例的总结。

2. 板块热点

成为市场强热点，且出现合适技术性价格买点（第一次大跌，意外地受到大盘的下跌拖累，重要均线形成明显支撑）。

3. 社会题材

比如奥运题材、自贸区题材、阅兵题材等，这种类型的个股买点既要考虑大盘的技术买点，也要考虑个股的技术买点。

4. 题材操作注意点

第一，题材要硬，条件要高，不能凑合。

第二，时机很重要。

二、主力强大且活跃

主力活跃表现的主要形式有：

1. 筹码集中股连续活跃

主要指螺旋桨王个股和十大流通股东主力机构明显的个股，已经明显地连续强势活跃了，只是活跃一下可不行。

2. 个股低位已经连续堆量

低位连续的价涨量增，强势状态明显。

3. 已经走出硬朗的上升通道

已经沿着一个通道上涨，规律性明显，特别是大盘大跌时抗跌明显。

4. 主力操作注意点

第一，一定要是活主力，不能是死主力，死主力会耽误行情。活主力的一个重要标志是，大盘中小幅度下跌时会比较抗跌。

第二，已经启动的主力重仓股，不能对相对价格要求过高。低位与活跃性经常是矛盾的。

三、波动规律破解

最常见的个股波动规律有：

1. 小逆势

有些主力重仓股是小逆势的，熟悉这点可以在大盘强势阶段出现小调整时，增加资金增值的效率。

2. 顺势超越

大盘处于强势时，要注意量价关系处于初步超越的品种，不能太要求绝对低位价格。

3. 独立通道

这种股是大盘强势时重要的中线品种。

4. 股票组合

第一，在大盘处于强势时，组合持仓是重要的提高成功概率的方式。

第二，要将主动操作与被动操作相结合。

四、资金力量

股市中的能力不仅是分析，还包括资金力量。

力量的主要技巧有：

1. 大盘上涨时

此时加力，主力也会发力，跟风盘也容易加力，容易急涨甚至涨停。

2. 尾市

尾市加力，效率最高。

3. 早市

早市加力，买盘最少，最容易冲击涨停。

4. 加力的注意点

第一，要学习弄懂证券法，只能正常买卖，不能违法操纵市场。

第二，要顺着股性，不能胡来、硬来。

五、时机的多从组合

时机组合的注意点：

1. 个股的买点

个股的买点可能有几次，要给自己 2～3 次机会，一次成功更好，可以把资金再分配给其他个股，现在股票数量多，不存在踏空的风险。

2. 补仓点

补仓时必须是个股出现活跃时，不在跌势弱势中补仓。

3. 高抛低吸

对于规律明显的活跃主力重仓股可以适当地高抛低吸降低成本。

4. 仓位的数量

第一，要保持流通性，进出方便。

第二，每个阶段要有一只自己能够加力的重仓股。

磨刀石 8
如何追涨而不被套

很多人都有这样一种体会：一旦有新热点或者新的强势板块出现，如果不敢追，就会失去获利机会。比如曾经大热的科创、雄安，很多票其实首板敢追，都是"大肉"，但也有情况追不好，短线就会吃面亏损。如何才能做到追涨而不会被套？这是个难点，也是投资者的一个重要技术瓶颈。

怎样突破瓶颈，熟练地掌握这项比较重要的短线技术？关键就是如何识别龙头股，判断资金的抢筹意愿。通过实战经验和统计过去的案例发现，如果能够把握以下几点，在相当大程度上能够做到追涨赚钱而减少被套的概率。

一、追涨时机原则

1. 第一天原则

第一种方式：上午就出现7%左右的涨幅，然后上午就冲击涨停。

第二种方式：下午从涨幅3%以下，直接一口气冲击涨停。

2. 第二天原则

第一种方式：首板后，高开后，不能回补缺口的强势方式。

第二种方式：首板后，低开后，半个小时内要收红的强势。

3. 第三天原则

前两天涨停后，这天只有一种方式，那就是高开后直接冲击涨停。否则不是强势股波动方式。

二、追涨技巧总结

第一种：盘整多日启动追涨法。

这个形态就是多日之内股票一直以一小幅波动的形态进行横盘整理，当然这个多日一般在一个月或以上，在整理多日之后，股价开始向上，一般在早盘便可推算出其放量，该股票的量如果能够放到前一交易日的3倍附近（量化标准，过大也不可取），这说明股价有向上的趋势，筹码会稳定。从历史数据上看，一般在10点左右能够涨到5%的话就要格外注意，7%后就可以考虑介入，可以低吸，也可以追板，三段组合式（参考《怎样把握市场的最佳机会？》一文）。要注意大盘股的气势，小盘股的强硬程度。

第二种：放量突破近期高点追涨法。

股价也可以突破近期盘整形态，这时 BOLL 开始呈喇叭形发散，如果量能呈阶梯形放大趋势，可以介入。操作者要记住的就是：必须在突破高点的当时介入。不然风险就会比较大或者难以追涨买进。

第三种：螺旋桨王长阳重炮。

螺旋桨王个股在低位温和放量之后出现了一根带量长阳（或涨停），同时分时线价涨量增，可以适当追涨，如果头天晚上有小利好更好。

这种螺旋桨王、筹码重仓股，有的是大盘一涨就超越的活跃股，有的是落后于大盘的长时间横盘股。

第四种：三外有三。

一轮中级以上行情，通常会有连续三个涨停板的个股，成为龙头，投资者可在第三个涨停附近追涨买入，后势还有15%以上的升幅，这是许多短线高手非常喜欢的一个招数。

第五种：二次进攻。

前不久强势上涨，经历几天强势整理后的再次强势冲击。

第六种：暴跌后的首板。

要注意：

（1）暴跌的原因不能导致股票退市，也不能实质性基本面利空。

（2）最好是受大盘影响，或者是抵押盘的强势平仓，或者是众多散户集中释放的核按钮导致的。

本书技术可进一步参考《怎样把握市场的最佳机会？》一文。

磨刀石9
捕捉平衡市黑马股基本技巧

天下风云出我辈，一入股海惊风雷。富图官业谈笑中，不胜黑马三涨停。

在市场处于长时间的低量能的平衡市中，放弃小机会抓大黑马，提高操作成功率是非常重要的。这样，我们需要精研短线技术，需要足够的耐心等待最佳时机，一年中只要稳健地抓住两三匹黑马就可以获得不错的收益，足以保证我们吃香的、喝辣的，并扬名立万。

针对当前的市场背景，我把 2017 ～ 2019 年的短线黑马股的盘前征兆、黑马狂奔过程的技术形态，以及大盘的背景情况，进行了综合统计，总结了下述的"捕捉平衡市黑马股基本技巧"，准备先行模拟操作实验，然后投入实战操作，也请喜欢研究实战技巧的股痴帮我把这项技术进一步完善，共同发财。

一、黑马股的图形特征

该特征供我们边实战边验证，防止判断错误，过早放跑黑马或者被瘸马摔着。

（1）短线黑马长伴有连续的巨量出现（长线黑马是走无量或者低量的上升通道）。

（2）短线黑马股上升斜率陡峭，异动凶悍连续明显，开盘就有气势（长线黑马是大阳线伴随着小阴线，喜欢拉尾盘）。

（3）短线黑马每个冲击波股价都会创出新高，股价喜欢顺大盘势超越急冲（长线黑马股有时箱体震荡，依托重要均线逆势拉大阳线）。

二、黑马股的雏形征兆

（1）重套的筹码集中股，股性一旦被激活很容易成为短线黑马股。

（2）中小市值的股出现洗盘彻底的走势，一旦股价出现凌厉反击容易成为短线黑马股。

（3）次新股出现连续的小阳线，或者带量的F走势后，一旦再拉大阳线容易成为短线黑马股。

（4）只要大盘一活跃，股价立刻就活跃，并且成为数次规律的股容易成为短线黑马股。

（5）当一个热点题材成为共识，被新挖掘出来的该题材股容易成为短线黑马股。

（6）在熊市低位，小盘金融股容易成为短线黑马股。

三、捕捉短线黑马股的操作铁律

（1）一定要注意大盘状态，不要在大盘短线高点或者下降过程中盲目出击。最好选那种大盘刚刚调整后出现稳定局面或者初步反弹的时机，这点相当重要。

（2）如果出现新强势热点板块（要有多个涨停的那种），要追先涨停的领头羊，或者盘中被砸开涨停又封死的个股（这个技术有点难度）。

（3）在大盘的合适时机，要勤奋地查看盘中的异动窗口、涨速排名、换手排名、总金额排名、接近涨停的股，将这些手段作为临时猎物望远镜，然后观察它们的前期走势及流通盘大小，以进一步确定是否可以作为捕捉目标。当涨幅达7%以上时应做好买进准备，以防主力大单直接封涨停而买不到（同时也要注意筹码集中股有时喜欢涨幅低于7%，以及公募基金重仓股喜欢炸涨停）。

（4）上述三点要模拟练熟，找几个股友一起练并比赛，条件要严格，不能因为你知道了这个方法而让你变成了不管大盘背景的永动机。

四、捕捉短线黑马股的盘后技巧

1. 黄金坑法则

实战含义是：平台或者小斜率上升收集（或者加仓）完成，拉升前进行的一次洗盘操作，这次洗盘行为常常是在下午2点半以后，低价位有承接力。

如果第二天开盘就走强，成功率非常高！

2. 低位的开盘腾空法则

其指的是个股经过连续缩量单边下跌后，在没有重大利好的刺激情况下，股价突然大幅高开，通常当天以两种情况收盘：

（1）高开收阴，缺口不回补，则最佳买点是第二天继续走强的第一时间；

（2）高开收阳，股价冲高后再次回落到开盘价格上方受到支撑，尾市前再度走强有创出新高的架势是买点。

在大盘处于合适时机时，要注意开盘的集合竞价榜。

3. 突破横向平台法

相对底部刚启动的个股，当日收中阳或长上影者较好，如果是大阳上穿多条密集纠结的均线那是最好的，下方有较强支撑，次日择机早盘或低价介入就比较安全，毕竟头日刚突破多条均线次日又反身跌破多条均线的情况概率较低，除非大盘或个股有重大利空。

比较典型的例子是：多日来初次放量，量比大于 3 倍，均线纠结后发散，量线、MACD 在 0 轴附近同步金叉，如果内外比也不错，涨停次日再介入也可以考虑（有一定难度，需要多次观察的经验阅历支持）。

4. 短线暴跌后的反击法

"尖底洗盘"最适合用来选中短线牛股，其实"尖底洗盘"也是拉升之前的洗盘，重点关注股价砸出来尖底之后，构筑的连续小阳 K 线上行走势，这种小阳线适当持有。

磨刀石 10
老手炒股最常用的秘密武器

我每天炒股最常用的武器是"海王星"行情软件，是任何人都可在网站上免费下载的。说它比其他证券公司提供的软件好，也不一定，主要是我自己已经用熟练了，并总结出了一套适合我自己的指标工具和观察分析方法，自我感觉相对得心应手，也对投资结果相对满意，故一直沿用至今。下面我把怎样应用这套软件发现机会、跟踪机会以及选股选时的方法总结如下，希望能对一些投资者有所帮助。

一、数据内容和常用指标的设置

我的数据内容设置与软件原设置有些变动（软件提供了变动更改的选项）。

我的数据内容设置有：

（1）重点数据：大盘主动买卖比、涨速、换手、总金额、量比、振幅、内外比、强弱度、活跃度、攻击波、回头波、现均差、委比。

（2）必备数据：代码、名称、涨幅、现价、总量、昨收、总股本、股东人数、买量、卖量、贝塔系数、连涨天、细分行业、市盈率、流通市值、短期形态。

二、重要指标的设置

1. 必看指标

MCST、MACD、BOLL。

2. 参考指标

KDJ、PSY。

三、其他辅助工具

（1）关联板块。

（2）异动浮窗。

（3）股东研究。

（4）股本结构。

（5）概念和风格。

（6）中金所期货。

四、大盘买卖比

1. 大盘分时图中的红绿柱线

在零轴上下有红绿柱状线，是反映大盘即时所有股票的主动买盘与主动卖盘在数量上的比率。红柱线的增长减短表示此时买盘力量的增减；绿柱线的增长缩短表示此时卖盘力度的强弱。出上面的红柱线时代表出现净买盘，出下面的绿柱线时代表出现净卖盘。

2. 实战技巧

（1）通常情况。红柱线出现时指数上涨，绿柱线出现时指数下跌，越长涨跌力度越大；红柱线最高点是短线指数最高点的征兆，绿柱线最低点是短线指数最低点的征兆。

（2）逆反情况。出红柱线时指数抗涨，一旦绿柱线出现指数容易大跌；出绿柱线时指数抗跌，一旦红柱线出现指数容易大涨。这种规律在下午2点半后更准。

（3）第一个小时。开盘后第一个小时，如果红柱线明显优势，预示着今天主力做多迹象比较强，指数大概率也比较强；开盘后第一个小时，如果绿柱线明显优势，预示着今天主力做空迹象比较强，指数大概率也比较弱。

（4）期指参考。许多期指日内交易者喜欢根据这个指标的波动规律，结合大盘情况、重要成份股情况、社会资金敏感时间，进行短线投机。

五、涨速使用技巧

主要使用技巧总结

（1）大盘处于强势时，大盘短线跳水时，谁逆势上涨？

（2）大盘突然急涨时，谁领头上涨？同时配合百度搜索可能原因。

（3）无事盘中选股时，看看谁异动？然后用万能公式、花氏公式复核。

六、换手

在大盘强势时，中小盘股活跃时，用该指标配合 MACD/BOLL 指标进行中小盘股的选股。

七、总金额

在大盘强势时，大盘股是热点时，用该指标配合 MACD/BOLL 指标进行中大盘股的选股。

在大盘弱势中出现反弹时，也可以用该指标配合 MACD/BOLL 指标进行成交活跃股的选股，小市值股有可能进出不方便。

八、量比

用在强平衡势时的选股。

九、振幅

用在弱平衡势时的选股。

十、内外比

用于大资金在平衡势时的选股，可以主动攻击。

十一、强弱度

有些股票在大盘上涨时能以超越大盘的幅度上涨，大盘下跌时又有较好的抗跌性，这是主力的实力和市场对它的关注与信任的体现，又叫强势股，强弱度就是体现这种特性的指标。强弱度 =（该股涨跌幅 - 指数涨跌幅）×100。

适合大盘指数底部低位时的盘中选股，以及牛市中的强势调整期盘中选股。

十二、活跃度

"活跃度"是一个量化的技术指标。该指标与股票的振幅和量比成正比，计算公式为：活跃度 = 系数 × 振幅 × 量比。

适合在大盘强势震荡期低吸短线选股用。

在大盘高位，这个指标靠前的股危险比较大；在大盘低位，这个指标靠前的股短线机会比较大。

十三、回头波

在下午尾市买股时，这类股容易在尾市冲高，在第二天可能有冲高惯性，是个比较好的尾盘甄别短线走势的指标。

十四、现均差

当你设立一批准备买的自选股时，股价调整到当天均价附近时是较好的买点，现均差这个指标可以监控候选股。

当然，你准备卖一只股时，现均差特别大时也是卖点。

在牛市中，一些机构投资者也喜欢在涨幅 2 个点左右的股中选择该指标微红的买进。

在跌势暴跌尾期抄底时，一些机构喜欢在低位挂单承接指标大绿的股。

十五、委比

主要用于发现机构异动股。

十六、技术指标

1. MCST

弱势和牛市初期必看的第一指标。

2. MACD

大盘和个股都要看的万金油指标。

3. BOLL

平衡势中发现第二冲击波；牛市时用中轨低吸潜力股；弱势中淘汰弱势股。

十七、股本结构

主要用来发现解禁的风险和机会，以及机构的持仓成本和业绩调整线索。

磨刀石 11
集合竞价与连续竞价前十分钟

股价的异动与股价的短线大涨幅绝大多数情况与机构的买盘有关，集合竞价这段时间是最好的观察主力机构活动的时间。一只股票如果是有计划地大涨（这种情况往往资金比较充足，信心也比较强劲），经常是从集合竞价就开始有所动作，这就给了我们观察与发现机会的途径，所以说开盘集合竞价的 10 分钟，以及开盘后的活跃窗口的 10 分钟，是我们做短线观察猎物的黄金时间，一定要注意，一定要学会这种观察手段。

我经过对集合竞价和连续竞价前 10 分钟的观察总结，发现有下列规律需要格外注意：

一、集合竞价的观察经验

有四种集合竞价的异动最容易导致股价大涨。

1. 缓慢上攻型

（1）整个集合竞价期间，撮合价格逐步加高，最好最后一两分钟有突破拉高，最后成交价最好大于1%不超过4%。

（2）9：20之后成交量逐渐缓慢放大，买单比较坚决不犹豫。

（3）最好9：20，临时有巨单挂过涨停板（跌停板也可以加分）。

（4）除了符合上述条件，还要目标股的K线形态处在相对底部的横盘阶段。股票处于相对低位，阳线居多，前一天的K线是阴线不用害怕，这种情况常常比前一天是阳线更有力度。

（5）该战法要求最好是主力行为，不要受消息面影响，不然容易是大散户的随机性行为假象。这样的股概率会降低。但是大盘强势时间段的筹码集中股，也可以考虑。

（6）最好个股在缓慢的上升通道，前几天有过异动。

（7）操作注意点。及时参与集合竞价，由于这种竞价是缓慢上攻型，所以它的开盘价一般会比之前的都要高一些，我们参与时一定要在9：24就要下单，时间迟了有可能传不到交易所的主机，这样就没办法成交。如果太早下单，怕有变故，例如，最后一两分钟，价格轨迹突后向下打压了，这就不符合要求了。所以在时间的把握上要严格一些。

2. 急剧下坠型

（1）9：20之前高开，以涨停价持续到9：20之后。申报单没有撤单。

（2）9：20之后买单不减少（注意这点很重要），卖单逐渐增加，最后几分钟卖单超过买单，价格缓慢下降。注意是缓慢下降，不是向下跳空急降，这一点非常重要。

（3）可能最后几分钟价格下降严重，也许从10个、9个点开始缓慢下降到5个、6个点，最后急掉到1个、2个点，都算可以接受的范围。但必须是红盘高开，如果转绿盘就要放弃了。

（4）该战法要求，最后几分钟价格可以下降很多，但是最后时间的卖单量，要缓慢增加，如果突然加太多，是大户行为（可能会影响机构信心），就要放弃。

（5）该战法要求，开始买单要大，越大越好，而且不能撤单（说明主力高位挂单是真的，真心想做多）。

（6）该战法要求，开始的买单价格要高，一定要是涨停价开始，并且会延续到9：20之后。

（7）该战法要求，不是因为消息面，个股行为，如果板块共振就很容易失败。不可以是前期暴涨股。前一天是第一个无量板也可以考虑。

（8）操作注意点。激进者可以在9：24左右挂单买入，因为9：30以后也许主力就开始直接拉板。稳健者，可以等9：30以后观察十几分钟，看到资金不大额流出，价格稳定有支撑，就可以逢低买入。也可以两种思维组合一下，激进行为仓位小一点，稳健行为仓位多一点。

3. 无量一字形

（1）9：20后，撮合价格稳定不动，价格轨迹成一条直线，可以小幅高开的，也可以是昨日收盘价。

（2）要求成交量缓慢增加，不能变动太大。

（3）要求买盘果断坚决，不犹豫。

（4）撮合价格上，买入数量最好比卖出数量大许多，最好是2倍以上。

（5）该战法要求，个股上升通道，无暴涨暴跌，最好有利好消息（切记该点要求和前两种情况截然相反）。

（6）9：20之前有涨停或跌停价格出现，可以加分。

（7）这一字形主要指的是9：20之后的价格运行轨迹。

（8）操作注意点。可以等9：30以后，成交价格不低于开盘价，稳步上攻时买入，可以追涨。

如果开盘往下杀跌，没有快速反弹到开盘价之上，都不能介入，这个模式不能先入为主，要多关注盘面，要顺势。

4. 综合思维

（1）集合竞价买入法，容易追高，注意追高风险，最好控制资金量，或者用于大盘强势时间段或者炒股比赛的资金账户（有人参加炒股比赛，通常用激进、稳健两个账户）。

（2）集合竞价买入法，容易失败，大家一定要注意每个选股要求的细节，最好等到有完美图形出现时再出手。要模拟熟练后再实战，不能半吊子玩高难度动作，容易从单杠上摔下来。

（3）集合竞价买入法，一旦成功，就是涨停，后期也许还有拉高或涨停，这个技术有乐趣，可以学一学。

（4）集合竞价买入法，最好小仓位干，能事前留有预备补仓的仓位，不能满仓干，这样被套后非常被动，心态失衡。

二、连续竞价前十分钟

用涨速异动榜观察，正负双方向都需要；也可以综合浮窗观察。下面几种波动方式值得注意：

1. 低开高走

股价低于昨日收盘价开盘后，很坚决地收复缺口并收红一个百分点以上。

2. 高开回补再走高

股价高于昨日收盘价开盘后，几分钟后回补缺口，10 钟内又出现阳线走势。

3. 平开抛压反击

股价平开后出现较大抛压，但抛压是短暂的，10 分钟内出现强势飘红。

4. 高开后冲涨停

高开后直接冲击涨停，可在大盘强势时少量追涨。

5. 股价均线逐级抬高

股价放量逐级提高，均价线也逐级抬高。

6. 涨停炸开再封涨停

注意炸板必须是受大盘短线急跌影响，不能是自己个股原因炸板。

7. 昨天大阴今天反击

昨天尾市走势很差，今天开盘后走势很强。

8. 综合思维

（1）本战法招术要考虑大盘中线、短线都是强势时才有效，熊市没用。

（2）筹码集中股、机构重仓股该战法有效性更强。

（3）应留有补仓的预备队资金，上午买股都应该有这个思维，融资最好在尾市使用。

磨刀石 12
怎样快速提高技术和获胜率

投资者，即使是有多年投资经历的老手，在水平达到一定的程度后，技术和年化收益率都会遇到瓶颈，无论你再怎么努力，技术都很难再提高一步。如果你也遇到这样的困惑，不妨试一试下面的建议，也许会让你的技术、年化收益率快速地向上提升一个台阶。

一、学会做空

（1）绝大多数股民不会做空，甚至是永动机或者是永炖机，因此学会做空异常的重要，它能让你从"一根筋"变成"双向思维"。所以，突破障碍和习惯是提升自己最重要的手段。

（2）最好的做空工具是股指期货，做空也要设定严格的条件，不能从做多永动机、永炖机变成做空永动机、长炖机。

（3）股指期货操作，在一个阶段中只顺势做主趋势，不能因为"T+0"和双向就在同一阶段中妄想双向受益，事实证明，这种可能性极小并容易让思维混乱。

（4）职业操盘手的经验是牛市做多现货股票，熊市做空股指期货，无论是做多股票还是做空股指期货，都必须有盈利模式。纯技术分析和纯基本面分析都对付不了 A 股。

（5）期指做空的常见盈利模式有：

1）低量能下的 MACD 伸长期逢高做空。

2）低量能下大盘出现较大上涨后疲软走势。

3）在社会资金紧张的敏感期，比如在季度底（周四或者倒数第二个交易日），最好是逢高提前几个交易日。

4）出现较大利空后，指数低开较多并在上午走势比较弱，可以在下午逢高放空弱势指数（防止强势指数拉升尾盘），如果遇到尾盘指数拉升较大且红盘不明显，第二天指数出现低开，这点可以利用。

二、做多股票的大盘时机条件要严格

1. 严格要求

（1）只在大盘的成交量持续达到强势水平时才做，成交量不够的技术面机会全部放弃。

（2）只做"时间确定、价格确定"的无风险机会。

（3）只小仓位根据大盘 MACD 指标红柱伸长做大盘成交金额第一板中的 MCST 符合标准的股票。

2. 高手要求

除严格要求外，还可操作下列要求，要严格控制仓位，而且要短线。

（1）在大盘 MACD 指标红柱伸长时做 MCST 符合标准的活跃（换手、强弱度、量比）股票。

（2）大盘大跌（200 点以上）后的回稳行情，做 MCST 符合标准的活跃（换手、强弱度、量比）股票。

（3）遇见符合 MCST 低位标准且特殊的股（低位连续巨量）。

（4）遇见新出现的超强热点的板块（多个短线）。

三、强化一些习惯和优势

（1）选择热点板块，最好是"领头羊"。不敢买强势股、喜欢买弱势股是许多投资者难以克服的习惯，但这个习惯必须克服。

（2）感觉局势不明朗时，要立刻退出，不能计较价位，在弱势中拖延是非常坏的习惯，经常会因为一个前面的小错误导致后面的大错误。

（3）对于 MACD、MCST、判断逻辑、爆破点的应用要形成本能，成为每天复盘和判断的标准参照物。

（4）操作要形成折中中庸的习惯，有获利又不是很顺畅（或者有所担心）的情况，先平掉一半仓位，保证这笔买卖一定赚钱，不能变盈利为亏损，特别是弱势时的操作。

（5）在弱势中，如果你有多仓，遇到意外的无量上涨，或者小利好上涨，一定要减仓处理，不管是否解套，这次上涨机会都不能错过。有潜力的品种可以等股价回跌止稳后接回。

（6）在合适时机，如果你的资金足够大，要学会主动投资手段。

（7）如果你有大盘股投资障碍症，在弱势时要克服，因为在弱势中的主力就是国家队和公募基金，它们喜欢大盘股，玩小盘股的主力都歇菜了，你要么歇菜，要么跟着活跃主力干。

磨刀石 13
如何确立股票的最佳买入点

炒股的门槛比较低，一个操作回合非常简单，一买一卖的行动有可能在几分钟内，一念之间就完成了。而这个一买一卖的操作环节中就决定你本次操作是赚钱还是亏损。中间的差额少则几百元，多则几百万元。从这里就可以充分说明，炒股的买卖点是非常重要的，这个买卖动作决定盈亏的关键，尤其是买的动作。

下面，我就来总结一下个股操作的最佳买入点：

一、中线自选股

中线自选股主要有：规律股、机构重仓股、核心无风险套利股。

1. 规律股

（1）调控大盘的规律股。券商、保险、银行股经常是启动行情、调控行情的板块股票，它们的最佳买入点是强势股第一次冲击涨停的时候，或者连续强势的时候（形成二八现象更好）。

（2）顺势活跃股。有的股票只要大盘一出现行情，就涨幅不小，已经形成了规律，这说明这种股票有固定的主力机构在长期关照，最佳买入点是大盘强势形成的第一时间。

（3）逆势活跃股。一些滞涨的筹码集中股，常常在大盘强势阶段的调整期逆势上涨，这种股票可以作为大盘强势阶段调整期的稳健持股组合。

2. 机构重仓股

这类股票有三个最佳买入点：

（1）个股出现题材，且股价开始明显活跃。

（2）大盘走强，且股价开始明显活跃。

（3）股价大跌后出现反击走势。

3. 核心无风险套利股

这类股票有时爆破点较远或者持有的时间比较长，因而必须计算年化收益率，根据年化收益率进行定投买入。

二、短线自选股

短线自选股主要有：新热点板块、不能放过的七种图形股、爆破点明确股。

1. 新热点板块

新强势热点出现（要足够的强，不能是弱强势），龙头股冲击涨停板或者龙头股第一次震荡的低点时，是较好的买入点。

2. 不能放过的七种图形股

遇见七种不可放过的图形（有专门文章论述），在图形成立后分批低吸，再次启动征兆出现时中仓杀进。

3. 爆破点明确股

爆破点明确股，在爆破点的前夕（不能超过一周时间，越短越好，但要统计明白这时大盘和个股的涨跌周期和幅度规律）的低点和初步强势点时间。

三、手中被套股

（1）只有大盘强势中被套股才能补仓，大盘弱势中的重仓被套不能轻易补仓。

（2）补仓时点必须是被套股再次走强时才能补仓，不能在它下跌或者沉闷时着急补仓。

（3）弱转强阶段的建仓。在大盘弱转强阶段的建仓操作，必须对买点进行时点组合操作，并做好对前一两只股主动操作的准备。

四、无风险套利品种

这里的常规无风险套利品种主要是：可转债、分级 A（或者债券基金）、明确的现金选择权（全额要约收购）。

1. 可转债

在大盘处于中线较低的位置时，对于低于面值溢价不多的潜力股转债分批定投建仓并且适当做差价摊低成本。

2. 分级 A（或者债券基金）

在分级 A（或者债券基金）出现意外大跌，年化收益率满意时局部定投建仓，要注意流动性，不能影响其他更高收益率的盈利模式。

3. 明确的现金选择权（全额要约收购）

在题材明确时，往往空间也很小，只要是有少许利润空间和一个月内的时间，就可以适当参与。

五、大盘强势阶段

大盘强势的买点主要有：上午买点、尾市被动组合买点。

1. 上午买点

（1）开盘买点。注意开盘冲击涨停的股，包括头天晚上出利好的股（这条要有一定的技术）。

（2）上午买点。如果上午大盘足够强（个股也足够强），可以先少量组合买一些。

2. 尾市被动组合买点

（1）复合技术强势买点。主要是指大盘处于安全背景时，个股放量金叉（指标加强）且尾市强的个股。

（2）爆破点买点。存在爆破点的个股。

六、大盘平稳阶段

大盘平稳阶段的买点主要有：尾市低成交平稳股买点，尾市大挂单股技术买点。

1. 尾市低成交平稳股买点

K线平稳、成交量稀少、技术指标好的股（有爆破点更好）可以主动短线投机一下。

2. 尾市大挂单股技术买点

技术指标好、基本面好、下档挂单大的股可以主动短线投机一下。

七、大盘急跌阶段

大盘急跌阶段的常见买点有：低位十字星、大规模跌停后的止跌。

1. 低位十字星

这种时候的短线强势股。

2. 大规模跌停后的止跌。

前一天低的振幅符合万能公式的股。

【花言巧语加油站】

（1）股民的修养，在于顿悟，也在于功课。

（2）怕的东西多了才会刀枪不入。

（3）左手提着的是事业，肩上扛着的是风雨，右手撑起的是希望。这就是男人！

（4）人之上者，无出乎强健的体格、向善的品格、健全的人格。

（5）四十岁之后就不应该与人争论，无逻辑之人对自己的观念都非常固执，不要企图能说服别人。

（6）山峰的顶点，再迈一步，就是悬崖。

（7）真正聪明的人，外傻里不傻。

（8）真正废掉一个人的，从来都是常年不变的重复生活。

第三部分
一 招 鲜

股市最大的难度不是去争取利润，而是避免不犯大错。

人生有度，误在失度，惜在过度，佳在适度。

一招鲜1
技术指标之王 MACD 的花门战法

在学习使用类似于 MACD 这种常用技术指标时，许多股民陷入迷茫，他们发现用从书本上学来的 MACD 指标的分析方法和技巧去研判股票走势所得出的结论，往往和实际走势存在特别大的差异，甚至会得出相反的结果。这其中的主要原因是市场上绝大多数论述股市技术分析的书籍关于 MACD 的论述只局限在表面的层次，只介绍 MACD 的一般分析原理和方法，而对 MACD 分析指标的一些特定的内涵和分析技巧的介绍鲜有涉及，或者说作者自己也不懂，只不过是这本书抄的那本书。

MACD 指标是运用快速（短期）和慢速（长期）移动平均线及其聚合与分离的征兆，加以双重平滑运算。而根据移动平均线原理发展出来的

MACD，一则去除了移动平均线频繁发出假信号的缺陷，二则保留了移动平均线的效果，因此，MACD 指标具有均线趋势性、稳重性、安定性等特点，是用来研判买卖股票的时机，预测股票价格涨跌的技术分析指标。

MACD 指标主要是通过 EMA、DIF 和 DEA（或叫 MACD、DEM）这三者之间关系的研判，根据 DIF 和 DEA 连接起来的移动平均线的研判以及 DIF 减去 DEM 值而绘制成的柱状图（BAR）的研判等来分析判断行情，预测股价中短期趋势的主要股市技术分析指标。其中，DIF 是核心，DEA 是辅助。DIF 是快速平滑移动平均线（EMA1）和慢速平滑移动平均线（EMA2）的差。BAR 柱状图在股市技术软件上是用红柱和绿柱的收缩来研判行情。

也许，有的股友是文科生，认为上述的概念性文字晦涩难以理解，这也没有关系，我根据 K 线与 MACD 指标的波动统计，得出了下面十条经验口诀，记住后能增强实战能力。

（1）大盘和个股的 MACD 指标同时强势，或者同时弱势，这样的强势或者弱势才是可靠的。

（2）大盘和个股的 MACD 指标强弱出现矛盾时，这样的例子不可靠，需要放弃判断和操作，或者用大盘、热点、题材、主力等因素辅助判断。

（3）当大盘的成交量处于强势时，MACD 的作用愈加明显。

（4）MACD 在 0 轴上方——金叉死叉次数越多越好、牛股。

（5）MACD 在 0 轴下方——金叉死叉次数越多越差、熊股。

（6）MACD 将金不金——绿柱二次反身向下、大概率跌（常跌幅大，可作为短线融券、做空期指参考）。

（7）MACD 将死不死——红柱二次反身向上、大概率涨（常涨幅大，可作为短线融资、做多期指参考）。

（8）MACD 低位金叉——股价大幅急跌后 MACD 远离 0 轴、大概率涨，出现二次金叉更容易产生急涨。

（9）MACD 高位缩头——股价大幅急涨后 MACD 远离 0 轴红柱缩短，股价变弱最好清仓走人保住胜利果实。

（10）MACD 起死回生——上涨过程当中的回档死叉后一两天又迅速金叉，大概率涨。

（11）个股高手喜欢在大盘的 MACD 红柱线伸长时做超短线个股操作。

（12）期指高手喜欢在大盘的 MACD 绿柱线伸长时短线做空期指。

一招鲜 2
短线指标之王 KDJ 的 A 股升级

KDJ 指标，又称随机指标，最早是由乔治·蓝恩博士提出用于分析期货市场的，功能颇为显著，后来人们在证券软件上把它移植到股市，是喜欢技术分析的股民最常用的技术分析指标。

KDJ 通过一个时间周期内的最高价、最低价及收盘价之间的比例关系来计算，得出 K 值、D 值与 J 值，并绘成曲线图来反映价格走势的强弱和超买超卖现象。

一些大户和庄家为了更好地稳定股价，常常把大资金操盘计划与 KDJ 值（有时也会加入个股成交量、其他的常见指标）形成操盘计划，根据这些计划进退资金，甚至编制计算机自动量化交易程序。需要注意，大资金是根据自己的情况制订操盘计划的，这样有时一些长庄股的走势是反技术指标的，这样破解庄股的波动规律是操盘手的重要分析任务，这也是我们所讲的升级化应用。

一、KDJ 值的常规应用

根据 KDJ 的取值，可将其划分为几个区域，即超买区、超卖区和徘徊区。

超买区 = K、D、J 都分别大于 80。

徘徊区 = K、D、J 都分别在 20 ~ 80。

超卖区 = K、D、J 都分别小于 20。

（1）就取值而言，一般来说，KD 超过 80 就应该考虑卖出，低于 20 就应该考虑买入。

（2）就交叉而言，K 上穿 D 是金叉，为买入信号，金叉的位置最好在超卖区的位置，越低越好。交叉的交数以 2 次为最少，越多越好，形成右底比左底高的"W"底形态。反之亦然。

（3）就背离而言：当处在高位时，价格走势一峰比一峰高，但是 KD 曲线一峰比一峰低。构成顶背离，是卖出的信号。当处在低位时，价格走势一峰比一峰高，但是 KD 曲线一峰比一峰高。构成底背离，是买入的信号。

（4）当 KD 值于 50% 左右徘徊或交叉时，一般无意义。

这只是教科书的标准内容，在现实这么简单的应用很难赚到钱，只能作为一个心理上的提示，如果这么玩技术指标，恐怕只能是把股市投机演变成为有理论的赌博。

二、KDJ 值的升级应用

一些老股民经过统计活跃股、强势股、庄家股的走势与 KDJ 指标的变动规律，得到了一些新的适合 A 股特点的经验总结，有人根据此编制了买入公式。

1. KDJ 指标的金叉形态

当 KDJ 指标低位金叉，且大盘 30 日均线多头，个股量比大于 2，内外比靠前，这样的股上涨概率大，加上资金抛压小且容易出现偏大涨幅。

2. KDJ 指标的底背离形态

当 KDJ 指标反复变坏，但是股价非常抗跌，且大盘比较弱势但没有发生暴跌，说明此个股一直有机构在加大持仓，一旦 KDJ 指标进入强势区，股价容易大涨甚至成为妖股。

3. KDJ 指标的长时间高位

当 KDJ 指标长时间在 80～100 徘徊，股价以无量形式走上升通道，这样的股容易是长牛，有些绩优防守品种容易在熊市中逆势上涨。

4. 周 KDJ 指标长时间低位形态

当周 KDJ 指标长时间低位（小于 20）且不会退市的低价股，在大盘低位转强后，一旦出现巨量，容易连续大涨。

三、后续研究方法

KDJ 指标的升级应用，主要是研究明星牛股的 KDJ 指标共性和规律，当然也要结合量能、大盘背景、股东情况、题材热点情况，进行总结。

其他的一些常用技术指标也可以这样应用。第"二"项中的四点经验只是一个举例提示，后面也可能会变异，你如果经常复盘股票，复盘股票时把这些思维加进去就可能会有意外收获。

一招鲜 3
中线主力偏爱的 BOLL 指标

最简单的往往是最实用的。

布林线（BOLL）指标是一个中长线波段指标，比较适合平衡市道中追踪长庄股使用，2019 年用该指标波段跟踪白酒等白马股以及猪肉股等板块都获得了很好的战果，因此很可能获得甜头的机构明年会继续使用，我们有必要学习一下并在实战分析中提高对该指标的注意力。

一、含义与公式

1. 含义

BOLL 指标是美国股市分析家约翰·布林格根据统计学中的标准差原理设计出来的一种非常简单的技术分析指标，这是一个"股价通道紧缩扩张"的概念。

2. 公式

多数人对这个不感兴趣，这里就省略一下，不参加考试不知道也没关系。

二、标准应用

1. 逻辑

在 BOLL 带的具体应用上，要理解几个基本逻辑：

（1）均值回归，就是股价的波动最后都会向股价的均值靠拢；

（2）股价的运动状态可以分为蓄势、均衡和剧烈运动；

（3）不同运动状态会转化，并且运动状态的维持和转化都需要量能配合。

2. 中轨参考均线应用

BOLL 带的中轨就是一条移动平均线，股价和中轨的关系，可以参考平均线的运用，穿越、跌破、线上、线下、多头、空头等。

中轨持续向上就是上涨行情，持续向下就是下跌行情，横向波动就是震荡整理。

3. 上下轨研判波动

用 BOLL 带可以简单、直观地研判股价的波动状态，那就是看上轨、下轨的相对位置。如果上轨和下轨的相对价格不断加大，那就是开口扩大，股价的波动幅度继续加大。如果上轨和下轨的相对价格不断减少，那就是开口收缩（收口），股价波动的幅度继续减少。如果上轨、下轨平行运行，则股价的波动幅度处于稳定状态，趋势一般会保持。

4. 狭窄带

BOLL 带的一种特殊形态就是平行狭窄运行，表示股价处于一段时间的低迷期，波幅不大，成交量一般也很小。这种走势也称为蓄势期，如果股价在成交量放大的情况下选择方向，突破震荡区间，往往会进入一段幅度很大的趋势运动。

5. 支撑与阻力

BOLL 带的另一个运用是用来判断股价的支撑和阻力。基于统计学的置信区间定义，股价的波动 95% 的可能是在 BOLL 通道的上轨和下轨之间运行。因此上轨和下轨就成为大概率的股价压力和支撑。在股价运行到上轨附近，如果出现明显的回落 K 线形态，则可以视为短线回落；反之，如果股价运行到下轨附近，如果出现放量回升的 K 线形态，可以视为短线反弹。对于处于明显宽幅震荡的走势，可以在上下轨附近做波段。从正态分布的角度看，落在均值的两倍标准差范围内的概率是 95%，所以股价绝大部分时间都在 BOLL 带范围内波动，上下轨起到压力和支撑的作用。

6. 趋势行情中的出轨

BOLL 带很重要的一个实战价值是，在趋势走势中对于股价高低位置，以及反转点的判断。有别于强弱指标在超级强势趋势行情后期的钝化，BOLL 带可以很好地跟踪这种行情走势。

（1）在超级上涨行情，BOLL 带会一直紧贴上轨之下运行，BOLL 通道平行，表明走势稳健。在某一时期，股价突破上轨，表明行情进入疯狂阶段，其后的大幅震荡不可避免。股价再跌回上轨，则要密切观察可能的 K 线组合形态，谨防股价做顶。

（2）在连绵阴跌走势则相反，BOLL 带会一直紧贴下轨之上运行，BOLL 通道平行，表明下跌趋势没有反转迹象，不可轻易猜底。在某一时期，股价突破下轨，表明行情进入恐慌阶段，其后就可能是筑底。股价再突破下轨回升，则短期底部已经出现，积极介入操作。

7. 应用小结

BOLL 带是基于数据统计的指标，其客观性更强，可以很大程度地避免股票操作中猜底、猜顶的主观性和盲目性，仔细体会这个指标，有助于培养理性思考，提升交易的稳健性。布林线认为各类市场间都是互动的，市场内和市场间的各种变化都是相对的，是不存在绝对性的，股价的高低是相对的，股价在上轨线以上或在下轨线以下只反映该股股价相对较高或较低，投资者做出投资判断前还须综合参考其他技术指标，包括价量配合、心理类指标、类比类指标、市场间的关联数据等。

三、花荣笔记

1. 指标组合法

将布林线和其他指标配合使用效果会更好，如成交量、MACD、KDJ 指标等。

2. 张口买卖法

当布林线长期窄幅横盘，股价上涨导致通道明显张开，股价调整到中轨处受到支撑，再度放量上涨时是一个较好的波段买点（可参考维业股份 300621 在 2019 年 8 月 29 日的布林线情况，2019 年这种短线爆发股还是比较多的）。

3. 上涨通道支撑法

当布林线中轨处于上升时，股价调整到中轨处受到支撑，再度放量上涨时是一个较好的波段买点（可参考新希望000876在2019年3月29日的布林线情况）。

4. 拐点买卖法

当长庄股一轮连续上涨或下跌末期，一旦布林线上轨或下轨出现明显拐头，同时，KDJ指标或MACD指标有一个或两个已发出死叉或金叉，应当在拐头当日卖出或头次建仓（可参考贵州茅台600519在2018年11月下旬的布林线情况）。

一招鲜4
MCST 花氏超短异动套利公式

只有先认识服从大环境，才能进一步战胜大环境。

适者生存，物竞天择！必须适应环境的变化，并发现找到更实用有效的针对办法，你才能适应你的股海生存场，并在这个生存场中生存、发展、强大。

当前的市场，以及未来的市场，有可能会长时间运行在低量能背景下，为了更好地适应A股长时间状态的波动特征，获得令自己满意的收益。我一直在思索考虑，试图在巩固原来操作系统的情形下，更进一步地丰富具体战术，使年收益率进一步提高。

经过一年来的研究、模拟与验效，"花氏超短套利公式"终于初步成型了，这套"花氏超短套利公式"包括"期指做空"和"股票做多"两套方法，今天在这里，主要总结"股票做多"的这套公式。

花氏最新超短套利公式 = MCST指标 + BOLL指标 + MACD指标（指标与通用方法不一样）

下面我就把这套公式做个讲解：

一、MCST 指标

（1）MCST 是市场平均成本价格，如果观察标的股是主力重仓股，MCST 显示的就是主力机构持仓成本，因此该指标中文又称为"主力成本指标"。

（2）MCST 上升表明市场筹码平均持有成本上升；MCST 下降表明市场筹码平均持有成本下降。

（3）当股价在 MCST 曲线下方翻红时应关注，若向上突破 MCST 曲线应买入；当 MCST 曲线的下降趋势持续超过 30 日均线时，若股价在 MCST 曲线上方翻红应买入。

（4）该指标应结合 BOLL 使用。

二、"花氏超短套利公式"

"花氏超短套利公式"要找的个股和大盘时机：

1. 花氏 1 号公式（个股低吸选股模式）

（1）股价在 MCST 曲线下方 10% 以上（如果数量多就增大数值）。

（2）股价穿出 BOLL 指标下轨（含）。

（3）量比大于 2。

以上由软件公式统计，以下是人工统计加分：

（4）必须是筹码集中股（螺旋桨股、大盘大阴线逆势抗跌股、机构明显重仓）。

（5）主要指数成分权重股加分。

2. 花氏 2 号公式（个股低吸选股模式）

（1）股价在 MCST 曲线下方 10% 以上（如果数量多就增大数值）。

（2）MACD 金叉或者红柱线伸长。

（3）量比大于 2。

以上由软件公式统计，以下是人工统计加分：

（4）必须是筹码集中股（螺旋桨股、大盘大阴线逆势抗跌股、机构明显重仓）。

（5）主要指数成分权重股加分。

3. 花氏 3 号公式（个股强势选股模式）

（1）股价从 MCST 曲线上方回落到曲线附近（-1.5% ~ +5%）。

（2）股价回落到 BOLL 指标中轨（0~5%）。

以上由软件公式统计开始观察，以下是人工统计加分：

（3）量比大于 2 且阳线。

（4）必须是筹码集中股（螺旋桨股、大盘大阴线逆势抗跌股、机构明显重仓）。

（5）主要指数成分权重股加分。

4. 花氏 4 号公式（个股强势选股模式）

（1）股价从 MCST 曲线上方回落到曲线附近（-1.5% ~ +5%）。

（2）MACD 金叉或者红柱线伸长。

（3）量比大于 2。

以上由软件公式统计，以下是人工统计加分：

（4）必须是筹码集中股（螺旋桨股、大盘大阴线逆势抗跌股、机构明显重仓）。

（5）主要指数成分权重股加分。

5. 花氏 5 号公式（沪指低吸时机模式）

（1）指数在 MCST 曲线下方 10% 以上（如果数量多就增大数值）。

（2）股价穿出 BOLL 指标下轨（含）。

以上由软件公式统计，以下是人工分析加分。

（3）量比大于 1。

6. 花氏 6 号公式（沪指低吸时机模式）

（1）指数在 MCST 曲线下方 10% 以上（如果数量多就增大数值）。

（2）MACD 金叉或者红柱线伸长。

以上由软件公式统计，以下是人工分析加分。

（3）量比大于 1。

7. 花氏 7 号公式（沪指强势时机模式）

（1）指数从 MCST 曲线上方回落到曲线附近（+ -1.5%）。

（2）指数回落到 BOLL 指标中轨（0~5%）。

以上由软件公式统计开始观察，以下是人工分析加分。

（3）量比大于 1 且阳线。

8. 花氏 8 号公式（沪指强势模式）

（1）指数从 MCST 曲线上方回落到曲线附近（＋－1.5%）。

（2）MACD 金叉或者红柱线伸长。

以上由软件公式统计，以下是人工分析加分。

（3）量比大于 2。

以上由软件公式统计，以下是人工分析加分。

三、最后说明

（1）根据上述要求统计数据并总结数据说明。

（2）可以根据实际情况适当修正数值（频次率和准确率综合）。

（3）计算 MCST 曲线时间，计算两年时间的，要考虑到大宗解禁股的成本，以及短线热点、爆破点的加分。

（4）1～4 是选个股的，是重点；5 和 8 是观察大盘的，选择重仓出击的时机。

一招鲜 5
主力吸筹时的经典 K 线形态

主力机构资金比较大，它们在买进一只股票时，特别是因为特别看好而买进某股时，不可避免地对这只个股的走势产生影响，主力建仓吸筹必须实实在在地持续买进股票，主力派货套现时也必须实实在在地打出卖单，抛出筹码，主力巨额资金进出一只个股一定会在盘面、K 线形态、量能上留下痕迹。

通过 K 线形态、量能、盘面、F10 信息进行选股，是最常见的选自选股的方法。而通过观察经典 K 线形态是我们翻股票选股的第一个步骤，有了这个步骤后，再通过量能、盘面、F10 信息的逻辑分析进行精选。

现在我来总结几种主力吸筹留下的经典 K 线形态：

一、多小阳加单中阴

主力进场吸筹使一只个股的多空力量发生变化，股价会在主力的积极性买盘的推动下，不知不觉慢慢走高。

但是，主力建仓一般是有计划地控制在一个价格区域内，当股价经过一段小阳线走高之后，主力通常会以少量筹码在合适时机（大盘跌势时或者尾盘）迅速将股价打压下来，这段快速打压我们通常称为快跌，以便重新以较低的价格继续建仓，如此反复，在 K 线图上就形成了一波或几波多小阳加单中阴的 N 形 K 线形态。

二、经常低开走强

主力吸筹阶段为了在一天的交易中获得尽量多的低位筹码，通常采取控制开盘价的方式，使该股低开，而当天主力的主动性买盘必然会推高股价，这样收盘时 K 线图上常常留下一根红色的阳线，在整个吸筹阶段，K 线图上基本上以阳线为主，夹杂少量的绿色阴线。

有时，主力机构会压尾盘，形成十字星 K 线。

三、独立逆势横盘

一只个股底部区域表现出来的窄幅横盘的箱体，可以认为是主力吸筹留下的形态，通常逆大盘的个股独立走势只有在主力资金进场的情况下才能真正得到扼制。

下跌趋势转为横盘趋势，而横盘的范围又控制在一个很窄的范围（幅度5% 以内），基本上可以认为主力资金已经进场吸筹，股价已被主力有效地控制在主力计划内的建仓价格区间之内。

这类个股往往流通市值比较大。

四、大阳线后横盘且放量

某只个股在低位放出大阳线后，随后抗跌（通常 3% 以内），在前收盘价附近独立横盘波动，且成交量明显放大。或者是大阳线后，开始出现连续的放量的小阳线或者十字星，许多公募基金常采用这样的建仓方法。

五、破位下跌后连续走强

某只个股在大盘大跌的影响下出现破位下跌走势，随后大阳线反击，之后走势也比较强，这种情况往往是由高位被套的机构进行低位补仓自救造成的，如果在大盘安全的情况下，这种 K 线图具有较好的短线机会。

六、间歇性放量中阳

股价在低位形成小箱体，放量中阳后随机下跌到前放量中阳的起点附近后再度放量中阳，往复数次，越往后股价走势相对越强，这也是一种典型的机构建仓迹象。一旦股价哪天的分时走势出现一波比一波强的冲击大阳线走势时，是大概率的短线介入机会。

七、流通市值两极股连续走小阳

小盘股在弱势中建仓难度大，因此机构建仓都是连续小阳线的方式，不会轻易震仓；敢于建仓大盘股的主力资金实力强大，也喜欢连续买进的建仓方式。所以小盘股和大盘股连续放量走出上升通道时，也需要加大注意力。

一招鲜 6
最新升级版弱市操作铁律

沪深股市，熊长牛短。

我们必须要有一套适合弱势（弱平衡势）中的投机系统，一方面警醒自己不要犯大错，另一方面获得较为职业的收益，稳健套利，坚韧图成。

下面是我根据自己的实际情况以及大盘波动特点，最新总结的升级版"弱市超级综合系统"，准备投入实战运用。

一、常规模式是顺势而为

弱势中顺势而为就是做空，目前做空的低成本手段就是期指做空。

做空的主要手段模式有：

（1）无量较大幅度上涨后，遇下跌后做空弱势期指。

（2）弱势跳空下跌后无明显的回补意愿，下午逢高做空 500 指数。

（3）在弱势的资金紧张期（季度底、月底的倒数第二个交易日）提前逢高做空。

（4）在沪指的 MACD 指标伸长期做空。

（5）做空时要防止主力的"反技术、逆心理"波段操作。

（6）要严格条件，控制交易频率，一个月平均做两把，一年 24 把以内。

二、低风险盈利模式

这里的低风险模式主要是指下跌幅度确定性有限的品种。

具体的品种有：

1. 高效率转债

主要是低于面值的、溢价不多、存续期短的基本面尚可的转债，采取根据指数、下调转股价可能性的分价定投模式。

2. 稳健基金

预备队平常以货币基金的形式存在，在分级 A 出现意外大跌时在满意价位转换成为分级 A，2020 年底所有分级基金都将进行改制。

3. 全额邀约收购与现金选择权

必须确定性强，有无风险利润，分价根据时间定投。

三、常规操作的运作方式

1. 强弱分水岭的标准

沪市成交量持续维持在 2700 亿元以上为强势，低于 2700 亿元为平衡势和弱势，低于 2000 亿元以下时原则上只逢高做空股指期货。

2. 强势的操作要点

（1）组合性操作原则。

（2）热点、量能、庄股、题材操作原则。

（3）主动性操作原则。

3. 平衡势的操作要点

控制仓位的只做高概率爆破点、大盘和个股的 MACD 红柱线伸长期的短线。

4. 弱势的操作要点

（1）只逢高做空期指。

（2）做股票一定要等待罕见的暴跌。

（3）要注意进出的灵便性。

四、独门技术分析套路

1. 评判大盘的条件

（1）依据大盘的成交量来评判，适当参考 MACD。

（2）暴跌做反弹时要慢一拍。

2. 评判个股的条件

（1）必须是价涨量增，弱平衡市中必须堆量的阳线明显。

（2）MCST 指标主要是：强势回荡遇支撑＋重套反扑。

（3）BOLL 线是 MCST 指标的辅助指标。

（4）MACD 金叉与红柱线伸长重要。

（5）一定要看个股 F10 的"股本结构"一栏情况和未来定向增发情况。

3. 其他注意点

（1）加大金融股的注意，要有重点金融自选股。

（2）热点板块加大龙头的注意，条件要严格。

（3）各个指数的重要成分权重股加分。

（4）每个阶段要有重点活跃机构重仓股。

（5）对于个股的再融资风险要加大警惕性（新的再融资办法对老股东不利）。

（6）再强调一次，进出的灵便性。

（7）该操作铁律的执行情况每个月总结一次。

一招鲜7
年报事前预告套利

上市公司每年的年报公布是资本市场固定必有的大事。在上市公司公布年报前，上市公司会有一系列的事前预告，这些事前预告一般具有固定的时间点，因此上市公司年报的事前预告就属于时间确定的题材，有心人能利用其中的确定性时间（或大概率确定时间）来进行短线套利。下面来看看具体的事前预告及其套利方法。

一、年报日期预约

年报日期预约是指上市公司会提前和交易所约定年报的正式公布日期时间，同时会在交易所公布年报日期。大多数投资者可能会忽略这个事前预告（年报日期预约），或者并没有意识到它存在一定的套利方法。下面来详细讲述以下：

年报日期预约是强制性的，所有的上市公司都必须预约自己的年报时间，同时年报日期预约必须在每年1月1日前完成。请注意这里的日期是每年1月1日，这是个固定的时间节点，也就是说所有的公司在每年1月1日前都预约完成了自己的年报时间。因此有心人可以在这个时间点（每年1月1日）前运用一些方法来判断上市公司的年报日期，从而在12月最后几个交易日套利年报第一股、沪市年报第一股、深市年报第一股、中小板年报第一股、创业板年报第一股等。这是年报日期预约的第一个套利方法。

年报日期预约的第二个套利方法是可以在大盘比较稳定或者强势的情况下，利用预约公布的年报日期来套利年报绩优股、年报扭亏股（特别是ST或＊ST），在年报日期前埋伏个股或年报日期爆破个股或年报日期后提升个股。

年报日期预约的第三个套利方法是避险，在年报日期前规避绩差股，回避亏损个股（特别是亏损到 ST、＊ST 甚至退市的个股）。规避这些个股风险，从而获得其他套利的机会，这也是很重要的套利方法。

二、年报预告

年报预告是指上市公司在正式年报前预先简略通告年报的情况。预告类型主要有预喜类（预增、略增、续盈、扭亏）和预差类（预减、略减、首亏、续亏）和不确定性。对于不同板块来说，它们的年报预告时间是不一样的。下面来具体说说：

（1）沪市上市公司预计全年出现亏损、扭转为盈或者净利润比上一年下降或者上涨 50% 的情况，应该在本年度结束后的次年 1 月 31 日之前进行业绩预告。

（2）深市主板上市公司在净利润为负、扭亏为盈、实现盈利并且净利润较上年同期出现增长或者下降 50% 的情况、期末净资产为负以及年度营收低于 1000 万元，应该在本年度结束后的次年 1 月 31 日之前进行业绩预告。

（3）中小板所有上市公司必须在次年 1 月 31 日之前披露本年度业绩预告。原来中小板是规定在 10 月 31 日之前披露本年度业绩预告，现在也改成"在次年 1 月 31 日之前披露本年度业绩预告"。

（4）创业板所有上市公司必须在次年 1 月 31 日之前披露本年度业绩预告。

（5）ST（＊ST）个股必须在次年 1 月 31 日之前披露本年度业绩预告。

从上面的规定可以看到，次年 1 月 31 日是年报预告的确定性时间，这是套利年报预告的时间关键节点，特别是对于强制披露年报预报的中小板、创业板和 ST（＊ST）个股来说，时间确定性更加大。利用该时间节点（次年 1 月 31 日），如果某个股属于必须预披露（强制披露或符合条件披露）年报的个股，同时从前面业绩报表能判断出个股业绩类型，但它还没有年报报的个股，那么有心人就可以在时间节点（次年 1 月 31 日）进行短线套利，从而在它进行年报预报后个股爆破时获利。这是年报预报的第一个套利方法。

年报预报的第二个套利方法也是避险，如判断某个股年报预报预差，那么就必须规避之；如果某个股年报预报预差或不确定，最好规避之。

三、送转预告

送转预告是指上市公司在公布年报时必须公布利润分配方案（送转方法），同时上市公司可以在年报公布前预告利润分配方案（送转方法），送转预告的时间点一般在三季报时、年报预报时、年报快报时、年报正式公告时、年报前某些董事会时和年报前某些股东大会时。

送转预告的时间有多种可能性，对于高送转来说开始的时间一般在 11 月中下旬，比较多的时候是出现在年报预报时，因此一般也运用年报预报套利方法来类似套利高送转。对于套利送转预告，这里需要选股能力，需要选择有高送转潜力的个股。具体选股方法可以参考问答。

四、年报快报

年报快报是指上市公司还没有完全编制好年报而提前公布的简版年报。对于不同板块，年报快报要求也是不同的，具体来说：

（1）沪市上市公司鼓励而不强制披露年报快报。

（2）深市主板上市公司鼓励而不强制披露年报快报。

（3）中小板上市公司年报应该 3~4 月进行披露的，在 2 月底完成年报披露业绩快报；年报披露在 3 月之前的，不进行业绩快报披露。

（4）创业板上市公司年报应该 3~4 月进行披露的，在 2 月底完成年报披露业绩快报；年报披露在 3 月之前的，不进行业绩快报披露。

从上面的规定可以看到，年报快报主要对中小板和创业板强制，时间点以 2 月最后一天划分。由此，套利年报快报主要集中在 3~4 月披露年报的中小板个股和创业板个股，套利的时间点为 2 月底之前。思路逻辑类似于年报预报套利。

五、风险警示事前预报

风险警示事前预报是指绩差股、重大问题股会在年报前提示相关风险。相关风险主要包括戴帽风险（被 ST）、戴星戴帽风险（被 *ST）和退市风险。

对于非 ST（＊ST）股提示风险警示，必须要大大重视，迅速规避。因为很多机构是不能持有 ST（＊ST）股的，因此如果非 ST（＊ST）股提示风险警示，那么大量机构因风控原因就必须抛售该股，很多时候都会出现连续的无量跌停，因此必须规避。

对于 ST（＊ST）股提示风险警示，甚至提示退市风险，必须分析清楚这是个股按照相关披露规则而例行的风险警示，还是个股真的有相关风险恶化警示。如果是个股按照相关披露规则而例行的风险警示，那也不能掉以轻心，必须保持警惕。如果是个股真的有相关风险恶化警示，那么必须马上规避，立刻规避，永远规避！

一招鲜8
炒短线的五件工具利器

好操盘手一定是短线高手！

短线技术是令人羡慕的，但短线技术要求也是非常高的，既要盘感纯熟，又要技术精湛，还要精力充沛，这不是一般人能够做到的。

但是，热爱短线技术的人也非常多，自己是否适合这项技术，是否能成为短线高手，只有实战试一试身手才知道。

下面，我就把职业操盘手常用的短线技术总结如下，据说许多职业高手是依靠此技术从散户变成大户的。那么，看看各位是否具备天赋，看看是否能玩得转。

一、第一件利器，MACD

1. 做短线的关键

做短线的关键要选好大盘的时机，要选在大盘上涨的时间段，一定要避免在大盘大跌的时间段持股。

2. 怎样选择大盘时机

第一个注意点：

用 MACD 来把握大盘做多时机，只有在 MACD 指标处在绿柱线缩短、红柱线伸长的时间才能出击，同时出击日最好是红柱线买力处于优势状态。要格外当心绿柱线接近零轴的指数突然下跌。

第二个注意点：

也可以用 MACD 来把握大盘做空时机，只有在 MACD 指标处在绿柱线伸长、红柱线缩短（大盘量要低）的时间才能出击，同时出击日最好是绿柱线卖力处于优势状态。要格外当心红柱线接近零轴的指数突然上涨（大盘强势量能时）。

3. 持股时间长短的判断

均线方向、MACD 变化指示指数走向的趋势，而大盘的成交量是能量（油），在趋势得到判断后，就是判断持仓时间。原则上，量能越大持仓时间可以越长一些，量能越小持仓时间就需要更短暂。

二、第二件利器，做空期指

1. 最先进的短线工具

杠杆、双向、T＋0，这都是明显的优势，最适合短线操作。

2. 防止"永动机中的战斗机"

只有学会做空，才能彻底地树立顺势而为的思想，才能摆脱永炖机、永动机的思维，才能对选时的重要性了解清楚。

三、第三件利器，换手率

1. 定标活跃股

供求关系是商品经济的基础原理。

换手率，这一信息其实包含了大量主力资金和散户资金的博弈情况，可以为后续股价改变提供逻辑分析支持。

2. 换手率的观察技巧

（1）换手率高的股票说明机构活动明显，其活动规律还需要分析机构的成本和机构短线动向。主力成本、强弱度就能发挥作用。

（2）行情初始阶段某只股票连续三天以上换手率明显大，平均一天10%以上，股价价涨量增，这将可能是板块中领涨股，如果这一情况发生在大盘回调期间，那么更要加仓这类抗跌且量价持续飙升的股票。如果连续5天、7天都在不断飙升量价成交，那么这有可能注定是一只黑马牛股。

四、第四件利器，主力成本

正在活跃的股票，可以用主力成本分析其活跃目的，最常见的明确逻辑是：

（1）主力浮盈的股票，价格回到成本区，在有能力的情况下，会不甘心地再次攻击。需要注意的是，积极的股票在成本线附近积极；而已经疲惫的股票或者主力已经脱手大部分的股在成本线附近则不那么积极。

（2）主力严重被套的股票，一旦低位发起攻击，是不错的猎物。

（3）在熊市、牛市初期，上述两个分析方法是最常见的选股思维，在牛市这个方法则对好股的要求属于过于苛求，此时可以多注意强弱度指标。

五、第五件利器，强弱度

强弱度指标显示的是个股即时的攻击性和抗回调性，其常见的应用技巧是：

（1）依据大盘时机、换手率、主力成本等指标选好股后，用强弱度选择攻击时间或者精益求精。

（2）在牛市的尾市，选好一批股票后，优先攻击强弱度指标好的股。

六、出局与止损

1. 出局

炒短线，原则上是获利即出，或者分批出，不能让已经获利的筹码变成亏损。

持股的时间可以参考大盘的成交量，大盘成交量越大持有的时间越长；大盘的成交量越小，持股的时间越短。

也可以适当考虑个股的 MACD、KDJ 指标情况，选择退出时间。

2. 止损

止损行为要果断。水平再高的短线高手，也有失手的时候，失手赶快止损。

低位的股要考虑价量关系的强弱以及大盘的情况；高位股要考虑主力成本线是否被有效跌破。

七、玩短线的注意点

（1）要注意大盘时机。不能因为手有利器，就让自己变成永动机。猎枪是打"红羊"的，不是用来打"绿狼""绿虎"的。

（2）自我评估。10 枪 7 中 2 平 1 亏是高手，10 枪 7 中 3 亏需要改进提高进步，10 枪 6 中 4 亏说明你还不行，赶快停止分析原因。

（3）敢于追龙头股。一只股票开始上涨时，我们不知道它是不是龙头，等大家知道它是龙头时，已经有一定的涨幅了，要敢追，价量关系好才安全，弱势股才危险。

（4）选股条件不能凑合。在熊市中选股条件绝对不能凑合，宁肯错过，不能做错，即使很好的股也不能孤注一掷，要留预备队；在牛市中也要有分批措施。

（5）区分牛市和熊市的操作方法。根据量能决定持仓时间，不能一个趋势思维形成惯性。发大财靠牛市，牛市正确比熊市正确更重要。

（6）短线高手的优秀品性：有耐心、快刀手、精神状态好。

一招鲜 9
MCST 的浓缩精华技巧

MCST 指标是我在 2019 年底根据大盘弱势阶段新挖掘出来的一个指标。经过统计分析，发现这个指标十分适合于大盘弱势时期的短线强势阶段做短线个股，是对花氏万能公式的增强与补充，而且应用起来十分方便、简洁，比起 MACD、K 线组合等其他技术分析手段，MCST 指标的准确性优势十分明显。

曾经有股友问我，股市上有没有速成的方法？当时我觉得挺难回答的，现在可以说，有，那就是先制定一个能够选出短线强势个股的指标，同时这个指标配合其他技术分析手段能选出介入、退出的时机。这个指标就是 MCST 指标。

我个人认为，我自己对传统技术分析的突破，主要体现于：第一，操作系统；第二，时间，价格的确定性理论；第三，判断逻辑的七个要点；第四，爆破点的统计与应用；第五，盲点信息时间差的应用；第六，资源力量的综合优势理论；第七，主力运作习惯的规律统计；第八，怎样激活与挑战主力；第九，A 股的真实客观与博弈学常识；第十，MCST 指标的个股实战应用。我觉得这是花门实战理论的核心。

下面，我就来归纳总结一下 MCST 指标的浓缩精华技巧（这是 2019 年云南旅游的核心交流要点）。

一、MCST 的力量作用

（1）当股价贴近 MCST 线时，MCST 线有反向推开股价的力量。

（2）当股价远离 MCST 线反向时，MCST 线有拉回股价的力量。

（3）当股价高于 MCST 线时处于强势活跃区，当股价低于 MCST 线时处于弱势低迷区。

（4）当股价强势穿越 MCST 线时，股价处于强弱转换状态。

二、MCST 的买点研判

1. 当股价在 MCST 线上方时

当股价在 MCST 线上方时，正常情况显示股价处于活跃状态，但是也需要选择逢低的时机。

常见的经典低点有：

（1）股价在 MCST 线附近强硬托价，挂大买单或者连续拉尾盘。

（2）跌破 MCST 线后强硬反击。

（3）在 MCST 线附近出现大单涨速异动或者波浪攻击。

（4）在 MCST 线附近长时间螺旋桨扼守。

2. 当股价在 MCST 线下方时

当股价在 MCST 线下方时，正常情况显示股价处于弱势状态，只有在股价表现得非常强势时才是好状态。

这种好状态的经典表现是：

（1）股价连续放量大涨。

（2）股价连续小阳强硬独立上涨。

（3）股价暴跌后的强反击。

（4）筹码集中股出现明显活跃状态。

三、MCST 的卖点研判

（1）当股价远高于 MCST 线走软时是卖点。

（2）当股价从下方上涨到 MCST 线附近时走软是卖点。

（3）当股价从上方跌破 MCST 线时走软是卖点。

（4）当股价在 MCST 线无量上涨走软时是卖点。

四、常见辅助工具

（1）使用 MCST 线判断个股时要服从大盘的 MACD 指标和大盘量能。

（2）使用 MCST 线判断个股时可以参考个股的 MACD、BOLL 指标。

（3）使用 MCST 线判断个股时可以参考价量关系。

（4）使用 MCST 线判断个股时可以参考 K 线判断逻辑。

（5）使用 MCST 线判断个股时可以参考主力持仓状态。

五、经典图解

1. 低位大强势

韶钢松山 000717 在 2019 年 11 月 18 日的走势情况，低位强势价涨量增。

2. 低位连续强势

一汽轿车 000800 在 2019 年 10 月 24 日的走势情况，低位连续独立上升通道。

3. 低位突破强势

宏大爆破 002683 在 2019 年 3 月 5 日突破 MCST 线的走势。

4. 高位调整到位强势

淮北矿业 600985 在 2019 年 3 月 28 日股价从高位回落到 MCST 线的走势。

5. 长期紧贴成本线的蓄势

读者传媒 603999 在 2019 年 11 月 2 日前后阶段紧贴成本线的蓄势走势。

6. 其他股的 K 线与 MCST 线的关系规律，多看就会有感觉

一招鲜 10
如何训练和提高自己的盘感

什么叫盘感?

如果一排人站在你面前，你一眼看过去，就知道哪个力量可能大，哪个可能奔跑的速度快，哪个人可能书卷气多一些吗?

盘感，直面解释，就是你一眼看上去，对盘面现有走势的一种直觉。一种迹象、征兆出现后，随后大概率会出现什么?

所谓盘感，其实就是条件反射。"盘感"完全是交易者自身在交易中的亲身柔性体验，而无法从别人那里言传学来。是交易经验和交易理念的综合积累，是亲身感受到的市场综合信息的沉淀。只能在交易中体验，很难用语言表达，不要把盘感与非理性画等号。盘感这东西，除了精研各种技术分析的理论外，主要的还是来源于实战。每天不断地看盘、操盘、复盘，坚持做了多年以后，自然而然地会沉淀下来。

盘感与球感一样，是技术的重要组成部分，娴熟的盘感能够给人以信心和良好的心态。盘感非常重要，但是一般的教科书和教程都不太注意涉及这点，该篇文章属于花氏独门秘籍。

训练盘感和提高盘感，可从以下几个方面进行：

一、必须要有正确高概率的理论指导

炒股理论与羽毛球、足球的基本技术一样，你学了不一定对抗水平很高，但是你根本没练过就一定是门外汉。

1. 常规理论

常规的基本分析、技术分析都必须学会，主要教材是证券咨询从业考试教材和《股票操作学》（中国台湾），这些理论一方面是高级理论学习的前提基础，另一方面是你的博弈竞争对手们的核心玩法。

2. 操作系统

系统原则必须有，这是策略性的，主要教材是《百战成精》《千炼成妖》《万修成魔》；盘感是为战术服务的，战术要服从策略。

这个一定要记住，顺势而为、大概率是永恒不变的策略。战术与盘感则是阶段变化的、是灵活的，两者结合起来才有威力，才能化学反应成为高手。

3. 逻辑判断

我把股市中的实时判断逻辑思维归纳成了七种形式，它们分别是：超越、连续、反击、逆反、规律、过度、混沌。

具体的学习和应用方法可参考《万修成魔》第 37 页。

4. 习惯阅历

不同的股市阶段、不同的股市市场，会有其个性制度、习惯、历史，这个需要客观了解，不能或缺。

一方面是看股史，比如《操盘手 1》《操盘手 2》《操盘手 3》，另一方面是自己记录自己的《操盘日志》。你的微博一方面是用于学习的，当然同时了解其他人的心理和情况；另一方面就是做自己的《操盘日志》，我的微博就是这样使用的。

二、对固定的目标长期跟踪观察

熟能生巧的道理大家肯定清楚。

需要经常跟踪观察的项目有：

1. 各个指数

增强指数波动的盘感，对于灵活应用操作系统非常重要，会解决一些临界柔性的难点。盘感不敏感的投资者，容易在操作系统的临界线附近出现失误。

2. 自选股

天天看的东西，一定会比别人更有灵性，除非你太笨或者一点都不操心。

3. 重要异动

主要是有个性的良性异动。目前，我微博中的《近期异动个股跟踪》栏目就起着这个效果。

4. 重要题材

超短线、无风险套利和人生赌注股都可在这种工作中发现并进而成为具体的操作。

目前，我微博中的《重要信息备忘跟踪》与《阶段爆破点集锦》栏目就起着这个效果。

三、对已发生的特例进行分析

1. 阶段牛熊股的过程分析

主要是原因、初期特征、爆发特征、结束特征的综合分析，并希望后市发现新的机会品种，积累增强风控的经验。

积累风控经验与增强捕捉机会的经验同样重要，同时可以作为做空机会，这点多数人比较忽视。

2. 大盘变化临界点的特点分析

分析要综合，并记录笔记心得才会记忆深刻。

3. 对重要操作得失分析

特别是失误更要记忆深刻，千万不能养成培养记吃不记打、报喜不报忧的坏习惯，这是失败者的典型特征。

4. 对常见股东特点分析

有的机构是专门做重组的，有的机构是逆势的，有的机构是顺势的，有的机构是长线沉闷的，这些都要清楚。

四、总结适合自己的绝招

可以像《千炼成妖》那样，总结自己的盈利模式和绝招，如果你的资金足够大，还要学会引导类的盘感，最后总结出自己的《千炼成妖》。

一招鲜11
如何判断市场热点的持续性

对于短线波段投机的人来说，炒热点是一个最常用的关键战法。

但是这个玩法有一个难点，一个阶段热点出现时，需要立刻判断这个市场热点的有效性和持续性。有的热点是昙花一现，追进去第二天就赔钱；有的市场热点即使第二天买进，仍有短线获利空间。

如何判断市场热点的有效性及持续性？下面我就根据以往案例的统计总结，做一个原则性的归纳。

一、板块强度判断

1. 市场热点的强度要足够强，市场热点就有有效性和持续性

大涨幅的个股数量比较多，涨停的家数比较多，板块中的弱势股也有一定的强度，最好是该板块含有指数权重比较大的。

一般情况下，主力发动抢反弹行情、中级行情、牛市行情常常启动的是金融股，启动银行股、保险股行情最强，其次是券商股、其他金融股。

2. 市场热点的强度有限，有效性和持续性就要怀疑

如果该板块涨幅最大的个股封不死涨停，大涨幅的家数有限，弱势股比较多，这种热点反而容易成为其后几天的跌幅大的股。

二、题材逻辑力度判断

1. 突发大题材导致板块重点股直接封涨停,为有效、有持续性

个股的龙头股在涨停打开后,往往震荡之后,还会有一定的上涨空间,甚至数个涨停的空间。

2. 无特别明显逻辑的板块需谨慎

师出无名,行情很难持续。

三、大盘选时判断

1. 如果大盘处于较佳买点时,新热点往往有效且持续

大盘最常见的较佳买点有两个:一个是指数处于牛市上升通道中;另一个是指数处于严重超跌后的止跌情况。

2. 平衡市中的小热点要谨慎

特别是一些不太强的冷门热点。

四、分化极端判断

1. 分化极端的强势板块往往有机会

最常见的是二八现象,这样强势股的后续资金会受到弱势股的割肉资金支援。

2. 普涨行情的稍强板块需要谨慎

大盘出现普涨行情,一些热点板块的出现,往往是随机的。

五、新鲜程度判断

1. 沪深股市有炒新的习惯,一旦出现明显征兆可以投机

特别是价格定位合适的,有专项资金购买力的品种。

2. 如果题材陈旧需要谨慎

同样题材,第一次最猛,第二次可能还会有一定强度,第三次就会强度有限。

一招鲜 12
市场上有没有赚快钱的方法

股市很多人在寻求赚快钱的方法，A 股市场上到底有没有这种方法？

有好几个股友问我过类似的问题，这个问题我是这样看的：

一、正确的系统方法本身就很快

股市相比实业有一个市盈率的概念，加入平均股价的市盈率是 40 倍，那么股市操作相对实业经营就加了 40 倍的杠杆，而且有极大的时间浓缩性。所以，我认为股市中的操作只要是正确的方法，就是赚快钱的方法，那么什么是正确的炒股方法？

我认为正确的炒股方法有两个标准：

第一个标准是，任何一个五年内的平均年化收益率不低于 20%；

第二个标准是，具体的实战操作胜率需要达到"7 赢 2 平 1 亏"以上的准确率，那 1 亏不能是大亏（超过 10%），7 赢中需要有一个大赢（超过 20%）。

二、赚快钱的思维是顺势而为

在股市中赚快钱的唯一思维就是顺势而为，最常见的具体顺势而为的关键方法有：

（1）用操作系统择时控制仓位（参考《千炼成妖》）。

（2）股市中的简单赚钱绝招有哪些（参考本书）？

（3）七种不能放过的异动股图形（参考本书）。

（4）爆破点技术（参考《万修成魔》《操盘手 3》）。

（5）盲点套利技术（参考《万修成魔》《操盘手 3》）。

（6）熊市做空（参考本书）。

（7）风控技术（参考《千炼成妖》《百战成精》）。

三、一般人赚快钱的错误思维

许多人为了赚快钱从而走火入魔使用错误的方法，这不但赚不到快钱，反而会导致输得快，甚至比吃喝嫖赌输得还快。

最常见的输得快的方法：

（1）熊市中的短线永动机（无论你是小资金还是急需钱）。

（2）熊市中的长线永炖机。

（3）熊市中套牢后的呆如木鸡。

（4）熊市中的做多期指者。

（5）有吃大面概率的方法，比如满仓高位打板的战斗机。

（6）牛市中过分单一追高的人和牛市结束交餐费时间还在拔撅的倔驴。

（7）使用错误方法还加杠杆。

四、为正确方法锦上添花

正确的方法不是只有分析，还有其他的一些特殊方法：

（1）做合格投资者，有特殊交易手段，比如网下配售新股、配售低价增发股票。

（2）积蓄足够大的资金，在牛市中更有力量。

（3）在牛市中用正确的方法＋适当的短线杠杆。

（4）遇见意外的低风险、高概率、大利润的品种，敢于下狠手。

（5）把《千、百、万》看熟、练熟，耐心地等待牛市来临，在牛市中狠赚一笔。

（6）把炒股活动做成自己的人生事业。

（7）群英结党，与已经成功者交朋友，在牛市中借助现成资源，并努力让自己成为有真功夫的股市名人（如果有名没有真功夫，需要自己心中有数，别自己骗自己，否则容易摔个人生缓不过气的大跟头）。

一招鲜 13
海外指数基金的成份股调整

有心人发现，股票一旦被相关海外指数剔除，将引发部分资金尤其是被动资金出逃；而纳入的新成份股，则情况刚好相反。这种情况在特定时间存在着提前可预判的风险和机会，因为这些海外指数的调整是有规律可循的，作为职业操盘手，这也是一个必须了解的常识。

下面，我就这个问题做个简单探析。

一、海外指数成份股的调整规律

由于 MSCI、富时罗素、标普道琼斯指数成份股调整都基于沪股通、深股通，这意味着沪股通和深股通一旦调整，指数必然跟随调整。

一般来说，陆股通（沪股通、深股通）名单调整发布一两个交易日之后，指数公司才会发布调整公告，这相当于留出了事前预判时间，也就是时间差，有心的投资者可以根据陆股通名单调整提前行动。

具体如何操作？

出现以下两种情况需要注意：

（1）如果此前在指数中的某只股票被陆股通剔除，则一定会被指数剔除。

（2）如果此前在指数中的某只股票被调入陆股通特别名单（只能卖不能买），则一定会被指数剔除。

下面将以深股通的调整为例来具体解释。

深股通的股票有三个来源：深成指成份股、中小创新指数成份股、A＋H 两地上市股。深成指、中小创新指数调整和 A＋H 两地上市情况发生变化，深股通名单就会发生变化。

因此，只要提前关注陆股通名单调整情况，就能够提前做出反应。

二、陆股通的调整规律

（1）每年 6 月、12 月迎定期调整。

（2）沪股通、深股通股票名单调整有何规律？

沪股通主要纳入上证 180 指数、上证 380 指数的成份股，但不包括被实施风险警示的沪股，如 ST 公司、＊ST 公司的股份以及须根据上交所规则除牌程序的股份。如果某只股票不再属于上证 180 指数或上证 380 指数的成份股，或者被实施风险警示，则将被纳入只供卖出的沪股通股票，暂停北向资金买入，但允许卖出。深股通则从深证成指、深证中小创新指数中选取市值不低于 60 亿元的成份股。与沪股通一样，被实施风险警示的深股也会被剔除。

如果某只股票不再属于有关指数成份股，或市值的定期审核低于人民币 60 亿元，或被实施风险警示，则将被纳入只供卖出的深股通股票，暂停北向资金买入，但允许卖出。对于 A＋H 股，在 A 股交易 10 个交易日后或相关 H 股的价格稳定期后，自动纳入深股通或沪股通股票。若沪股通或深股通股票的相应 H 股在港交所暂停买卖，投资者可继续买卖相关沪股通或深股通股票，港交所另有决定的除外。若 H 股不再在港交所挂牌买卖，则被纳入只供卖出的沪股通或深股通名单。

值得注意的是，沪股通和深股通涉及的上证 180 指数、上证 380 指数、深证成指、深证中小创新指数的样本股定期是每半年调整一次样本股，实施时间分别为每年 6 月和 12 月的第二个星期五的下一个交易日。同时，样本股调整方案通常在实施前两周公布，也就是 5 月底或 6 月初、11 月底或 12 月初在上交所、深交所网站公布。

三、国内公募基金的规律

如果某些被新纳入海外基金指数成份股的股票，价格相对较低，基本面也不错，又被机构投资者大量调研，这类股很容易被国内的公募基金或者北向资金提前建仓，在大盘安全时，有时也会有游资推波助澜。

有这种迹象出现时，喜欢短线投机的职业炒手也不妨适时注意。

【花言巧语加油站】

（1）股市中很危险的东西就是幻想，最危险的是远期幻想。

（2）深厚的教养所集成的勇猛，远远胜过无知无情者的鲁莽。

（3）对未来的真正慷慨，是把一切都献给现在。

（4）你可以很善良，但不要放松对这个世界的警惕，尤其是股民。

（5）成熟的标志之一是懂调侃，不仅能调侃世界，也能调侃自己。

（6）毫不利己必然包含虚伪，全部免费必然最贵。

（7）不够勇敢就是懦弱，太过勇敢就变成鲁莽。

（8）有缺陷的人，才值得别人放心地去爱。

（9）做你没做过的事情叫成长，做你不愿意做的事情叫改变，做你不敢做的事情叫突破。

第四部分
猎 庄 狐

《孙子兵法》的真谛，不是以弱胜强，不是赵子龙的七进七出；而是以强胜弱，获得优势明显的胜利。

猎庄狐 1
怎样逗庄股庄家玩并赚钱

最重要的是大盘成交量、板块热点、涨速异动个股，怎样看"外盘"和"内盘"及其分析它们的逻辑（这是一个很重要的指标，但一般人忽视或者根本不会用）（微博问答已经用过）？

在看行情的软件中有几个指标"内盘""外盘""内外比"。一般人不太注意研究这些技术指标，其实，对于个股的短线涨跌和是否抗涨抗跌，这几个技术指标比其他常用技术指标更有参考性。

内盘是指以买入价格成交的数量，即卖方主动以低于或等于当前买一、买二、买三等价格下单卖出股票时成交的数量，用绿色显示。内盘的多少显示了空方急于卖出的能量大小。

外盘是指以卖出价格成交的数量，即买方主动以高于或等于当前卖一、卖二、卖三等价格下单买入股票时成交的数量，用红色显示。外盘的多少显示了多方急于买入的能量大小。

内外比是两者数值的比较，因此，一般老手更喜欢看内外比这个指标，他可以直接发现大户（机构）的短线动向。

但投资者在使用外盘和内盘时，要注意结合股价在低位、中位和高位的成交情况以及该股的总成交量情况。因为外盘、内盘的数量并不是在所有时间都有效，在许多时候外盘大，股价并不一定上涨；内盘大，股价也并不一定下跌，要注意其中的逻辑力量关系。

经过数据统计观察，我发现这几个指标具有以下常见概率情况：

（1）股价经过了中长线的下跌，股价处于较低价位，成交量极度萎缩。此后，成交量温和放量，当日外盘数量增加，大于内盘数量，而且数日连续有这种迹象，此种情况预示着有大户（机构）在收集该股，这种情况特别适合中小市值的资产重组股（壳股）。

（2）股价经过了较长时间的上涨后，处于较高价位，成交量巨大，并不能再继续增加，当日内盘数量放大，大于外盘数量，说明个股处于高位的危险中，玩打板和追高战法的人一定要警惕这种股，容易吃大面。

（3）在股价阴跌过程中，时常会发现外盘大、内盘小，此种情况并不表明股价一定会上涨。根据逻辑原理，给出好的征兆必须要有好的结果，否则可能存在机构的骗盘，这种情况常出现在筹码集中股上面。

（4）在股价上涨过程中，时常会发现内盘大、外盘小，此种情况并不表示股价一定会下跌。因为有些时候拉高过程中，遇见大户抛售，主力在承接，大户抛完后，股价可能会出现急涨。

（5）当大盘出现暴跌的低位时，某个低位超跌股，外盘很大、很猛，但是股价十分抗跌，说明有大户在挂盘承接，一旦大盘反弹，这样的股容易反弹力度大。

（6）当大盘处于安全时，特别是大盘处于放量上涨初期时，外盘力量大，量比也大，涨幅也大的容易是短线龙头强势股。

猎庄狐 2
机构吸筹和拉升

知己知彼，百战不殆！

我们在股市中博弈，主要竞争对手是其他的投资者。你要想获利，必须在你买进后，有其他的投资者帮助你把股价买高，并保证你在高点时能够卖出去。

散户的技术和心态都是差不多的，多数是受图形影响、受情绪影响的追涨杀跌，你只需要把节奏往前调快一步即可，但是庄家机构对股价的影响更大，了解熟悉庄家，对于普通投资者来讲更加重要，真正的高手一定是对其他投资者，特别是机构投资者操作习惯了解的人，并且博弈逻辑思维要清晰。

对于机构的操作习惯不了解，博弈逻辑思维不清晰，是许多投资者成为高手过程中的致命伤。下面我就把我了解的机构操作习惯做个总结归纳，可能对一些喜欢研究图形技术和盘面技术的聪明投资者有一定的帮助。

该系列有多部分，这是第一部分机构吸筹和拉升。

一、什么样的机构操作效率高

个股遇到有大机构入场买货意味着该股后市机会来临，大主力正在入场吸筹的品种必须要注意，但个股有主力吸筹并不意味着股价马上就会大涨。其原因有多种：有些价值投资机构只建仓不拉升，吸筹不足主力不会轻易拉高；吸筹后也许还会洗盘；吸筹后主力静候大盘最好拉升时机出现，主力吸筹后碰见大盘大跌跟着下跌。这些都是影响主力吸筹并不一定立即拉高的常见因素。

什么样的主力吸筹后会马上拉升？专门做短线套利的短庄和游资就属于此类。短庄吸筹后一般是不洗盘的，也不过多地理会大盘的好坏，拿到货后大都立即拉高出货套现。

二、实战思维总结

技术看盘从个股量价表现看明显有机构进场吸筹，买进就被套！这是相当多投资者常遇到的问题。跟庄时想尽量不至于落入庄家设计的盘面异动陷阱，掌握识别个股是机构在吸筹，还是拉高出货的技巧相当重要。

看盘的要点有以下几个方面：

1. 短庄吸筹大部分都是在阳线中进行的

个股红盘上升时成交活跃，庄家此时入市较容易拿到筹码。盘中寻找庄家吸筹的股票要在红盘上升的个股中寻找。有量庄家才能吸到筹，选股时目标既要红盘上升又要明显放量。明显放量的个股可利用看盘软件中的"量比""换手率""内外比"排行功能查阅。

2. 短庄常用的吸筹手法有哪些

大多数短庄的操盘建仓手法都是共通的。"盘中震荡推高股价吸筹"是最常见的吸筹手法。选出机构利用这种手法拿货的股票时，盘中拿货当日如目标股票涨幅5%以内可以考虑即时跟进，如发现时涨幅较大则需观望不能追高。

同时要考虑一下机构的成本、数量和大盘的情况，以及近期该类型机构、股票品种的波动特点（查看一下近一年来短线急涨股的K线组合特点和盘面波动规律）。

3. 盘面观察方法

个股出现庄家利用"盘中震荡推高股价吸筹"走势，当日收盘一般有以下几种情况出现：

（1）震荡推高股价吸筹后股价被快速拔高大涨甚至涨停，有题材热点的股票常见情况，有时大盘特别强势也会出现这种走势。

（2）震荡推高股价吸筹后股价维持强势上升至收盘，股价涨幅不是太大（3%左右）。

（3）震荡推高股价吸筹后遇大盘走弱，股价在下午下跌以长上影线收盘（距离当日成本不能太低）。

（4）震荡推高股价是主力制造吸筹盘口陷阱引诱跟风盘，拔高后打压出货（抛盘通常比较大且明显）。

后面两种情况，股价都是冲高回落走势，收盘出现长上影线。而且下一交易日股价大都会出现继续下探调整。

如何确定目标股票是庄家震荡推高股价吸筹，而且当天买入不会被套？我的实盘经验是：

一般目标股票是真正实力庄家吸筹，吸筹当日股价都能维持较强表现走势收盘。也只有当日股价都能维持较强势表现收盘的品种才是短线机会好机会，特别是在当日低点有大单果断承接和低点往上吞吃筹码坚决的品种。

实战有效的方法是："发现个股庄家吸筹时不急于跟进，观察该股尾盘股价表现，能维持强势收盘才考虑择机介入！"这样就既能找到最有机会的品种，又能够回避当天买入就被套的局面。

三、补充注意点

（1）运用这个方法要选择在大盘的安全时机。

（2）这个方法只适合小资金，如果跟进的资金量太大，机构的方法有可能变化。

（3）这种股票如果当天晚上出现利好，一旦高开后走软应立刻卖出，可能建仓大户就是为了伏击这个利好的。

（4）在大盘强势时，可以同时多建仓几个类似表现的个股，增大成功率，并留有预备队，预备队的作用是帮助第二天开盘最强的股，以及低开立刻冲高的股。

猎庄狐 3
黑马股常见量能表现

知己知彼，百战不殆！

我们在股市中博弈，主要竞争对手是其他的投资者。你要想获利，必须在你买进后，有其他的投资者帮助你把股价买高，并保证你在高点时能够卖出去。

散户的技术和心态都是差不多的，多数是受图形影响、受情绪影响的追涨杀跌，你只需要把节奏往前调快一步即可，但是庄家机构对股价的影响更大，了解熟悉庄家，对于普通投资者来讲更加重要，真正的高手一定是对其他投资者，特别是机构投资者操作习惯了解的人，并且博弈逻辑思维要清晰。

对于机构的操作习惯不了解，博弈逻辑思维不清晰，是许多投资者成为高手过程中的致命伤。下面我就把我了解的机构操作习惯做个总结归纳，可能对一些喜欢研究图形技术和盘面技术的聪明投资者有一定的帮助。

该系列有多部分，这是第二部分黑马股常见量能表现。

一般来说，价升量增、价跌量缩是大盘或个股波动的正常情况。

指数或价格处于上升阶段时成交量往往很大；股指见顶后成交量便开始逐渐萎缩。

而黑马的出现往往反其道而行之，它会在低位时大幅放量，甚至超过以往 K 线筑头时的成交量，这种情况是"巨量过顶"的经典表现。

一、第一种情况

（1）前期筑头（一年起以内的顶部）带着较大的成交量（预示着有机构被套）。

（2）前期一直处于下降通道中，当前有止跌回稳态势，并且在近日在相对低位放出巨量，单日成交量超过筑顶时的成交量，一般换手率超过 10%。此时底部放大量，可断定为大户机构换手的一个标志。同时底部的量超过头部的量，极有利于化解头部的阻力。

（3）放出巨量后股价继续保持企稳状态，并能很快展开升势。这通常表明股价的根基扎实，后市还有较大的空间，因为新机构敢于接筹就有能力赚钱，此时可以适当跟进。

二、第二种情况

有些黑马在主力吸纳时往往能在量上找出迹象，而有些主力则喜欢悄无生息地吸纳，在低位时并无明显的放量现象（也许是定增被套、大股东解禁或者被套时间较长）。这些个股上升过程中明显的特征是成交萎缩，甚至越往上涨成交量越小。

1. 主力用少量成交即可推升股价，从而透露出这样可靠的信息

（1）主力已经完全控盘，筹码高度集中，要拉多高由主力决定。

（2）上升缩量，说明主力无派发的可能及意愿，后市仍将看涨。未出现明显的头部特征时可适当波段持有。

2. 什么样的成交量才算缩量涨升呢

这又可分为几种情况：

（1）股价越往上涨，成交反而比前期减少；随着股价升高，愿意抛售的人反而减少，反映出市场强烈的惜售心理。

（2）换手率较低，日换手率一般不超过 10%，以极少的成交量即保持持续升势，说明上升趋势一时难以改变。

（3）上升时成交量保持平稳，一段时间内每天的成交量比较接近，无大起大落现象。进入顶部阶段之时盘中表现为：上升过程中放出大量，换手率一般达到 30% 以上，主力减仓迹象极为明显。

猎庄狐 4
看懂个股的压力位

知己知彼，百战不殆！

我们在股市中博弈，主要竞争对手是其他的投资者。你要想获利，必须在你买进后，有其他的投资者帮助你把股价买高，并保证你在高点时能够卖出去。

散户的技术和心态都是差不多的，多数是受图形影响、受情绪影响的追涨杀跌，你只需要把节奏往前调快一步即可，但是庄家机构对股价的影响更大，了解熟悉庄家，对于普通投资者来讲更加重要，真正的高手一定是对其他投资者，特别是机构投资者操作习惯了解的人，并且博弈逻辑思维要

清晰。

对于机构的操作习惯不了解，博弈逻辑思维不清晰，是许多投资者成为高手过程中的致命伤。下面我就把我了解的机构操作习惯做个总结归纳，可能对一些喜欢研究图形技术和盘面技术的聪明投资者有一定的帮助。

该系列有多部分，这是第三部分看懂个股的压力位。

压力位也称作压力线，是股票 K 线形态中的一种虚拟线。压力位是指空头力量强、多头力量弱的地方自然形成压力位。在实践中，因大众预期的一致性，或者某些大户机构的卖出心理价位，下列区域常会成为明显的压力区（机构操盘也经常这样看）。

一、前高的压力位

以交易周期为日线来举例，当前高价位产生后，第一次及第二次都受到了前高的压力，产生向下回调。所以当一个前高形成时，特别是当级别达到日线级，这个前高是极大可能成为上涨压力的，此时活跃的解套盘容易卖出，弱势时更准一些。

二、筹码密集区

由于大部分投资者情绪是共振的，以及大盘的波动原因，某一个价位区域会成为筹码换手密集区，股价上攻到这个位置时，也是压力区时，大盘的短线强势不容易短线轻易有效突破，所以筹码区也是压力位之一。一般在上攻时，遇到压力位，强势行情（有大户机构攻击，或者热点攻击）会放量突破，还不错的走势大盘偏强时横盘，在股价换手充分大盘继续强时再上（或者进来机构），比较弱就是走势向下回调。

三、MACD 指标零轴的位置

股价上涨时，MACD 指标从零轴下方向上且回抽零轴时，都是到了零轴的位置受阻后又再次向下，所以 MACD 指标零轴也是压力位之一（零轴下方向上且回抽零轴时）。

四、30 日均线（60 日均线）

一般来说，多数以 30 日均线为支撑位或压力位，60 日均线、半年线、年线也同样有意义。

当股价回落到 30 日均线时，如果能够获得支撑可买入，如果股价跌破该线则止损。反之，30 日均线在股价上，股价上涨至 30 日均线又下跌，那么这时它就成了压力线应当卖出。如果股价突破了该线，可买入。

BOLL 轨道的上轨及中轨也有类似意义，做长线赌注股的人也可以参考 SAR 指标。

五、远离重要均线

当股价远离重要均线走软时（连续下跌），或者 MACD 指标红柱线走弱且股价走软时，也是强势市场中常见的阻力位。

六、注意事项

参考上述压力位时要考虑大盘背景因素，个股的量能情况和热点情况。

不是所有的走势都是遇压力就回调的，有些会强势成功突破，有些会横向整理后再突破，有些会直接向下，大家要有这些认识，不然都是遇压力就回调，遇支撑就上涨，那交易就不存在难做了，这些规律只是给我们在做判断时分析用的。

常见的处理经验：

（1）大盘弱势（成交量小）时，个股量能一般，应该全部抛出。

（2）大盘弱势时（成交量小），个股量能不错或者遇见热点，股价有突破不了的表现时，抛掉一半。

（3）大盘强势（成交量大）时，个股量能一般且不是热点，应该全部抛出换更有潜力的股，别浪费时间效率。

（4）大盘强势（成交量大）时，个股量能不错或者遇见热点，股价横盘原持股应该持有，如果股价继续突破应该追击（可能机构在这个价位吃进了不少，或者刚解套）。

猎庄狐 5
盘中大抛单的识别方法

知己知彼，百战不殆！

我们在股市中博弈，主要竞争对手是其他的投资者。你要想获利，必须在你买进后，有其他的投资者帮助你把股价买高，并保证你在高点时能够卖出去。

散户的技术和心态都是差不多的，多数是受图形影响、受情绪影响的追涨杀跌，你只需要把节奏往前调快一步即可，但是庄家机构对股价的影响更大，了解熟悉庄家，对于普通投资者来讲更加重要，真正的高手一定是对其他投资者，特别是机构投资者操作习惯了解的人，并且博弈逻辑思维要清晰。

对于机构的操作习惯不了解，博弈逻辑思维不清晰，是许多投资者成为高手过程中的致命伤。下面我就把我了解的机构操作习惯做个总结归纳，可能对一些喜欢研究图形技术和盘面技术的聪明投资者有一定的帮助。

该系列有多部分，这是第四部分盘中大抛单的识别方法。

抛单是卖出单中的一种，其卖出价不高于第一买进挂单的报价。

一般来说，这种单子只要数量匹配是能够立刻成交的，分时交易中也经常出现。由于这种单子有一种主动卖出的迫切性，因此会对股价产生向下的压力，因而被认为是做空的力量。

股价的下跌表面上是由这些单子促成的，然而如果我们仔细观察就会发现这种单子并非一定会起到打压股价的作用，其中有不少特殊的抛单，是为了相反的目的，比如这样的例子：

某股成交依然清淡，不过下面开始出现明显的大接单，而且还有可能是连续几个价格都挂上了大接单。于是股价开始横走，突然出现了一笔或者连续几笔大抛单将下档的大接单全部砸掉，价呈瞬间破位之势。不过很快上档的压盘也被干掉，股价返身快速上行。

这种现象的逻辑是，对于下档的大接单我们比较容易理解，因为市场在成交很清淡的情况下并不会同时出现如此大的接单，所以至少其中有相当一部分是主力自己挂的。

接下来的大抛单有两种可能：

一、市场上随机抛单

随机的大户看见下方有大接单便抛出。如果是这样的话，那么在失去了这样的大接单以后股价下一个台阶是正常局面，不过后来的走势否定了这一种可能，说明控盘机构是活的，还有力量反击，这种股不需要害怕，还要继续观察其潜力。

二、主力机构的花招

对于一些相对低位的股来说，上述交易的出现还有一种可能，就是主力自己在跟自己干（也许是特定的买单）。

主力机构为什么要将下档自己的大接单砸掉？常见的目的有：

1. 关系户

这个关系户可能是领导，如果单子特大的话，也可能是锁单盘。

这种情况一般是，卖单就是那么一笔，上涨时往往短线特别猛，在重要节假日前，或者大盘强势时，这种股短线获利机会往往比较多。

2. 做量

这只是中等机构，需要市场配合其推升股价，有短线上涨潜力，但幅度不会特别大，在大盘好时少量跟一点做个短线就可以。

3. 腾出拉升资金

（1）如果股价是上升通道股，每天的拉升资金是大概固定的，机构需要巩固一下拉升资金，这种拉升资金在当时会反击拉升股价，但是不会特别猛，在尾盘还会适当拉升股价，因此这种股有时会适当出现抛盘。

（2）如果股价处于超跌的低位，可能是套牢的筹码比较多，机构需要先卖出一部分资金，才能用腾出来的钱充当拉升资金，如果当时的大盘比较强，有一个阶段的机构出货或者砸盘现象，但股价下跌得并不多，一旦股价拉升出现涨停架势，可以少量适当追涨停。

猎庄狐6
机构重仓股启动的征兆

知己知彼，百战不殆！

我们在股市中博弈，主要竞争对手是其他的投资者。你要想获利，必须在你买进后，有其他的投资者帮助你把股价买高，并保证你在高点时能够卖出去。

散户的技术和心态都是差不多的，多数是受图形影响、受情绪影响的追涨杀跌，你只需要把节奏往前调快一步即可，但是庄家机构对股价的影响更大，了解熟悉庄家，对于普通投资者来讲更加重要，真正的高手一定是对其他投资者，特别是机构投资者操作习惯了解的人，并且博弈逻辑思维要清晰。

对于机构的操作习惯不了解，博弈逻辑思维不清晰，是许多投资者成为高手过程中的致命伤。下面我就把我了解的机构操作习惯做个总结归纳，可能对一些喜欢研究图形技术和盘面技术的聪明投资者有一定的帮助。

该系列有多部分，这是第五部分机构重仓股启动的征兆

散户与机构的优劣势是不同的。散户的实战优势是资金小进出方便，但无主动投机手段；机构的实战劣势是资金量大，进出不灵便且有一定的进出成本（很难在一个合适的点位进出，而需要一定的几个区域），机构的优势是有主动投机手段。因此，在上涨势时，扩大战果，机构有优势；在下跌势中，散户避险的速度更快速。

机构与散户相比，优劣势不同，就必然会导致思维的不同。这点，无论是机构，还是散户，如果欲具备博弈思维，都必须要换位思考。

本书研究的重点是机构重仓股启动的征兆。这个课题非常适合在市场弱市中研究，因为在市场弱势中存在着大量被套的并无法脱困的这类标的，一旦时机合适，被套的机构重仓股必然会挣扎，甚至会变本加厉地反攻倒算。

这就为有心同时也有资金的人带来了机会，这种机会不可不察，不可不抓。

"吃机构肉，喝机构血"，最关键的是洞悉机构重仓股股价启动的征兆。

一、典型的盘面征兆

1. 低位买卖比连续良性

较大的卖单被连续吃掉，必然会反映到买卖比排名上，这就是我每天观察记录买卖比榜单的最重要原因。

在弱势中，尽管总体交易清淡，但总会有一些随机性的较大卖单出现，如果这些大的卖单挂牌价一旦离成交价较近就会被主动性买单吃掉，那么这就是主力拉升前的一种征兆。

股价拉升后主力最害怕的就是那些在相对低位买进的获利盘，在高位与机构竞争出货，因此只要主力的资金状况允许，在拉升前会尽可能地消耗掉一些较大的卖单，以减轻股价拉升到相对高位时的压力。同时，也可以理解为是主力在一个较小的范围内，完成一个相对小量的建仓任务，一旦股价拉升成功，那么这些相对低位买进的筹码就成为主力自己的获利盘。

熟悉了这个技能，在大盘反弹周期，如果该技术熟练，小资金做一波短线行情是有获利可能的。

2. 挂单数量突变持续变大

如果一个以往买卖挂单都比较小的个股，开始出现买卖挂单持续变大，而且股价波动性较以往要强势的情况，这是机构要行动的征兆。

这种情况不可能是散户造成的，机构制造这种现象，可能是想制造该股流通性变好的迹象，以吸引场外盘的关注。有可能是想拉高出货，有可能是有什么同盟事件，或者是完成一个融资目标，这需要我们进一步分析，不管怎么样，都会给"快刀手"提供一个短线的机会。

3. 脉冲式上升异动

盘中出现脉冲式上升行情。所谓"脉冲式上升"是指股价在较短的时间内突然脱离当前价直线上冲急涨一下。

超越大盘走势出现急速上冲，然后又很快地回落到原来的位置附近，伴随着这波行情的成交量有一些放大但并没有明显的对倒痕迹，这也是一个征兆。

由于成交量相当惨淡，所以他人也肯定在一段时间内没有办法吃到大单。因此，在正式拉升前，主力会试着先推一下股价，即"试盘"，看看市场的反应。也有一种可能是主力想多拿一些当前价位的筹码，通过往上推一下以期引出市场的"割肉"盘，然后再选择适当的时机进行拉升，有时也许是机构的老鼠仓行为。

这种情况表明主力的资金相对比较充足，对股价的上升比较有信心。这种现象的出现首先要引起我们的注意，如果该股再度启动，就是一个伏击点。

4. 吓唬人不咬人的走势

在大盘稳定的情况下个股盘中出现压迫式下探走势，但尾市往往回稳，这种"吓唬人不咬人的现象"也是一种征兆。

这种情况比较考验人，盘中常常出现较大卖压，股价步步下探，但尾市又回升。毫无疑问，这种走势的直接后果必然是引来更多的"割肉"盘。若无外力的干扰，这种脱离大盘的走势在成交清淡的行情中很难出现，因此一般是有主力活动在其中；否则，尾市股价是很难回升的。为了引出更多的"割肉"盘，主力肯定需要加一把力，因此盘中会出现一些较大卖单，甚至会出现一些向下的对倒盘。

主力将"割肉"盘吸引出来的目的很简单，无非是想买到更多的低价筹码，这是一种诱空手法。通常主力会在股价的回升过程中尽可能地将前面买进的筹码倒给市场，从而达到既维护了股价又摊薄了原有持仓成本的目的。

二、典型的事件征兆

1. 股价严重超跌时

通常，散户在跌得实在忍受不了会将筹码一"割"了之，而机构则会采取反击措施。

需要注意的是，这种超跌最好是受大盘影响而不是单独个股行为，最好是无量急速的空跌而不能放量下跌（更不能是放肆跌停方式的下跌）。

2. 大筹码解禁

当一个大筹码面临接近日，或者刚刚解禁后，股价一旦出现活跃，也是一个明显的上涨爆破点与征兆。

注意，这个大筹码不是获利的且机构急需资金的。

3. 当大盘已经启动时

机构重仓股习惯于跟随大盘启动，常常还会落后大盘上涨一个节拍，在大盘上涨的初期，如果机构重仓股没有启动征兆不能提前埋伏。

4. 见利好异动

机构重仓股常常对于小利好无动于衷，如果见小利好反应很强烈，这也是一个上涨的征兆。

5. 初步无量上升通道

有时某些机构重仓被套的股会走出无量的上升通道，并且遇见大盘较大跌幅时股价表现强硬，这种股一旦出现这样的走势，往往上涨幅度比较大。

6. 第一个涨停封死

一般情况下，筹码集中股不太容易封死涨停，许多个股喜欢涨幅低于7%（避免披露相关信息），一旦机构重仓股封死第一个涨停，就要特别注意了。

猎庄狐 7
怎样打在庄家的七寸上

主力机构影响股价涨跌的具体手段非常多，但万变不离其宗，机构若想操纵股价，最关键的两个因素：一是足够的资金实力；二是有市场吸引力的题材策划。但以不同形式落实到这两个因素的实务操作都会最终到价量关系上。这样就是有迹可循、有机可乘的，这也是猎庄者所要格外注意的，发现庄家的弱点七寸，比较精确地研究主力操作中不可避免的痕迹是跟庄者获利与提高水平的重点。

那么在弱平衡势中，怎样猎庄，怎样打在庄家的七寸上？

一、小市值活跃个股的常见特点

1. 选股注意点

经过统计个股波动数据与了解有主动投资风格的机构习惯，我们发现具有下列特点的个股相对活跃并容易出现大涨幅：

（1）流通市值相对小（但是没有活跃迹象的不能考虑，容易耽误时间）。

（2）已经解禁可流通的大小非（股价出现大涨幅时它们容易捣乱）。

（3）股份公司最好与集团公司有关联、基本面普通，同时含有可分配利润的次新股。

2. 选时注意点

（1）这类个股出现可操作时机时，必然要有量能的持续放大，这点非常重要。

（2）这类个股出现可操作时机时，必然要有突出的正逻辑出现。

（3）历史 K 线上有过多次连续大涨幅的历史。

二、大市值活跃个股的常见特点

1. 选股注意点

（1）操作这类个股的大多数机构的选股标准主要是基本面成长性突出的品种。

（2）主要指数的权重成份股。

2. 选时注意点

（1）市值比较大的个股，其运动的特点为平时不动，一动就是不惜资金地连续涨升，会持续活跃一段时间，甚至是一个年度。

（2）这类股不能选低位的，不能选下降通道的，要选股价运行在 MCST 线上的，在 MCST 线附近波段介入。

三、相对可靠的盈利模式

1. 超跌反弹

经济背景一般条件下弱平衡势特点是等待和抓住超跌反弹，别指望原地跳高投篮。什么时候有行情？先暴跌，把"国家队"跌急了，行情就会来了。如果IPO发行很正常，其他时间难以出现像样的持续性行情。

2. 强力活跃股

每年都会有持续题材活跃股，这类股的波动特点是：庄家拉升初期会出现较为迅猛的连涨，其后便参照某一个技术指标进行规律性的涨升，通过仔细分析能发现，这个技术指标可能是均线系统、上升通道或是某个动、静态指标。在通过重要阻力区时，会展开窄幅震荡走势来消化阻力，越过阻力后会加速无量上扬。拉升的主要特征是涨升有量，下跌无量；大盘强时不动，整理时加速，具备独立走势。

3. 金融股

大主力稳定市场或者启动行情时都是以金融股为主要目标的。

（1）银行股强力大涨时，比如有个股涨停，涨幅小的也有4个点以上，其他金融股也跟上，这种容易出现比较有力度的阶段上涨。

（2）如果只是券商股强力上涨，比如有个股涨停，涨幅小的也有4个点以上，其他金融股涨幅有限，往往是几天的涨势。

（3）金融出现局部涨势，有些个股有一定涨幅，七八个点但没有涨停，其他金融股涨幅很小，这时常常是一两日行情，可以逢高出货或者寻机做空。

四、什么样的股票最容易涨停

1. 选股

一般攻击性很强的机构资金，分时图走势上，一般有下面特征：

（1）分时图走势攻击性强，上涨则快速拉高，同时成交量放大，在推高过程中，一般呈现陡峭加速上攻的形态，而不能是拱形上涨。

（2）成交量上，要具有"静如处子，动如脱兔"的性质。即在没有出现推升动作时，成交量会很温和，尤其在横盘过程中，成交量或呈现阶梯形的缩量，缩量非常有序，而不凌乱。

（3）该股总体走势处于良好态势，这种良好，可能是一种流畅的多头走势，也可能是一些严重超跌之后的反弹走势。所谓的不良好，则是近期成交量以及日线级别的 K 线显示该股明显走弱，并且有头部特征，突然出现的放量大涨，则不属于良好状态，更多地属于诱多出货行为。即使这样的股票涨停，多半会在涨停的过程中，成交量严重暴量，第二天低开下跌。

2. 印证

通过上一条的叙述，可以知道一个股票的攻击性如何，如果各方面都满足上述的条件，则当天如果大盘只要不出现明显的不配合，涨停或者大涨的机会很大。

（1）强弱度很强，在股价涨幅达到 7% 左右时依然很强。

（2）大盘指数跌时抗跌，大盘指数上涨时股价创分时新高。

（3）在红盘时的某一个价位挂买单大，并且在该价位上方买盘踊跃有效。

五、弱平衡势的注意点

（1）沪市成交 1500 亿元以下时，小利好都不是利好。如果出现小利好，股价没有涨停，应该果断出货赚差价，不能浪费这次小利好涨幅。

（2）熊市中的财富不是抢来的，不是赌来的，而是等来的。

（3）优势技术是用来打黄羊的，除了做空，A 股没有大熊的做多绝招。

（4）学习专业炒股技术，但不能因此成为永动机！做多、做空都是如此。即使你有一定历史战绩，也要时刻保持警惕，人性的弱点时刻都会冒出来。

（5）职业做盘最重要的关键点，不是看"贵不贵，便宜不便宜"，而是看"强不强"。

（6）趋势比技术强，离开了趋势，你可能什么都不是。

猎庄狐 8
怎样把握市场的最佳机会

什么是市场的最佳机会？这里最佳机会指的是，在大盘处于最佳时机的时候，同时又出现了最佳强势股。遇到这种情况时，绝对不能放过，要想办法赚一笔大的。

下面我们就来谈谈什么是大盘的最佳时机？怎样发现和操作最佳强势股？

一、什么是大盘的最佳时机

大盘的最佳时机有两个：

（1）大盘处于上升通道走势时，指数贴近重要均线（10 日、30 日），大盘又处于价涨量增（大盘的成交量处于强势）的情况。

（2）大盘中期大跌、短线又暴跌后的强势价涨量增的反弹中，这个反弹要有一定的气势，不是弱反弹。

二、怎样发现和操作最佳强势股

在大盘安全后，就开始具体的个股操作。

1. 最佳强势股的发现原则

（1）核心：最新的即时强势热点板块，这个热点的强度至少要在5%以上，最好是7%以上。

（2）核心的核心：是这个板块中最强股，只有板块龙头才有可能实现短期内的惊人涨幅。

（3）核心的核心的核心：大盘所处位置必须极端反转或者处于锦上添花状态，只有大盘处于市场认可又犹豫的时刻，热点板块才能真正吸引热钱或大资金的持续流入，板块的炒作才能得以响应、延伸和扩散。

2. 操作思维原则

（1）心理原则：技术状态和基本面不是特别重要，题材的正宗性与当时的走势气势非常重要。

（2）行动原则：既要果断重仓，又要三段节奏，不要贪图自己没把握的低价，合适就买一笔，低位再买一笔，强势冲击时再买一笔。

（3）了结原则：顺风顺水实现暴利的品种，多让利润跑一会儿；总在成本价附近徘徊的品种，早点了结。处理好暴利和小亏小赚的矛盾，以成功率为信仰，做好止损和逐级止盈。

3. 盘中操作流程

（1）大盘研判：看大盘 K 线的日线是否多头排列，任选自己熟悉的某一个指标如 MACD、KDJ、宝塔线、心理线等是否支持做多，再参考周线形态最佳。

（2）板块研判：题材强度、板块热点强度、筹码集中股的强度、指标板块的点火强度。

（3）锁定目标：一个真正的强势热点板块出来时，初期的判断是个难点，一定要板块整体强，能得到市场认可，有大主力的消息面加油更好。

4. 强中选强的细节

（1）板块中率先冲首板的，一般来说即龙头，可以追板（三段组合买点）。

（2）考虑率先涨停股的基本面：流通盘适中、价格适中、历史股性不差、参与资金性质、有主力性质和习惯等各方面因素，确认率先涨停股是否适合当龙头。

（3）如果第一天错失机会，第二天开盘时再次确认：是否仍然是同类项里面最强的。

（4）如果前面三点都成立，再结合分时图强势，如果连板可能非常大，即完成龙头确认，找买点分三段组合买点切入。

（5）如果第一天已经买进，第二天发现失误，应尽快退出或者换股。

（6）如果碰到爆炸性的大题材，龙头一字板无法买入，在第一次开板后仍然有机会，还要继续努力，不要恐高，但要更小心。

5. 爆炸性大题材的龙头操作原则

碰到爆炸性的大题材，龙头一字板无法买入，怎么办？

（1）预判龙头难以买入，开盘前下单一字板排队。

（2）预先寻找二线龙头，换手率流通盘等各方面都比较理想的准龙头，利用上面所述的方法确认后及时买入，大题材的二线龙头涨幅也很惊人，碰见这种机会就不要拘泥于龙一，先上车再说，择机再换乘或者发现新龙头。

（3）耐心等待：龙一因连续涨停短期涨幅过大必然会有开板机会，要盯紧，此时板块仍然处于整体强势的话，要把握时机挤上车。

（4）二线龙头如果之前有介入，也应在龙一开板的临界点出局，把握切换到龙一的机会。

（5）留意补涨新龙头机会，即前期比较正宗的概念股连板后有强弩之末的感觉之际，有新的同类项跳出来不看龙一脸色率先封板也可及时跟进打板。

猎庄狐9
"K线十字星形态"盘面语言

什么是十字星K线？

开盘价与收盘价相等或者近似，没有K线实体，或者实体与上下影线相比非常微小。实体颜色会有红绿之分，这种现象在实战过程中的参考价值并不是太大。

为什么要研究十字星K线？

因为十字星K线经常有着强烈的顶、底、中继信号，特别是结合大涨大跌（跳空缺口）的现象分析时，更有一定的神奇性。

因此，我把这种K线形态作为一个专题来研究。下面是我的初步研究总结，供股友们参考以及修正提高。

一、"十字星"语言总结

1. 长上影十字星

（1）大盘语言。大盘出现这种情况，往往是机构的操作出现了分歧。

在操作系统显示强势时，一般问题不大，长上影的价位常常有机会收复甚至超越。过去这种情况出现时，往往盘后会有一些中等利空消息出现，但这种中等利空影响不了大盘的原有趋势。

在操作系统显示弱势时，当天的尾盘大概率还是小心谨慎一点。过去经常是出台了中等利好消息后，指数先上攻后买盘不足遭遇抛压。第二天大盘开盘 20 分钟的强弱很重要，常常预示着短线趋势的强弱（有一定的操作意义）。

（2）个股语言。长上影线十字星，出现的经常情形是，因当日大盘单边下跌，正想冒头上攻的个股没想到一下被打到开盘位置，大盘一稳，马上就涨！

在大盘处于强势时，看见这种"十字星"股在第二天开盘后出现强势，可以适当地作为潜力投机品种组合之一。

2. 长下影十字星

（1）大盘语言。强势中出现中等利空后的这种走势，显示大盘很强势，整理后大盘有望继续上攻。

在大盘中线下跌后，或者大阴线后出现跳空的这种十字星，说明是一个波段的结束，大盘可能会出现短线几日的反弹甚至一个上涨波段。

（2）个股语言。在上升趋势中出现，通常表明该股将做暂时性调整但上升趋势不改。

在下跌趋势中出现，通常表明卖盘减弱买盘增强，股价有望上行突破，但第二日股价下探不能创出新低，否则后市还将有较大跌幅。

3. T 型光头十字星

（1）大盘语言。如果是勉强收在重要均线的上方，第二天早盘 20 分钟的走势很重要，其强弱大概率地预示全天的走势甚至波段的走势。

（2）个股语言。T 形光头十字星的市场意义与长下影十字星差不多，常常出现在牛皮盘整中，表示次日盘整依旧；若是出现在大幅持续上升或下跌之末，是股价升跌转换的信号。

4. 倒 T 形光脚十字星

（1）大盘语言。大盘盘局经常出现这种 K 线，可能预示着大盘短线涨跌不大。

（2）个股语言。倒 T 形光脚十字星的市场意义与长上影十字星差不多，若是出现在持续上涨之后的高价区，是见顶回落的信号；若是出现在其他的位置，一般均表示暂时休整原有趋势未改。

二、"十字星"的判断逻辑

1. 量能逻辑

十字星出现之后，行情能否上升并演变成强势行情，成交量是其中一个非常重要的决定性因素。

十字星构成后，如果量能始终温和放大，十字星将会演化成阶段性底部形态；十字星形成后，成交量不能持续放量，显示增量资金入市多处于疑虑观望状态中的，则可能会形成下降中继形态。这点对于大盘和个股都适用。

2. 成交密集区逻辑

成交密集区作为市场行情走向的重要参照物，可以用于判断十字星所处的高低位置，如果十字星离上档成交密集区的核心地带越近，则越容易形成下降中继形态；如果所形成的十字星离上档成交密集区的核心地带越远，则越容易形成阶段性底部形态。这点对于大盘和个股都适用。

3. 市场走势逻辑

如果反复震荡筑底的走势中出现了十字星，多数都是阶段性底部形态，可以适当参与。如果处于下降通道中形成的十字星，都属于下降中继形态，不能轻易买进。这点对于大盘判断更有意义。

4. 行情热点

如果热点集中，并且具有一定的持续性和号召力，将使热点板块有效形成聚焦化特征时，就会使增量资金的介入具有方向感，有利于聚拢市场人气和资金，使后市健康发展，而十字星肯定会向阶段性底部形态的方向发展。

如果行情热点不集中，持续性不强，说明热点缺乏号召力和资金凝聚力，不能激发稳定上扬的市场人气，容易造成市场有限做多能量的迅速衰竭，从而十字星可能最终会演化为下降中继形态。

这点主要是针对大盘判断而言的。

最后需要强调一下，技术分析方法只是一个概率性的方法，这只是一个因，还要注意当时市场中的他因，多因综合才能概率更高。

猎庄狐 10
异动股的异动逻辑判断

异动股是指与大盘走势相比有着明显特点的少数个股，如大盘大跌时，异动股则逆市飘红；而大盘涨时，异动股却走出自己的独立行情。异动股属于阶段有机构控制走势的个股，它或是量的异动，或是价的异动。交易所将每日涨跌幅大于7%、振幅大于10%个股列为异动股，还将大幅高开或低开的个股以及成交量突然放大的个股都列为异动股。

异动股又可以成为活跃股，机构在短期内会有所操作动作，是我们重要的短线选股第一依据，如果分析得当，常常能够抓住不错的短线机会，甚至涨停机会。但是，有时机构为了吸引别人抬轿甚至为了出货，也会故意制造一些吸引人的陷阱异动，被吸引的人如果判断不准，也可能会出现短线损失。

分析异动股，既要分析其中的机会，也要分析其中的陷阱，这里面是有一些难点的，这也是很常见、很重要的猎庄技术，我们必须要区分清楚。

下面，我就来谈谈自己总结的经验教训。

一、跳空低开

在早盘开盘时，有些个股突然个性化地出现较大的跳空低开。

（1）跳空低开的价格成为一段时间的事实，或者继续走弱，这种低开异动可能是恶性的异动，需要警惕。

（2）跳空低开后，很快地收复缺口，则属于一般股票（可能要稍好一些），如果不但收复缺口，而且继续走强，则这种股票可能存在短线较好的机会。

二、跳空高开

在早盘开盘时，有些个股突然个性化地出现较大的跳空高开。

（1）一般来说，前一天涨停的个股，第二天都会有跳空高开的动作，这不属于异动，这是正常的惯性。但是前一天涨停的个股，出现低开，则可以套用上一条逻辑规则判断。

（2）前一天正常的股，如果第二天大幅跳空高开，则有两种可能：

第一，跳空高开的价格成为一段时间的事实，或者继续走强，这种高开异动可能是良性的异动，需要根据大盘把握短线机会。

筹码集中股喜欢用这种方式上涨。

如果高开后直接出现冲击涨停的架势，在大盘强势时可以考虑少量追涨。

第二，跳空高开后，很快地收复缺口，则属于一般股票（可能要稍弱一些），如果不但收复缺口，而且继续走弱，这种股票可能存在机构出货的可能。

三、尾市异动

尾市异动的个股，不论是上涨异动还是砸盘下跌异动，都要根据次日的开盘以及开盘后的短线走势来判断。

主要的判断逻辑有：

（1）连续涨为良性，连续跌为恶性。

（2）正反击为良性，负反击为恶性。

四、盘中无故突然大放量的异动个股

一些个股在盘中突然异常放量，盘口出现数千手的巨量买单和卖单，日换手率在20%以上，给人的感觉似乎是在换庄。

常见的判断逻辑是：

（1）快速异动完成的（10分钟）往往是良性的，慢慢持续异动的（几个小时）往往是恶性的。

（2）异动完成后，个股的走势强弱也常常是真实的方向。

五、连续温和上涨，但偶尔突发跳水的钓鱼竿似异动个股

有的个股在盘中呈现出45°的上扬走势，而且日K线图上为连续的小阳线，但是，盘中却时不时地出现一下跳水的走势。对如此异动个股，存在恶性的极大可能，有些坏机构用这个方法出货。

六、单独的大买单拉高

有时某股出现一个大买单，拉高几毛钱后，股价又回归平常，这可能是某个大户或者机构的偶然行为，良性异动必须是连续的。

但是，出现大买单拉高后，挂单明显放大，吃单也逐渐积极起来，这是好现象，此前的大单可能是"老鼠仓"优先。

如果某个股出现急拉，可以百度一下该股，看看有没有短暂的消息面。

七、最佳异动

最佳的异动是股价逐级大单上攻，低点抬高，高点抬高，特别流通市值比较大的个股出现这种情况，应该考虑少量追击。

八、持续异动

一般情况下，越是单独的异动越难判断，越是连续的异动越容易判断。

（1）持续的良性异动是良性的，猛烈的两连续可以少量做短线，温和的三四良性异动，可以考虑少量低吸。

（2）持续的恶性异动是恶性的，猛烈的两连续要立刻逃跑，无论是大盘还是个股都要跑；温和的三四恶性异动，也可以先减仓，如果没有反击出现则要清仓。

九、先打击再反击

有时某股先是出现大抛单，把股价砸下几个点，然后又出现大买盘把股价拉起，这也是一个良性的迹象。

无论是盘中的异动，还是日线K线的这类异动，都要加大注意力。

十、吞吃大挂单

（1）如果挂卖单很大，股价不跌，随后大卖单被消化股价上涨，这是良性的。

（2）如果挂买单很大，股价不涨，随后大买单被消化股价下跌，这是恶性的。

（3）如果挂买单很大，股价跌不去，或者挂买的单子被消化后，附近价位又出现新大买单，随着大盘转强，股价也转强，这种股可能有机会。特别是在暴跌（调整）的尾声出现这种情况，可能短线机会不错。

十一、爆破点异动

（1）T+0良性异动是正常的，强良性异动是良性的，恶性异动是恶性的。

（2）T-1良性异动不太好，T-1恶性异动也不太好，大盘处于买点的正常波动比较好。

（3）T+1良性异动比较好，T+1恶性异动不太好，大盘处于买点时正常波动不太好。

（4）T-2、T-3良性异动是好的，恶性异动不太好。

十二、关联异动

当一只个股出现比较大的急涨后，注意其相同的主要流通股东重仓的其他股票，一旦出现征兆要留意。

十三、规律异动

（1）有些机构是顺势操作的习惯。

（2）有些机构是逆势操作的习惯。

（3）有些机构是专门操作重大重组的习惯。

（4）有些机构的操作风格是坐轿的，不会轻易抬轿。

猎庄狐 11
良性异动的标准是什么

看清股票的良性异动能极大地提高选股成功率，那么良性异动的标准是什么？我们来总结归纳一下。

一、成交充分

主要是换手率持续高或者量比持续大。

二、看股价同大盘波动关系

主要是看强弱度，特别是大盘指数下跌时的个股强弱度。

三、看盘中有无连续大买单

买单往往是以高于"卖一"价成交，而且买单委托价离"卖一"价越高，一般而言，拉升的机会越大。

四、大卖单被吃掉

交投清淡的个股，也会出现较大卖单，如果大卖单一旦出现，就快速被吃掉，并且经常有大买单挂着不动，这是好股。

五、盘中出现非市场性大单

买卖挂单突然比平常明显增多，这是主力机构开始活跃行动的信号。

既然主力在场内没走，那么股价或上涨或下跌，而不会是盘整。股价要上涨当然好，而即使主力准备诱多大量出货，其出货前也有可能做一波行情，拉开一个出货空间。

六、大盘弱而个股先压后拉

当大盘走势差而个股盘中常出现较大的卖压，导致股价步步下滑，但尾市却又回升时，这种个股要注意，说明主力不愿意股价下跌，有抵抗意愿。

七、盘中出现脉冲式上涨

所谓脉冲式上涨，就是指股价在较短的时间内突然脱离大盘走势而上冲，然后又很快地回落到原来的位置附近，伴随着这波行情的成交量有一些放大但并没有明显的对倒痕迹。

这也可能是主力在正式拉升前的"试盘"，也可能是主力想多拿一些廉价筹码，同时也振出割肉盘，再择机拉升。

八、已经上升趋势的股扼守某价位

相对高位的股，在大盘弱势时，在某一个价位附近持续挂大买单坚决护盘，大盘一转强，股价就上涨。

相对高位的股，在大盘盘整横盘时，挂出大卖单，大盘一转强，大卖单就撤单或者被吃掉，股价就上涨。

九、低位的股走势强硬

低位的股走势要强硬，越强越好。

猎庄狐 12
怎样判断个股的涨跌时机和幅度

这个问题许多人没有考虑过，也没有明确的方法论，我来举一个大家常见的现象来说明。不知道你是否在股市中遇到过下面场景：

某股交易平静，股价变动幅度不大，下档的接单在逐渐增加，只不过这些接单似乎是来自市场的随机性行为，潜在买家并没有主动往上打的意愿。指数开始回升上涨了，好像升势还比较不错，上升角度也比较大，盘中大多数个股的股价都跟随大盘有了回升，此时该股终于也出现了异动。只不过首先出现的并不是我们期待中的主动性买单，而是一笔较大的抛盘，一下子将下档的接单全部砸掉。此时，被打击的心情可想而知，也许在实战中你也遇到过这种尴尬，而且还不止一次，大多数人必然心情败坏，远离坏股或者换股操作是很自然的举动。

人是好奇动物，当你再次特意看一下这个股票的时候——股价大涨啊！

这是一种有意思的常见股价波动现象，它值得技巧爱好者进一步推敲。

最终的事实是，股价的上涨幅度明显超越指数，所以我们有理由确定在异动时刻股价是被主力机构所操控的，你没意见吧！

前面的大抛单是一种研究问题的规律征兆。由于当时指数正在明显上涨，因此没有理由解释这一笔大抛单为何要如此着急地往下砸，所以这张大抛单很可能是主力制造的。通常的解释是主力借盘中指数回升而减仓，可以理解为主力出货。但后面的走势却是主力在拉升股价。有人认为这里出现了矛盾，其实不然，股市中有孙子兵法，也有逆向博弈。

主力做局获利的常见模式就是在建立了大量底仓之后试图借势推高股价，然后高位出货赚差价。

不过在主力完成建仓以后原则上应该保持原有仓位，但每一次强势推升股价之后必然会增加仓位，并抬高持仓成本。在过去，庄家有对敲的手段，现在交易所大数据监控软件基本上克制了这种坐庄手段。但是为了不提高底仓成本，不让拉升资金耗费太快，只要有可能，在尽量不影响股价的情况下主力机构会尽可能有控制地在适当时机、适当价位减持一些股票。

研究本现象的原理是"逆反逻辑"，由于接下来就要推升股价，所以在此前的一瞬间砸掉下面的接单并不会对股价造成负面影响，而主力则达到了局部减仓的目的。

那么细节现象说明了什么？我们该积累什么操盘阅历？

首先说明该股主力已经不在建仓期，但是否被套则靠此细节无法确认，要进一步研究前期K线与其他的成本逻辑（比如定增、转债转股、大宗交易等）。

其次是主力已经很不情愿再继续增加仓位，表明主力的存量资金不多，一次性的拉升幅度不会很大。

最后是主力只是借势运作，不会逆势强行推升，操作这样的股票要同时考虑大盘的波动情况。该股如果没有明显热点变化，股价总体随大盘涨落但有可能相对强一些。

我们分析大盘、分析个股时，不要只站在自己的角度，更不能认为你是与图形在博弈，而是在与图形后面的人（机构大户）在博弈，要用逻辑分析的角度，最常见的是"七种博弈思维"（参见《万修成魔》）来分析认识，并采用大概率的博弈手段。

猎庄狐 13
炒股被套后的自救绝招

炒股被套是常见事件，任何人（包括高手）都会遇到这种情况，下面我把我了解的一些老股民面对这种情况常用的方法总结一下，以期对有些股民有一定帮助。

一、事前尽量避免被套

1. A 股的波动规律

A 股的波动规律是牛短熊长，在大扩容时代以及经济处于不明朗时期，熊市持续的时间以及熊市的底部很难事前预测，所以选时持股非常重要，甚至可以说选时技术是 A 股中的第一技术。

2. A 股中常见的可持仓时间

（1）牛市时间。沪市日成交量持续比较大（符合当时的强势数值标准），重要均线向上。

（2）弱势反弹时间。这个时间的定义是沪市成交量时间比较大，且 MACD 指标处于红柱线伸长时间。这个时间不做不算错，因为选股技术要求高。

（3）弱势暴跌时间。这个暴跌必须是有大规模跌停，或者连续数百点以上的跌幅，然后随即止跌。

（4）选股技术是对选时技术的补充。在可持股时间，也要有选股技术，选股技术的要点是：强势重势（题材、热点，不会选就选金融股），弱势重势（主要是走上升通道的强势权重指标股，不会选的话就选几个重要指数中初步走得比较强的权重成份股）。

（5）学会做空。在弱势中如果学会期指做空和分仓操作，将能极大地减少被套的概率。

二、需要斩仓的几种情况

（1）在大牛市的头部被套一定要斩仓，这个时候损失可能是最少的，要不特别心疼。

（2）在一个跌势波段的初期一定要斩仓，往往是一个比较大的利空造成的第一个低开并且指数跌幅较大尾市无抵抗的下跌。

（3）基本面实质性变坏的股一定要斩仓，主要指绩优股业绩下滑，绩差股面临退市。

（4）个股高位长时间沿着下降通道阴跌的股，特别是前期被大炒过，或者新股定位较高，市盈率也很高的股，一定要斩仓。

（5）有补跌可能性的股一定要斩仓。

（6）技术面与基本面呈现负逆反、负反击的股一定要斩仓。

（7）满仓被套，大盘又是弱势局面，至少要斩半仓出来。

三、可以补仓的几种情况

（1）有净值、面值、现金选择权保护的品种可以逢低补仓。

（2）在大盘背景不是特别恶劣的情况下，题材未尽或者有爆破点的个股可以逢低补仓。

（3）在大盘背景不是特别恶劣的情况下，没有放量下跌的主力重仓股可以逢低补仓。

（4）强势指数成份股（特别是上证50成份股中的强势股）在没有跌破上升通道前可以补仓。

（5）在大盘处于相对低位（指数刚连续大跌过，管理层维护稳定的态度坚决时）可以补仓。

（6）资金量足够大，对低位股（或者潜力股）可逢低分批补仓。

四、其他技术

1. 倒 T + 0 技术

在明显的高点，比如大盘和个股的 MACD 指标绿柱线伸长时、在指数出现非实质性利好高开时、在个股出现随机大涨后走弱时可以这样操作，在大盘和个股技术指标趋好后把仓位补回。

2. 熊市的大盘突然大涨

在熊市（大盘低成交量）中遇见突然性的大涨，在行情末期要有一次清仓举动（不管是否完全解套），不能浪费了这次大涨机会。

3. 熊市的个股突然大涨

在熊市（大盘低成交量）中遇见个股性的突然大涨，也要在合适时间有一次清仓举动（不管是否完全解套），不能浪费了这次大涨机会。

4. 熊市牛股遇见新牛市

如果你在熊市中持有的是熊市牛股或者熊市抗跌股，突然遇见牛市，要换成低位放量的股票（不要管原来股的成本，关键是要把握好新牛市）。

5. 大资金

大资金可以在大盘的相对低位对低市值股进行箱体主动性操作，但是不能违反证券法，最要注意的是不能操纵市场、不能内幕交易。

6. 补仓的时机

补仓的时机一定要在大盘安全、目标股处于强势时，补仓的仓位也要低吸高抛，最起码要降低原持仓的成本。

7. 自救的目的

自救的目的是解套，降低原被套股的持股成本，不能为旧仇而添新恨，一定要对大盘、个股研究清楚，不能有扳本、报复心理，那样会坏事。

【花言巧语加油站】

（1）聪明的人知道要什么，智慧的人知道放弃什么。

（2）真实和假象的唯一区别是，假象需要强有力的包装。

（3）炒股高手的最高本领无非是耐心和时间的混合物。

（4）如果你的工具只有一柄铁锤，你就可能认为所有的问题都是铁钉。

（5）智商、情商、胆商可以改变局面。

（6）大胜必经大忍，大败常因心切。

（7）时间的三大杀手：拖延、犹豫不决、目标不明确。

（8）学会了害怕，才会不害怕。

（9）有时候，想明白自己是谁，适合做什么，目前该干什么，比盲目去努力更重要。

第五部分

星 辰 变

苦练七十二变，笑对八十一难。

三十年河东，三十年河西。智慧变，股技变，鱼龙变，星辰变！

星辰变1
价格

股票价格 =（鸟或猪 + 风）/ 贴现率。

一、智慧警句

（1）商品的价格由供求关系决定。

（2）股票价格取决于基本趋势和主流偏向，这两者反过来受股票价格的影响。

（3）股票价格的下限由基本面决定，股票价格的上限由资金狂热性决定。

（4）分红、配股交易所有除权价；弱势市场中，透明的套利操作容易出现自动除权。

（5）有门槛的（或者冷门的）双轨价格具有无风险利润。

（6）股价的涨跌与单位时间的买卖力量失衡有关。

（7）决定股价的最重要力量是题材和大资金的倾向行为。

二、关联补丁

1. 一根稻草的启示

一根稻草，扔在街上，就是垃圾，与白菜捆在一起就是白菜价，如果与大闸蟹绑在一起就是大闸蟹的价格，我们与谁捆绑在一起，这很重要！

股票的板块、概念分类也有这种情况存在。

2. 捕捉主流热点是 A 股套利的核心技术

股市投机必须要有强烈的捕捉阶段主流热点的意识倾向。

股市投机必须要有一套成熟有效的抓热点的盈利模式方法。

不能因为捕捉股市热点的意识而使自己成为熊市中的赔钱永动机。

三、解析与实践

1. 商品的价格由供求关系决定

股票价格的涨跌机制与商品类似，而且更有效，流动性更好，买的资金力量大就涨，卖的力量大就跌。

2. 股票价格取决于基本趋势和主流偏向，这两者反过来受股票价格的影响

这句话是索罗斯说的，意思是股票的价格涨跌由大盘趋势和市场资金的偏好决定，股价的涨跌又反过来影响市场趋势和市场偏好，形成正反馈或者负反馈。

3. 股票价格的下限由基本面决定，股票价格的上限由博傻狂热性决定

股价的低位区域是由人们对股票的分红率满意度决定的，股票的最高价是由人们情绪失控无理智博傻行为造成的，因为这个造就最高价的傻瓜认为后面还有更傻的傻瓜。

4. 分红、配股交易所有除权价；弱势市场中，透明的套利操作容易出现自动除权

分红、配股交易所有除权价，这是交易所的制度。弱势市场中，透明的套利操作容易出现自动除权和套利空间闭合，最常见的现象是部分股份的现金选择权（部分要约收购，LOF 基金、ETF 基金的市价与基金差额，可换股的折价转债，有利润的解禁股）。

5. 有门槛的（或者冷门的）同品种的双轨价格具有无风险利润

最为常见的现象是中新股，牛市中的低价定向增发等。因此，克服门槛也是一种重要的投资能力。

6. 股价的涨跌与单位时间的买卖力量失衡有关

1 亿元资金在几分钟内的买卖行为，和在几天内的买卖行为，对股价涨跌的影响完全不同。这也是大资金需要掌握的一种特殊技巧，但需要注意学习《证券法》，要合法、合规进行投资。

7. 决定股价的最重要力量是题材和大资金的倾向行为

题材是第一生产力，大资金的倾向行为是最常见股价波动的直接原因。

星辰变 2
趋势

顺势者昌，逆势者亡。

一、智慧警句

（1）趋势的力量是强大的，一个趋势已经形成，不到一定的程度是很难扭转的，这也是反馈的力量。

（2）金融市场中最迅速而安全的赚钱方法，是尽早察觉趋势的改变，建立头寸，顺着趋势前进，并在趋势反转之前或之后不久，了结你的头寸。

（3）市场在部分时间里是没有趋势的，可能只有在 20%～40% 的时间里是有趋势的。

（4）市场技术分析以对趋势的判断、跟踪和顺应为核心。交易系统是这个核心的具体应用。

（5）趋势总有拐头的那一天，大涨必有大跌，大跌必有大涨。

（6）量在价先，强势有强量，弱势伴低量。

（7）永炖机、永动机、操纵市场是最常见的三种逆趋势傻瓜交易行为。

二、关联补丁

1. 操作系统

线上做多，线下做空。

这个"线"是重要均线（10 日、30 日）和大盘成交量能的加权，大盘成交量更重要。

操作上，仓位、时机都必须是组合的；弱势、平衡势、强势时的仓位是不同的，需要由具体的比例纪律设定。

操作系统中最重要的因素是操作时机（选时）和仓位（包括杠杆）。

2. 股市是周期循环运行的

行情在绝望中上涨，在犹豫中上涨，在欢乐中死亡，在盼望中下跌。

涨久必跌，跌久必涨。

热门板块、冷门板块会周期对调演变。

三、解析与实践

1. 趋势的力量是强大的，一个趋势已经形成，不到一定的程度是很难扭转的，这也是反馈的力量

一个单边趋势中，总会有次级震荡，如果过于在乎这些次级震荡，在牛市中容易丧失利润，在熊市中会无谓地输钱。我的经验是，先关注量能的力度，再关注均线的指引；当市场不太乖离的情况下以 30 日均线为最后防线，当市场乖离比较大的情况下以 10 日均线为最后防线。另外，在高位、低位两端时要注意管理层的真实态度。

2. 金融市场中最迅速而安全的赚钱方法，是尽早察觉趋势的改变，建立头寸，顺着趋势前进，并在趋势反转之前或之后不久，了结你的头寸

没有任何一个交易者可以战胜市场，所谓盈利只是你顺应了趋势，而绝非你战胜了市场，所谓亏损就是你没有学会敬畏市场，逆势而为的结果。

3. 市场在部分时间里是没有趋势的，可能只有在20%～40%的时间里是有趋势的

在没有明显单边的市场中，是比拼短线个股爆破点技术的时间，发大财要靠单边市，短线个股爆破点技术是最重要的常见技术。

4. 市场技术分析以对趋势的判断、跟踪和顺应为核心。交易系统是这个核心的具体应用

分析掌握大盘的趋势技术是最重要的股市趋势技术，相当简单，但是逆人心，这一关必须过，这个心理障碍必须克服。

5. 趋势总有拐头的那一天，大涨必有大跌，大跌必有大涨

凡事总是盛极而衰，重要的是认清趋势转变，要点在于找出转折点。在股市单边大趋势出现时，既要吃进大波段，也要防住头部风险。

趋势不容易改变，一旦改变不容易再改变。

A股的头部、底部形成时常常有大消息配合。

6. 量在价先，强势有强量，弱势伴低量

市场的涨跌是随机的，但是量能的观察相对容易，势强必须有量能的强大和持续。连续的量能是可靠的，单日的量能常常是骗人的。

7. 永炖机、永动机、操纵市场是最常见的三种逆趋势傻瓜交易行为

这三种行为是最常见的逆势、无操作系统的情绪化行为，比赌博更可怕，也常常比赌博输得更狠，因为人们对赌博是有警惕的，而对这三种行为是自发地热爱。

遵守纪律，尊重市场，尊重趋势！没有把握，偃旗息鼓；看准机会，果断出机！动则如蛟龙，静则如乌龟！

如果你知道何为趋势，而且也知道它在什么时候最可能发生变化，你实际上已经掌握市场获利的最重要的知识了。

星辰变3
概率

万法归宗，股市技术到最后就是一个"概率"的问题。

一、智慧警句

（1）股市投机技术是一种概率技术，不是"1+1＝2"。

（2）长线趋势、多维趋势是多因一果，越是短线趋势、单维趋势越容易单因一果。

（3）过于远期的预测，过于精确的预测是投机大忌，也是经典的投机谬误。

（4）股市投机技术＝三分心态＋六分技术＋一分运气。

（5）有知者无畏。

（6）保持或者增大大概率的常见策略有：概率组合、品种组合、时机组合、逻辑硬、资金力量。

（7）大失误的概率必须是零。

二、关联补丁

1.100%的概率

在股市中，最接近100%概率的技术是操纵市场和有效的内幕交易，但这是违法的。

大部分分析技术，都只是一个概率，概率的不同决定了技术的上乘程度。

大概率的事情持续必赢，小概率的事情久赌必输。

不是每一次都准，但又是大概率的技术才会长期有效；有门槛的技术，特别是有智力、阅历门槛的技术，才更有生命力。

不存在100%的图形、指标股市绝技，这只是一种幻想，对于傻瓜，这种幻想还是很有诱惑力的。

2. 确定性的两维性

一种结果的产生，有四种确定性组合：

第一种：时间确定，价格确定。

第二种：时间确定，价格不确定。

第三种：价格确定，时间不确定。

第四种：价格不确定，时间不确定。

三、解析与实践

1. 股市投机技术是一种概率技术，不是"1+1=2"

股市参与因素众多，变化因素众多，因此股市中的结果多因一果。

股市最重要的因是买卖，多因都要归于买卖行为来显现作用，因此涨跌结果是由买卖力量的拔河来产生的，特别是出现短时间内的较大买卖力量差就会导致股价的较大上涨或者下跌。

能否认识到这点，非常重要，是区分股市投机内外行的一个标志，然而真正能认识到这点的 A 股投资者并不多。

2. 长线趋势、多维趋势是多因一果，越是短线趋势、单维趋势越容易单因一果

越是长时间，因素越多，因素变化得也越多，因而远期的股市波动，宏观大范围整体的波动，都是混沌的，难以预测的，操纵的难度也是很大的。

越是短期，越是单一品种，越是小流通市值的，单因的作用可能越大，也越容易操纵波动。

3. 过于远期的预测，过于精确的预测是投机大忌，也是经典的投机谬误

上面两条已经分析过了，远期预测、精确预测，对于普通人来说难度很大，有赌博的性质，久赌必输，所以聪明的投资者都不远期预测和精确预测。

有经验的投机高手，可以短期大概率判断，可以局部个体地、关键性地模糊判断。

真正的投机技术，就是放弃远期判断、精确判断，只应对，并且许多机

会是无法大概率把握的，放弃是没有办法的事情，也是可以心安理得的。

投资高手习惯于应对，习惯于操作于自己能看清楚的大概率机会，并用专业操作技术把握住非精确的机会。

4. 股市投机技术 = 六分心态 + 三分技术 + 一分运气

许多投资者自己的情绪都是变化多端的，都是情绪化的，充满了贪婪和恐惧，贪婪和恐惧又交织变化，如果不克服这点，别说其他的了，自己的人性弱点就败给了市场，因此我们一直认为理智客观的心态占据了六分的投资技术，或者是投机能力。

职业技术能力占据了三分，这个职业技术不是指通常的基本面分析和技术分析啊，那只能类似于英语中的 ABC，这里的职业技术是指《百战成精》《千炼成妖》《万修成魔》这三本书所讲的技术。

运气是指个人无法把握的那部分因素导致，任何一个人不可能会对每一件事情、每一次事情都 100% 看得清清楚楚的。所以，股市投机技术中必须要有"清零"这一项。

5. 有知者无畏

如果你真的把事物看清楚了，是不存在恐惧的，比如持有国债。

因此我们认为应该抓住那些简单的机会、自己擅长的机会，而不是创造奇迹。

6. 保持或者增大大概率的常见策略有：概率组合、品种组合、时机组合、逻辑硬、资金力量

股市中的技术能力是多样的，用逻辑分析出大概率，用组合操作加大概率，资金力量能够短线保证大概率和提高效率。

7. 大失误的概率必须是零

在股市中，即使你赢了 100 次 100%，只要输一次 100% 就清零，期货里更是这样。因此，在股市中不能有大失误，尤其是 30 岁以后的人。

由于股市存在市盈率杠杆的原因，在股市中输的钱，在实业领域中很难赚回来。

星辰变4
量能

量在价先。

一、智慧警句

（1）天量天价，地量低价。

（2）大盘安全时，底部连续良性堆量的股短线效率高。

（3）无量涨停，继续涨停，直到大量才停；无量跌停，继续跌停，直到大量才停。

（4）量在价先，成交量代表着活跃性，代表着汽车的油量。

（5）放量有真假，要看重心向哪移。

（6）大盘的持续量能大是强势，持续的量能小是弱势，个股也是。

（7）单日量无意义。

二、关联补丁

常见的量价关系：

（1）**量增价增**：放量上涨，拉升形态，一般出现在上升通道区域。

（2）**量增价跌**：放量下跌，一般出现在下降通道，有人抛售的迹象。

（3）**量缩价增**（缩量上涨）：这就是我们常常见到的量价背离现象，意味着股价偏高，跟进意愿不强，此时要对日后成交量变化加以观察。一般有两种情况：一是若继续上涨且量增，则量缩属于惜售现象，筹码高度集中，主力高度控盘，短线注意中线调整风险，中线可以继续关注，观察主升浪的来临；二是顶背离，成交量依然保持缩量，且股价高位滞涨，缺少市场人气，此时应该注意市场风险，以免高位套牢。

（4）**量缩价跌**（缩量下跌）：一般是技术调整形态。量缩价跌，一是上升通道中的短线调整形态；二是下降通道中的中线阴跌状态。

（5）量平价跌：是底背离的一种，往往是股价在加速赶底。一般出现在下降通道，成交量不再放量，然而股价却在不断下跌，换句话说就是股价的下跌已经引不起市场的恐慌，让市场抛出更多的筹码了。

（6）量增价平：成交量在放大，但是股价却不涨，这也是一种背离现象。在股市里，一般出现这种量价关系时，主要有两种情况：一是主力对倒；二是底部震荡吸筹。主力对倒：主力自买自卖，放大成交量，但是股价却不上涨，这种情况后期一般都会大跌。底部震荡吸筹：股价在底部横盘震荡，股价在若干个周期未涨，但是量却经常性地放大。

（7）量缩价平：成交量缩小，而股价不跌，保持横盘。如果股价处于上升通道，且股价未涨幅过大，当出现量缩价平时，往往是整理，这种叫缩量横盘式整理。要比缩量下跌调整更强势！一旦出现突破，往往就是涨停板；如果股价处于高位，且处于明显的震荡通道，成交逐渐缩小，往往是主力出货形态。一旦跌破箱体，就是暴跌的开始。

（8）量平价增：缩量上涨，短线强庄做盘！股价在缩量的情况下，股价持续上涨，代表主力控制市场人气较好，显示出主力的控盘能力很强。

三、解析与实践

1. 天量天价，地量低价

大盘或个股在人气高涨时形成最大的成交量，有了天价才产生天量。股价在逐波上涨中产生天量后的疲软是见顶信号。

大盘或个股在市场低迷时形成最低的成交量，有了地价才产生地量，股价跌无可跌后上涨是见底回升信号。

2. 大盘安全时，底部连续良性堆量的股短线效率高

大盘安全时，连续堆量小阳线的个股，有资金连续买进的迹象，根据数据统计，这类图形的股容易出现短线急涨行情。

3. 无量涨停，继续涨停，直到大量才停；无量跌停，继续跌停，直到大量才停

冲高的股票，成交量常常意味着抛盘的大小；急跌的股票，成交量常常意味着的买盘的大小。

4. 量在价先，成交量代表着活跃性，代表着汽车的油量

成交量是股价的先行指针，量增时，价迟早会跟上来；价增而量不增时，价迟早会掉下来。

5. 放量有真假，要看重心向哪移

股票的交易，有时存在着机构对敲。因此，股价重心偏移结合量能一起判断，才容易得到更大概率的分析结果。

6. 大盘的持续量能大是强势，持续的量能小是弱势，个股也是

持续的表现形成证据链，最常见的逻辑思维是连续、反击、逆反、超越等，花氏分析思维，逻辑思维非常重要。

7. 单日量无意义

成交量的分析，也要有逻辑思维，逻辑思维必须要有证据链，一天的成交量无法形成证据链，且经常有比较大的偶然性。

星辰变5
波动

均线预示着价格涨跌方向，量能预示价格涨跌的力度。

一、智慧警句

（1）市盈率较高时，股市是有重力的。

（2）A股的通常情况是，小盘股活跃，大盘股相对不活跃。

（3）A股是周期波动的。

（4）价格波动最重要的原因是题材和主力。

（5）A股的特点：政策市、主力市、消息市。

（6）前个时间段上的涨幅明星，一定是后个时间段上的跌幅明星。

（7）弱势中，有些今天的抗跌股、大涨幅股容易是第二天大跌的股，比例概率还比较大。

二、关联补丁

1. 股市是经济的"晴雨表"

股票投资中价值和价格的关系就像遛狗时人和狗的关系。受外界各种利好利空的消息影响，有时候价格高于价值，有时候价格低于价值，但回归价值是其最终的归宿；就好像遛狗的时候，周围的一切都让它感到兴奋，狗总是前后左右来回跑，但有人的束缚，狗一般不会跑得太远，而且最终都会回到主人身边。正如股价的波动常常远大于基本面的波动，最终还会回归基本面一样。

2. A 股的机会

事实上，A 股行情常常和基本面背道而驰，宏观经济好的时期，A 股并不一定是牛市；在宏观经济一般的时期，A 股也并不一定是熊市。

A 股的趋势涨跌与社会资金面的宽松成正比，与实业面的机会成反比。

三、解析与实践

1. 市盈率较高时，股市是有重力的

如果股票的市盈率高（相比较银行长期利息、债券的债息），股票在多数时间是有重力的，如果没有资金的维持和人为向上推动，股价的重心以下移为主。这也是 A 股牛短熊长的最根本原因。

2. A 股的通常情况是，小盘股活跃，大盘股相对不活跃

股价的涨跌是由供求关系决定的，小盘股供给相对少，能撬动股价的机构大户数量相对多，所以正常情况下小盘股的活跃性要高于大盘股。

3. A 股是周期波动的

A 股是政策市、主力市、消息市，如果赚钱太容易会导致其他行业受冲击，如果低迷时间太长融资功能会受影响，因此有大主力会周期调节市场的活跃性。

4. 价格波动最重要的原因是题材和主力

因为 A 股投资者更看重差价收益，而股票市场的规模也比较大，资金是推动股价波动的最重要因素，题材和主力是资金推动的最重要原因。

5. A 股的特点：政策市、主力市、消息市

政策市的概念是指股市的大行情、大反转、大顶底都伴随着的股市政策的推动；主力市是指 A 股是资金推动市，个股是有庄则灵，大盘也存在多空主力机构；消息市是指，敏感消息对于大盘、个股都有很直接的短线影响。

6. 前个时间段上的涨幅明星，一定是后个时间段上的跌幅明星

由于 A 股中具有持续较高成长性的上市公司不是很多，大多数个股的涨跌都是资金推动的，因而有周期性，个股的活跃性具有风水轮流转的特性。

7. 弱势中，有些今天的抗跌股、大涨幅股容易是第二天大跌的股，比例概率还比较大

A 股的板块活跃性具有周期轮流的特点，牛市中板块个股轮涨补涨，熊市中板块个股轮跌补跌。

之所以列出这条智慧，是因为许多永动机股民喜欢操作短线强势股，其实这个方法往往赔得更狠。

星辰变6
风险

会买的是徒弟，会卖的是师傅，会等的是掌门，会做空的是索罗斯。

一、智慧警句

（1）君子爱财，取之有道。

（2）7 赢 2 平 1 亏。

（3）我们能够成功，不是因为我们拥有越过 78 英尺跳栏的能力，而是因为我们集中精力去寻找自己可以越过的 1 英尺跳栏。

（4）接受小损失是交易者进行风控操作的最常见思维。

（5）新手套顶部，老手套反弹。

（6）一得意就危险。

（7）错误并不可耻，可耻的是错误已经显而易见了却还不去修正。

二、关联补丁

1. 方法论

尚未学习掌握正确的投资方法，盲目赌博，情绪化操作是危险的。

执迷于走火入魔的赌博方法更可怕，后一种非常常见，但许多人没有意识到，却一直在强化让赔钱更有道理。

事实证明，大多数人常用的技术分析方法和基本分析方法都很难达到持续盈利的要求。

2. 投资三要素

风险、收益、流动性。

流动性是一个很重要的概念，有价无市也是一种常见的风险，尤其是对一些资金偏大的投资者来说。

三、解析与实践

1. 君子爱财，取之有道

决定命运的，不是股票市场，也不是上市公司，而是投资者本人！

每个笨蛋都会从自己的教训中吸取经验，聪明人则从别人的经验中获得。

上场博弈前，必须要学习、锻炼，练得一身功夫。

2. 7 赢 2 平 1 亏

这是一个统计规律，而且那个"1"中的多数人还会因为运气经常换人，所以千万别把运气当作能力。

真正的那个"1"，是理智客观和逻辑清晰的人。

3. 我们能够成功，不是因为我们拥有越过 78 英尺跳栏的能力，而是因为我们集中精力去寻找自己可以越过的 1 英尺跳栏

孙子兵法的核心是以强胜弱，打有把握的仗。做容易的事情，做大概率的事情，是股市投资需要最先明白的道理。

4. 接受小损失是交易者进行风控操作的最常见思维

不知道股市中优秀技术只是一种大概率，小失误是这个技术的一个组成部分，既要客观地承认它、接受它，出现小失误时也要即时清零排除这个隐患。

5. 新手套顶部，老手套反弹

新股民往往不知道在行情的高点逃掉而成为被套族，一些老股民逃顶后抑制不住贪婪心从而出现损失，这是两种常见现象，而且一再重演。

6. 一得意就危险

人的情绪最自信满满的时候往往就是最危险的时候。

7. 错误并不可耻，可耻的是错误已经显而易见了却还不去修正

由于心理原因，没有清零纠错意识，让小失误放任成为大亏损。

星辰变7
利润

投资股票三要素：时间、空间和收益。可靠满意的年化收益率最为重要。

一、智慧警句

（1）钱最多的地方：股市、债市、楼市、集市。

（2）输家损失 + 现金分红 = 赢家收益 + 融资成本 + 交易成本。

（3）个人的盈亏结果 = 你的交易亏损 + 你的交易盈利。

（4）股市有牛熊周期，输赢有运气周期。

（5）股灾怎么可能结束？没有正确的投资方法，在股市里一辈子都是多灾多难。

（6）股市中常利有三：牛市中的差价、低风险的满意年化收益率与优势博弈。

（7）热点产生快利但也是高风险；盲点产生稳利但风险较低。

二、关联补丁

1. 击鼓游戏

某商人进山买猴子，100 元一只。村民抓几只卖，赚了钱。商人提价到 200 元，全村人都去抓猴，商人全收。猴子很难抓到了，商人提价到 500 元，没猴了。之后，商人的助手潜回村，300 元一只卖猴子，村民家家抢购，然后等着商人来，商人再也没来。这就是中国股市的故事。

2. 赌博与投资

股市是投资，也是投机。而投机是指投资于机会。但股市的投资特点相比于其他投资，更不容易把握。尤其是参与股市投资的大部分人都是门外汉，赚钱几乎都是靠运气的。从这种意义上说，莽夫炒股就是赌博。对于股市上的行家里手来说，他们经过学习研究，长期苦练，赚钱是有博弈优势的。赚钱是概率，所以也就不算赌博了。

总结：炒股既可以是赌钱，也可以是投资。它们的分别在于：投资是掌握了相关的专业技术，有一套完整的系统化逻辑，有胜算的情况下才去承担有限的、计划内的风险；赌博是没有掌握任何胜算的情绪冲动行为。

三、解析与实践

1. 钱最多的地方：股市、债市、楼市、集市

钱多的地方最容易赚钱，也是强者和聪明人云集的地方，所以也是人们最容易输大钱的地方。炒股也是修行，人性的缺点在股市里会无限放大，财不入急门，没耐心、没技术、没运气、贪心不足、什么都不学、死乞白赖地玩还丧心病狂迟早会被股市埋没，不怕你玩，就怕你跑了不回来。

2. 输家损失 + 现金分红 = 赢家收益 + 融资成本 + 交易成本

这是一个零和游戏公式：等式左边是股市资金的提供者，右边则是股市资金的索取者。

3. 个人的盈亏结果 = 你的交易亏损 + 你的交易盈利

投机市场的游戏实质就是一个管理和控制风险的游戏，剩下的就是利润，而不是直接追求利润的游戏，估计很多人不同意这样的看法，但这是技

能老手的血的教训！盯住止损，事前杜绝亏损，是异常重要的。防损、止损是自己控制的；利润是由市场周期和你的顺势能力导致的。

4. 股市有牛熊周期，输赢有运气周期

牛市就像一顿盛宴，先来的人吃完就走，最后来的人埋单。

要清楚运气这个因素的存在，千万不能把运气当作能力。

股市涨得越高，到时跌倒越狠，永远不要做最后一个站岗的人！

5. 股灾怎么可能结束？没有正确的投资方法，在股市里一辈子都是多灾多难

股市总是让持币的难受，让持股的受不了！

股民一旦犯痴，良言难救该死的鬼。

没有人会让你输，除非你不想赢，不求包罗万象，只需该有都有，最悲哀的事情不是你丢失了利润，是你为了利润丢失自己。

股民觉醒，自醒非常重要。

6. 股市中常利有三：牛市中的差价、低风险的满意年化收益率与优势博弈

短期而言，股市是一个投票机器；长期而言，股市是一个体重计。

在股市上立于不败之地的关键不在于预测或知道市场将要做什么，而是知道市场最近一段时间已经做了和正在做什么。

在股市上，历史总是在重演，人性也很少会改变。

7. 热点产生快利但也是高风险；盲点产生稳利但风险较低

多数人喜欢追涨杀跌地追逐热点，由于心态的原因输大钱赢小钱，久赌必输。行家里手更追求成功率，让复利产生奇迹。

星辰变8
周期

行情总在绝望中诞生，在半信半疑中成长，在极端欢乐中死亡，在反弹希望中毁灭！

一、智慧警句

（1）每个季度底是银行资金相对比较紧张的时间。

（2）每周四是每周资金相对紧张的时间。

（3）每年 1 月 31 日是年报业绩变动超 50% 的上市公司发布预告的截止日期。

（4）中小创公司须在 2 月底前披露业绩快报（已披露年报的不在此限）。

（5）股市是有牛熊周期的，顺势者昌，逆势者亡！

（6）周期性行业的股票要在市盈率高时买进，市盈率低时卖出。

（7）牛市不言顶，熊市不言底。

二、关联补丁

1. 牛熊的转折

一个趋势已经形成，很容易导致惯性反馈，没有达到一定的程度，这个趋势容易得到延续甚至加强。

在熊市末期时最黑暗，在牛市末期时最疯狂。

牛熊的转折特点是最后的恐惧或者疯狂，然后反向反击，反向连续。

2. 永动机与永炖机

永动机与永炖机是 A 股的常见病，是最典型的逆势，病情在熊市中容易迸发成为神经病，一定得治。

在股市上，历史总是在重演，因为人性很少会变。许多永动机与永炖机不仅不接受治疗，而且还有堂皇的理由，认为小概率的传奇更神圣。

花门理论支持顺势、大概率。

三、解析与实践

1. 每个季度底是银行资金相对比较紧张的时间

这个时间，如果大盘是弱势，要适当防范做多的风险，抓住做空的机会。一般情况下，季度底的倒数第二个交易日收盘前最危险。

2. 每周四是每周资金相对紧张的时间

每周四的逆回购有三天的收益，因此正常弱势中，周四收盘前容易是黑色的。

3. 每年 1 月 31 日是年报业绩变动超 50% 的上市公司发布预告的截止日期

这个时间上市公司容易发布商誉计提并预亏，如果大盘弱势，要对相关公司回避一下短线风险，并要注意一下大盘的震荡节奏。

4. 中小创公司须在 2 月底前披露业绩快报（已披露年报的不在此限）

根据这个时间和上市公司的财报与信息公告，有心人能发现一些公司在 2 月底的业绩预喜时间。

5. 股市是有牛熊周期的，顺势者昌，逆势者亡！

牛市有牛市中的盈利模式，熊市有熊市的盈利模式，不能在熊市中依然用牛市中的盈利模式，盈利模式必须顺势、符合大概率、小难度。

6. 周期性行业的股票要在市盈率高时买进，市盈率低时卖出

周期性行业的股价往往在低市盈率时最高，在高市盈率时最低，而且这类企业央企数量比较多，比较适合反周期投资，当然也需要考虑价量关系。

7. 牛市不言顶，熊市不言底

当一个趋势进行中，不要轻易地预测顶底，而应该根据大盘量能、MACD 指标、均线指向顺势操作。

预测无益，容易导致无谓的错误。

星辰变 9
题材

题材和热点是选股的第一考虑因素。

一、智慧警句

（1）爆破点战法是最重要的短线套利投机战法。

（2）超预期是重要的题材。

（3）大题材中线不能放过。

（4）最佳题材是股价、题材、业绩形成共振。

（5）题材爆发时，业绩平庸更积极，绩优股相对消极。

（6）熊市无利好，牛市无利空。

（7）朦胧更有威力，利空出尽是利好，利好出尽是利空。

二、关联补丁

题材股和概念在股市上有什么作用？

（1）能够有效地集中市场资金的注意力，众人拾柴火焰高。

（2）炒作题材和概念是游资常见最有效的盈利模式，已经形成实战习惯，活跃资金都认可。

（3）给机构认可的勇气，给市场造梦，暂时忘记市盈率对股价的压制。

（4）制造概念比实打实地创造业绩更容易。

三、解析与实践

1. 爆破点战法是最重要的短线套利投机战法

收集个股题材消息的发酵期日历是一种最常见的短线战法，这个战法要量化统计该题材的爆发力度和有效性，同时需要配合大盘的 MACD 指标。

2. 超预期是重要的题材

题材超预期更有效也很重要，如果是已经预期则作用有限，甚至结束时还有一定的杀伤力。

3. 大题材中线不能放过

最常见的大题材有：社会重大题材、个股基本面质变。

4. 最佳题材是股价、题材、业绩形成共振

如果股价、题材、业绩形成共振，会形成机构合力，认可业绩的公募、认可题材的游资、认可股价上涨的散户全都会来，容易造就中线牛股，可以适当追高。

5. 题材爆发时，业绩平庸更积极，绩优股相对消极

当一个板块爆发题材时，该板块无公募基金重仓并价涨量增的股容易成为龙头，公募基金重仓股喜欢给题材热点爆发灭火。

6. 熊市无利好，牛市无利空

在熊市时，利好是利空，利空是空上加空。在牛市时，利空是利好，利好是好上加好。

7. 朦胧更有威力，利空出尽是利好，利好出尽是利空

一个题材炒作时，朦胧期最活跃。利空出尽是利好，利好出尽是利空，这是一条屡试不爽的事实与真理，但是许多新股民特别容易在这点上吃亏和不理解。

星辰变 10
实战

资本可以改变生命，也可以造就人生中最惨痛的失败。

一、智慧警句

（1）实战的第一原则是顺势。

（2）题材热点是第一生产力。

（3）心态第一，策略第二，技术只有屈居第三了。

（4）实战最有效的形式是盈利模式。

（5）实战系统原则不能变，必须严格执行。

（6）七个逻辑判断是对系统原则敏感位置的补充柔性判断，也是盈利模式出现黑天鹅时的警醒。

（7）对技术指标最好的应用方式，不是看指标本身，而是看市场对这些指标的反应。

二、关联补丁

股市中实战包括分析和操作。

1. 分析

分析的要点是：势、股、时、规律。即大势的强弱、个股的题材、即时的热点、持仓的时机、机会风险的规律以及逻辑。

不是单维的公司基本面分析，也不是个股的技术指标分析，这些东西脱离了主力资金、市场阶段偏好、大盘的趋势就没什么用。

2. 操作

操作的要点是：发现盈利模式、执行盈利模式、扩大盈利模式、纠错与提高。

三、解析与实践

1. 实战的第一原则是顺势

顺势者昌，逆势者亡。离开趋势的力量，没有英雄。

顺势必须要有具体量化指标的指引，比如量价关系、MACD指标、均线指向、价时确定性。

2. 题材热点是第一生产力

炒股就是炒题材、炒热点，业绩也是题材中的一种，与概念、预期、股市差不多。

3. 心态第一，策略第二，技术只有屈居第三了

这个心态是指心中有数，不是对痛苦的接受程度，出现了痛苦不如意谁的心态也好不了。只有心态好，你的能力才能发挥出来，财运也才会光顾你。你的心态不好时，会地狱无门自来投的。

最好的心态是逻辑硬。

4. 实战最有效的形式是盈利模式

这个盈利模式必须是现存的有兑现结果的，必须是顺势的，必须是时机频率高的，必须是你容易实施的，必须是符合你人生向上趋势的。

5. 实战系统原则不能变，必须严格执行

盈利模式和个股绝招不能违反实战系统原则，实战原则的实施不能有侥幸心理，不能因为大盘反弹或者你的小胜利而杀的兴起。

6. 七个逻辑判断是对系统原则敏感位置的补充柔性判断，也是盈利模式出现黑天鹅时的警醒

系统原则、盈利模式、逻辑判断是花门核心技术，系统原则是负责不输的，盈利模式是保证盈利对系统原则的升级，逻辑判断是锦上添花，是保证成为高手。

7. 对技术指标最好的应用方式，不是看指标本身，而是看市场对这些指标的反应

对技术指标的应用应有针对性、基准性和逻辑性，不能按照标准定义执行，那样不行，并且会让赔钱更有道理。

星辰变 11
中庸

中庸，诚意和准确，不极端，不修正。非平庸之意！

一、智慧警句

（1）股市中组合操作能够保证操作更贴近市场趋势概率。

（2）一个有潜力的股，如果有数次建仓机会，稳定获胜率更大。

（3）网状思维是智慧博弈的具体表现，它的反面是一根筋固化思维。

（4）公司的基本面决定股价的下限，股票的资金面决定股价的上限。

（5）有主见，不排斥异见，不排斥新机会。

（6）做个中庸的职业投机人。

（7）股市里所谓的正确，不是精彩绝伦，只是不后悔。

二、关联补丁

1. 投资者平庸的主要原因

（1）糊涂，没有正确的方法论。

（2）不自知，没有找到正确的方法，还在用甚至迷信错误的方法。

（3）知道了正确的方法，但由于自限，不愿意使用正确的方法。

（4）初步使用正确的方法，不熟练出错，有人又倒退。

（5）使用了正确方法，基础素质有缺陷，对于执行条件要求不严格，没有评判基准，随意行动。

2. 自限

"自限"是进步的第一障碍，表现形式有：

（1）父母思维限制，父母是人生第一个老师，绝大多数当代人的父母本身就是自限最严重群体，思维上线就很低。

（2）社会禁锢，学校、媒体张扬的思维主要是稳定而不是创新、变化。

（3）禀性难移，前两者以及后来的习惯已经扎根头脑，又没有统计比较自我角度方法论，也没有接触精英思维的途径。

因此，花友们欲想人生突破，财富上台阶，第一步是建立方法论、见多识广、打碎自限禁锢。

三、解析与实践

1. 股市中组合操作能够保证操作更贴近市场趋势概率

股市上涨时，大多数股票上涨，持有更多的股票就容易贴近上涨趋势，把握好先后节奏更能超越大盘。股市下跌时，大多数股票下跌，持有的数量越少越能规避股票下跌。

2. 一个有潜力的股，如果有数次建仓机会，稳定获胜率更大

上一条是股市横向组合概念，这条是纵向组合概念。一只潜力股，满仓太早容易被套并导致心态失衡，建仓太晚容易错失机会，分批、分价建仓更容易把握住机会。

3. 网状思维是智慧博弈的具体表现，它的反面是一根筋固化思维

网状思维的博弈体现主要是两个方面，一方面是多项可能性预先方案（虽然有主方案），比如大盘涨跌横都有准备，不能没有出错后的纠错方案；另一方面是考虑股市问题要多项因素综合考虑（大盘、热点、题材、价量关系、MCST、K 线逻辑、MACD、万能公式）。

4. 公司的基本面决定股价的下限，股票的资金面决定股价的上限

好股票有两种，第一种是具有投资满意持续的分红率；第二种是股价具有满意稳定的年化增值率。好的投机盈利模式更重要，一般股票选准时机也能赚钱，做空也能赚钱，也不排斥低波动率的好股票，关键是发现找到这种阶段盈利模式，并且执行好。

5. 有主见，不排斥异见，不排斥新机会

操作原则不变，判断逻辑不变，盈利模式可以变，主观惯性思维服从客观统计，市场是变化的，盈利模式也可以变。

6. 做个中庸的职业投机人

落实到操盘行为上是：顺势、遵从大概率、确定性、简易原则、尾市操作、短线复利、拒绝极端、拒绝复杂等。

7. 股市里所谓的正确，不是精彩绝伦，只是不后悔

操盘手的中庸心态是：不追求 100 分（难度大），也绝不给 50 分以下机会（这是底线），争取 80 分并为此持续努力，如果运气不好时 60 分也能接受，不怕踏空，只怕套牢，如果短线踏空，会想办法通过选股能力把踏空的利润追上去。

股市中最大的幸福就是：股市暴跌时，手中没股票，甚至做空了，不是此时抓住了涨停啊。

星辰变 12
基准

技术指标的作用，不是寻求结果，而是作为研判的基准。

一、智慧警句

（1）大盘强弱的基准指标是量能、MACD、均线指向和平均市盈率。

（2）个股的机会度基准是 MCST、量能、热点和题材。

（3）卖股的对错基准是赚钱亏钱。

（4）盈利模式的有效基准是顺势、心态、成功率和兑现难度。

（5）无风险收益的操作基准是年化收益率和可靠性。

（6）牛市力量的基准是杠杆、效率、攻击性和最后的结果。

（7）树立基准是为了压制先入为主的思维和情绪化的冲动行为。

二、关联补丁

1. 单边市的技术指标

在熊市技术指标的卖出信号更准，买入信号不准；在牛市技术指标的买进信号比较准，卖出信号不一定准。

2. 技术指标与股价的波动关系

技术分析要服从基本面分析，技术分析要服从主力面、题材面分析。

敏感点的技术分析，要结合股价的七个逻辑判断一起使用。

三、解析与实践

1. 大盘强弱的基准指标是量能、MACD、均线指向和平均市盈率

量能是最重要的趋势指标、是最可靠的，但是需要连续，要防止一日放量涨的陷阱；MACD 是经常出现的短线多空指标，短线高手喜欢应用，一般人抓不住热点不一定能干好；均线指向是对前两者的进一步修正；平均市盈率是绝对指标，是判断大盘两极高低位的一个前瞻定性指标。

2. 个股的机会度基准是 MCST、量能、热点和题材

这点是弱平衡市中最重要的选股思维，如果在弱平衡市中使用 MACD 判断大盘投机，这四个选股条件一定要严格。

3. 卖股的对错基准是赚钱亏钱

把股票卖在最高点、最满意的位置是世界难题，只要此次操作是赚钱的

就是对的，如果亏损操作或者先赚没卖结果是赔的，必须总结改进，甚至停操、整顿。

股指期货，我是在开仓后只要有相对大的盈利就反向开单锁定利润，然后等下一个机会的来临松开一个单子。

4. 盈利模式的有效基准是顺势、心态、成功率和兑现难度

盈利模式一定要顺势，逆势的盈利模式不玩；盈利模式要有良好的中庸心态，不极端，有足够的耐心；执行条件严格是成功率的保证；要考虑兑现问题，纯理论不行。

根据 A 股史，弱平衡市中常见的盈利模式有两个：一是逢高做空指数；二是 MACD 出红柱线时做多特定板块，这个特定板块是指在大盘超跌和敏感时间是金融股和成本线下超跌强势股，在大盘技术性低点是强势绩优股和线上强势活跃股。

5. 无风险收益的操作基准是年化收益率和可靠性

无风险套利盈利模式主要考虑两个问题，一是年化收益率是否满意，二是无风险性是否可靠。

6. 牛市力量的基准是杠杆、效率、攻击性和最后的结果

牛市来了的时候，不仅要求赚钱，更要求赚大钱改变命运，使财富上台阶，杠杆是指有足够的低成本能力资金，效率是要涨幅频率快，攻击性是指资金、信息优势，最后一定要在大牛市结束前保住胜利果实。

7. 树立基准是为了压制先入为主的思维和情绪化的冲动行为

投资的窍门不是要学会相信自己内心的感觉，而是要约束自己不去理会内心的感觉。

在股市中先入为主和情绪化、冲动、忘记原则是最常见的现象和错误根源，一定要用上面提到的原则基准压制住，违反一次打手心一次。

星辰变 13
素养

人的基础素质高度决定专业素质的高度。

一、智慧警句

（1）每个阶段都要有主要矛盾思维，但是不能违反标准。

（2）基础素质体现在网状思维、博弈思维和不同角度上。

（3）投资手段要服从投资目的。

（4）机会来临时，资源和力量非常重要。

（5）双轨优势非常重要。

（6）犯错不可怕，但是一定要即时纠错。

（7）投资命运是由关键性时刻和关键性操作的。

二、关联补丁

1. 久赌必输

赌的标志是：逆势、小概率、长线、无基准原则、犯错不改、逻辑不够硬。

情况不明时接受可接受的结果。

获得令人满意的投资回报比许多人想象的要容易，而获得出众的投资回报则比看上去要难。

2. 永远不要问理发师你是否需要理发

市场上的声音比较多，这些声音会影响市场的波动，我们需要了解这些声音，有的要借鉴，有的要博弈，有的要利用。

有一点心里必须清楚，发声者的利益所在、发声的目的、发声前后的行为怎样？他们的声音给出的结果不重要，整个事件对市场的影响和他们的目的行为对市场的影响很重要。

三、解析与实践

1. 每个阶段都要有主要矛盾思维，但是不能违反标准

市场的波动是不确定和随机的，但是每个阶段有主要矛盾，一定要对主要矛盾清楚，但事物也是变化的，当市场出现意外波动时，以基准原则判断为准。

2. 基础素质体现在网状思维、博弈思维和不同角度上

不同的人运用相同的技术，选择标的、执行过程、最终结果都不一样，这就是因为基础素质的不同。在投资过程中，一定要刻意强化自己的网状思维，要制定自己的投资纪律，违反要有惩罚性。

3. 投资手段要服从投资目的

获得相对低的收益，相对容易，手段也比较多，关键是要手段可靠；获得相对高的收益，难度就要大一些，手段就不那么丰富，要借助运气的因素，也有一定的风险。我们根据市场背景和自己的追求，建立合适的投资目的，并计划运用合理的手段。战术服从策略。

4. 机会来临时，资源和力量非常重要

要有足够的资源顺势，要力量强壮地投入，也需要注意，如果操作过量，即使对市场判断正确，仍会一败涂地。

5. 双轨优势非常重要

你如果在交易权限、合法信息、交易技能、平台信誉上有优势，无疑获得成功的可能性要大很多。

6. 犯错不可怕，但是一定要即时纠错

没有百胜不败的高手，犯错误并没有什么好羞耻的，只有知错不改才是耻辱。大错误都是由小错不改造成的，放手让亏损持续扩大，这几乎是多数投资人可能犯下的最大错误，接受小错误是正常操作的一个组成部分。

7. 投资命运是由关键性时刻和关键性操作的

股市是现实的"晴雨表"，社会财富特别庞大和热切，它们若对 A 股情绪化疯狂，便会造就暴发户；它们若碰撞到谁，便有传奇投机者；它们如果发生恐惧，便会制造股灾。

这一切都是周期的，我们都会经历数次，要把握好节奏。

【花言巧语加油站】

（1）令人不舒服的消息，几乎总是真的。

（2）年轻人凭书本判断；中年人凭经验判断；老年人凭信仰判断。

（3）你只有经常睁一只眼闭一只眼，才有可能发现更多的秘密。

（4）人生需要四种人：名师指路、贵人相助、亲人支持、小人刺激。

（5）过多，都是妄念，都是杂念。过偏，都是妄求，都是欲动。

（6）平凡是我最终的归宿，一切放荡不羁都会打道回府。

（7）相似的人适合一起欢闹，互补的人适合一起变老。

（8）好听的话别当真，难听的话别较真。

（9）生命在闪光中现出绚烂，在平凡中现出真实。

第六部分

咏 捣 练

赞许的人称个人意见为见解，忌讳的人则称为异端邪说。

真有特殊见解的三言两语，较之不痛不痒的长篇大论要可贵得多。

咏捣练1
如何通过龙虎榜发现潜在机会

问：龙虎榜怎么看？如何通过龙虎榜发现潜在机会？

答：龙虎榜是机构大佬和土豪游资表演的舞台，通过观察龙虎榜可以知道，位于股市食物链高端的操盘手正在关注哪些个股，如果你偏好超短线，有激进的勇气，想跟着他们分点汤喝，不妨看看这些大佬们的神操作，而且有时还能观赏到龙虎斗。

龙虎榜信息是比较实时的信息，一般会在下午四点半到五点半之间，公布当日买入、卖出金额最大的五家营业部的名称。一些短线投机者喜欢研究该信息，其中一些把握短线机会能力强的有心者也能获得不错的短线效益。

下面我就把了解的一些打板高手的心得与我自己总结的技巧方法总结如

下，也许一些风格激进的短线爱好者在市场环境安全时能获得一些启发。

一、龙虎榜上榜条件

（1）日收盘价涨跌幅偏离值达 7%。

（2）日振幅达 15%。

（3）日换手率达 20%。

（4）连续三个交易日内，涨跌幅偏离值累计达到 20%。

（5）深市条件各选前 5 名上榜，沪市条件各选前 3 名上榜。

二、龙虎榜分析方法

（1）注意机构的成交金额，买入占比越大越好，筹码集中度越高越好。机构资金注入表示中期行情较大，如果游资混杂则情况更好，继续上涨概率较高。

（2）判断游资的身份和操盘风格（总结以往的规律），波段游资值得关注，如果是一日游资则对行情没有太大的推动作用，反而打击做多的积极性。

（3）当买方席位均为游资，而卖方席位多为机构时，说明机构有出局的想法，有可能是该股基本面发生了转变，或者其他的不确定性让机构调仓换股。

（4）当买方均为机构，卖方全部为游资席位，如果股价已经在炒作高位，发生这样的交易数据则机构有利益输送嫌疑，利用机构效应吸引散户高位接盘来帮助游资顺利出货。

（5）以往规律（但需要注意是否发生变化），如光大杭州庆春路、光大奉化南山路、财通温岭东辉北路、中信杭州延安路、华泰益田路荣超商务中心等，这些著名游资据点出现三个以上，以往情况后市持续力较强。

三、逻辑技巧

1. 要经常统计各庄的活动规律

最近是否经常上榜？操盘风格是怎样的？这个游资上榜之后历次的走势

是怎样的？一日游为主还是波段为主？

2. 中线机会记忆

买方中机构专用席位的数量当然是越多越好，机构当日买入金额占总成交金额比例越大越好，一次性锁定筹码集中度越高越好。机构进驻往往中期行情较大，一日游较少；而游资和机构混杂说明游资和主流资金达成共识，继续上涨概率较高。该股可以放进自选榜中线跟踪。

3. 低位机构承接

如果因为大盘大跌，或者非实质性利空导致的某些股大跌上榜，低位机构承接有力，需要注意研究该股的后续中线潜力以及逻辑。

4. 要考虑大盘背景

并不是所有上榜个股在第 2 天都是可以买入的，个股的走势千差万别，机构有时也是直接买在个股的中短期高点上。所以，对机构净买入个股的对象选择和买点的选择上，投资者仍需要仔细研究。简单来说，顺大盘的势成功率高；逆大盘的势成功率低，甚至还会遇见别人按核按钮，这种情况容易短线损失惨重。

5. 遭遇打击

有的股有强机构或者强游资上榜后，因为大盘原因股价无量回落（无明显大举出货迹象），可以多观察几天，如果该股在低位再度出现强势，这时可以少量短线伏击。

咏捣练 2
哪些板块最容易诞生翻倍牛股

问：想请您分析一下今后一两年哪些板块最容易诞生翻倍牛股？背后逻辑又有哪些？

答：这个问题挺难回答的，又是许多股民非常关心的问题。我试着用 A 股过去牛股的特点和股价波动规律的统计思维结合目前 A 股的背景特点做个归纳总结吧，只能说是一个概率和可能性，要想真正抓住牛股，还需要行情配合、投资者的选时等操作能力的发挥和运气因素。

一、超低价基本面质变股容易成为牛股

低价股普遍基本面比较差，并且经历过比较大的跌幅处于超跌状态，如果基本面一旦改善向好，容易受到机构大户追捧涨幅比较大，比如过去曾经受到供给侧改革的钢铁股就曾经逆势出现过大涨行情，这种情况在历史上多次出现。

选择这类股时需要注意，上市公司没有退市风险，上市公司的基本面已经出现明显改善征兆，最好是央企。对于这种选股法一定要条件严格，如果基本面分析能力不够，不要用这种选股方法，一旦失误遇到退市股则损失惨重。

二、有借壳上市或者重大重组题材征兆的股容易成为牛股

这是股市中最常见的连板股的产生方式，比如说三六零借壳上市消息出台后，相关股票曾经出现连续的 18 个一字板。许多有意图让壳和重组的股，其实，在其 F10 信息中会有一些重组信息透露，需要有这个思想意识并去发现寻找，找到有蛛丝马迹的品种后应该组合选股、组合选时押注，要用闲钱中庸操作，且忌极端一只股过早重仓，那样可能会遇到黑天鹅，也可能会因各种各样的意外出现心态失衡。

选股条件要严格，不能凑合。

三、大机构重仓被套的基本面向好的股容易成为牛股

市场弱势时间长了，必定会有一批常规机构（比如公募、私募、定增）重仓长线持有的股票被套，这些股票一旦遇见大盘强势，相关机构会优先自救，涨幅往往连续且比较凶悍，2019 年三四月已经出现了批量的这种情况。

选择这类股时，要把机构的持仓成本、持仓数量、基本面、机构的持有意图和现状弄清楚，不能选那些机构处于资金困境状态的股。

四、有独特题材的股容易成为牛股

有一些品种存在着独特题材，股价在弱势中受到大盘连累也受到一定的

打击，但是这种题材一旦爆发，往往涨幅也比较大。

现在来看，科创板中的许多未来上市股存在着影子股，一旦题材爆发，那些受益最大的股可能会出现较好的升势，其他类似的题材也不能忽视。题材是第一生产力。

五、流通市值小总市值大的金融股容易成为牛股

如果 A 股出现牛市，那么中小市值的金融股就明显活跃，这是 A 股中的习惯。在大盘走强时，可以把当时出现的这种强势股列为组合，也可以事先选几只放在自选股上长期观察。

六、在牛市前期（熊市低位）新上市的热点强势行业股容易成为牛股

在熊市末期、牛市初期上市的次新股往往流通市值比较小，一旦具有优势行业或者热点题材，很容易受到游资机构的关注，这类股也容易短线连续急涨，比如曾经的贵州燃气等。对于具有这类特征的股也可以适当地加大分析力度。

七、组合

也可以把上述六种特征的股都选出来跟踪观察，熟能生巧，了解了它们的股性后，操作起来更得心应手，打有准备之仗。

最后再强调一下，选股重要，选时更重要，在大盘处于单边下跌时，个股都会跌，只是早跌晚跌的区别，不能过早地逆势重仓持股，好股更需要好的操作。

咏捣练 3
短线爆破点的具体实战应用

问：短线爆破点是常见投机利润最重要的来源，您能不能从快速挖掘获取途径的角度详细地解析一下？

答：第一，盈利模式（又称战法）和短线爆破点是我最常见的股市投机玩法，无论是大盘强市背景，还是大盘平衡市背景，我都是这样操作的，只不过强市背景投入的资金比较大，平衡市背景投入的资金相对小。这种思维也是我与许多股民玩法最大的不同，许多股民操作的是具体的股票，而我操作的是盈利模式，对具体的股票有讲究但是不执迷。例如，我操作定增被套机构解禁战法，主要关注的是定增解禁日这个选时点，对于个股也会用万能公式甄别，但是没有定增解禁日这个爆破点，其他的股票基本面怎样、技术面怎样，我不太关心，因为没有进入我的盈利模式，没有进入我的伏击圈。

第二，每个阶段我都会确定自己的盈利模式，然后根据这个盈利模式来寻找合乎这个盈利模式的个股，进行爆破点短线操作。

一、怎样确定这个盈利模式呢

第一，要熟悉《千炼成妖》总结的战法，看看哪一个战法目前比较实用（大概率比大涨幅重要，不赔钱比创造奇迹重要），然后把这个战法作为这段时间的主要盈利模式（我也会根据避暑山庄的统计数据来调整阶段主战法）。

第二，根据盈利模式来找寻个股及爆破点，如果你完全由自己每天翻股票，这个工作量就比较大，为了节省时间提高效率，我采取了两个手段，一是互助组（避暑山庄），每个组员负责一个主要盈利模式的收集，然后大家互换信息；二是利用现成的网站统计功能，比如说，银河海王星软件有一个板块是"近期解禁"板块，我就经常看一下哪些股近期解禁，这些股中哪些符合"万能公式"和"盈利模式"，细节要弄清楚，在大盘背景许可的情况下进行短线操作。最近的一个股天沃科技就是这样选出来的，解禁后出了利好（参见 2019 年 6 月 14 日公告），开盘涨停。

二、好的盈利模式包含的要素

（1）目前阶段实用；

（2）机会经常出现；

（3）有渠道信息找到合适的个股，要么互助，要么借助社会现有资源。其实，《千炼成妖》《万修成魔》里的战法都有合适的信息渠道，这里由于篇幅原因没法全部写出来，只能根据当前的盈利模式和大家的提问来告知。

三、我目前这个阶段比较喜欢的盈利模式

1. 做多盈利模式

品种：小市值小振幅的股。

时机爆破点：在大盘 MACD 伸长的过程中，找寻这些的事件契机，比如更名、除权、股东大会等，《千炼成妖》里面都写了。

2. 做空盈利模式

品种：股指期货。

时机爆破点：在大盘无量大涨后再走弱时超短线放空。

咏捣练 4
凶悍游资操作的前兆迹象

问：游资操作涨幅较大的小盘次新股有哪些征兆和迹象？

答：有一个股票软件公式爱好者，通过研究活跃次新股的异动情况，发现了一些嗜好操作小盘次新股的游资操作规律，在大盘安全时利用这些规律，有可能抓住一些短线急涨机会。

一、选股条件

这个研究者发现，当一些次新股的下列四个指标出现这四个条件，股票很可能处于底部价格区域，容易引起游资建仓。

（1）KDJ 指标的 J 位在 0 以下，即负数。

（2）CCI 指标的数位在 −200 附近。

（3）股价在 BOLL 下轨或者以下。

（4）股价远离 10 日平均线至少 10% 以上。

二、操作条件

(1) 所选的次新股要避免大小非解禁，特别是避免小非解禁，这样的股不容易出现连续较大涨幅。

(2) 符合条件的股出现独立连续阳线放量后说明有大户资金收集迹象，收集几日后一旦下档挂单变大，且大盘出现上涨征兆，要特别注意，可先少量伏击一点。

(3) 在目标股收集一定筹码后，遇见大盘震荡（比如出现一根大阴线）较大，一旦个股在尾盘出现大买单，这样的股胜率相对更高一些。

(4) 已经建仓几日的目标股，如果大盘趋势明显恶化，这样的股票放量下跌，可能是游资弃庄，应该果断放弃该股，防止游资按核按钮。

咏捣练 5
如何避免一买就跌一卖就涨

问：外行如何避免一买就跌一卖就涨并合理地利用这个现象？

答：很多股友经常遇到这样的现象，自己手中的股票，往往一买就跌，一卖就涨；好像主力就盯着自己的账户操作，故意与自己作对！

主力盯着你的账户故意与你作对，这是不可能的，主力没有这个条件，也看不上你的叁瓜俩枣，主力不会为了让你赔钱而导致自己赔更多的钱。

多数人产生这种现象的主要原因有两个：

第一，散户和机构的思维不一样。当散户跌得受不了的时候就坚持不住投降了，而主力机构则开始反击，更大的主力为了社会的稳定开始维稳了。第二，散户不了解机构的操作习惯，也没有客观正确的技术理论指导，完全情绪化操作，出现低卖高买主要是由于水平因素，埋怨别人更是个人基本素质问题。

那么下次如何避免这种现象的出现，我简单说几句个人看法：

一、如何避免一买就跌

1. 选股避免短线涨幅过大的品种

炒股的基本原则就是低买高卖。

选股的基本原则是先考虑风险再考虑利润，根本不能让"按核按钮"的可能出现。

违反了基本原则，后市出错是大概率的。

2. 不能情绪化追涨

短期涨幅过快，股票价格脱离 10 日均线，在均线和价格之间形成很大的空间，大盘本身又不是特别强的牛市，多数股票一旦涨幅乖离，追高买面临短线回调也是大概率。

炒股不能情绪化，要有成熟的战法，要注意个股和大盘的关系。

3. 选股战法错误

弱势中的永动机喜欢买强势股，但是弱势市场的个股轮动特点就是大概率下跌、补跌。在牛市中的初期也常常是超跌股涨得快，前期抗跌股或者逆势股表现较差。

4. 走下降通道的股

在达到一定跌幅之后，在某一价格区间开始盘整，不要以为股价跌到底了，往往是下跌中继而已。

股票的趋势力量是强大的，你的幻想是不可能扭转这个股票趋势的，机构也是这样的，它们已经苦不堪言，你还埋怨机构在故意害你。

5. 老手死反弹

要有大局观，操作系统要制定得严谨并坚决执行。有的人赚钱心切，不愿意放过市场中反弹，许多人大盘不反弹还好，一反弹就要赔一把。

要学会对可操作机会进行统计。

二、如何避免一卖就涨

1. 严重超跌的股

如果一个股跌幅很大，已经超出你的心理承受限度，基本面又没有太大问题，这个时候再坚持一下，不要轻易卖。

2. 牛市中的上升通道

股票走势稳健，价格稳妥地依附 10 日均线上涨，量价配合适度，不要想当然地认为股票涨不动了，此时应该耐心持股，让利润充分增长，也不能因为牛市中的短线震荡贸然出局。

3. 被套的强势出现

一般人被套后，心态容易变坏，一解套就清仓了，这个时候要分析清楚个股转强的原因，要理性地根据原因操作。

4. 依据强劲且依然存在的股

在市场差时，泥沙俱下，一些好的品种（包括无风险品种、后市有大题材的股）也会下跌，如果你的仓位过重就会胡思乱想。这个时候要分析主要矛盾所在，坚持关键点思维，另外下次不要轻易过早重仓，包括低风险品种，有些人知道了结果还会犯错，这就需要提高个人的基础素质。

5. 大盘已经暴跌

大盘出现暴跌，大多数个股都会大跌。但如果不是指数高位，又不是什么趋势性的初步大跌，原则上大盘暴跌后不要立即卖股，这个时候容易出现反弹。

咏捣练 6
短线操作需要执行的原则

问：短线操作法必须牢记的通行规范原则都有哪些？

答：（1）股市不是每天都有机会，轻举妄动者不但赚不到你想要的短线利润，反而会加剧亏损，事实证明，在熊市中永动机是亏损最严重的群体。之所以业内人士、所谓的短线高手在熊市中亏得比一般人多就是这个原因。

（2）除非极少数的强规律股、超强势股，绝大多数短线操作法都只适合在大盘安全时间操作。在熊市中，这个安全时间只有两个：第一个安全时间是大盘连续放量走出初步上升势头的时刻；第二个安全时间是大盘严重超跌后的初步时间（常常被认为可以买又不敢多买的那个时间，等看明白敢多买的时候往往最佳时刻已经错失）。

（3）短线选股比较高概率的方法条件是：硬逻辑爆破点，即时异动进行时，硬题材进行时。选择的时机应该是个股超跌的时间，或者个股第二次启动征兆明显的时间。原则上，超跌后的强势是最佳条件。

（4）不能因为你有短线绝招就乱用，从而演变成为永动机。战术的高明抵御不了战略的愚蠢，你的猎枪适用于打黄羊和野猪，不是用来打黑熊和猎豹，因为A股中的熊、豹太厉害，目前尚未发现有高概率打熊的短线方法猎枪。

（5）短线方法思维，如果加上适当的资金优势操作，可以让短线方法更加准确，但是要注意进出的流动性问题，特别是退出的问题。

（6）再好的方法也只是一种概率，好的方法概率更高一些。如果出现不可避免的失误，在弱势中要想办法第一时间退出（事实证明，第一时间退出，即使卖的价格低一点，也比其他时间的价格有优势得多），不能因为任何原因，使短线变中长线。

（7）在弱势中，最佳的短线思维是做空。如果做空做得顺利，不能轻易重仓做反弹级别的小短线操作。

咏捣练7
每天看盘都看哪些东西

问：花老师，你每天看盘都看哪些东西，怎样创造效益？

答：我每天看盘的主要内容有下面几个：

一、上午

（1）上午开盘前看一下各个财经网站的头条新闻、当天的新股认购消息。

（2）开盘时看一下哪些板块（个股）明显高开，哪些板块（个股）明显低开，其中是否有规律、是否有机会风险。

（3）看一些出利好、出利空的个股受到的影响力度，看看后面时间能否利用。

（4）当天沪市大盘的成交量如何？需要按照时间（规律）折算，按照沪市 2400 亿元的水平定性是强势、弱势、平衡市，是缩小还是放大？

（5）看看各指数权重股的当天技术形态和即时活跃性，定性当天的股指期货是否操作？

（6）看看当天的强势板块、弱势板块是哪些？

（7）在大盘强势时，开盘时会根据"涨速异动"少量分散的买些低位的强势股。

（8）如果出现可操作的超强板块，会少量买一些能买到的强势股。

（9）无聊时，研究一下自选股。

二、下午

（1）市场强势时会看看中午上市公司公告。

（2）如果上午看出哪些需要继续关注的特点，可以反复看。

（3）经常看一下涨速异动，按照万能测股公式增加调换几个自选股。

（4）在弱势的低点看哪些成交最低的个股有近期爆破点或者下档买价大挂单，少量老鼠偷油。

（5）在强势中，看哪些自选股走强，作为建仓的主要品种。

（6）在平衡势中，看哪些内外比排行靠前且量比也比较大，当天涨幅大且 K 线低位的股作为短线投机目标。

（7）大盘暴跌时，看看工商银行、中国石油在 2：30 左右是否有机会。

（8）大盘暴跌时，看看哪些股是当天振幅小且符合万能测股公式的低位超跌的，准备作为止跌后的抢反弹目标。

（9）大盘初步低开弱势，且当天未回补跳低缺口，如果尾盘弱势，考虑放空弱势期指赚尾盘跳水或者第二天低开的短差。

三、晚上

（1）睡觉前，看一下上市公司的公告及美股涨跌情况。

（2）睡觉前，看看微信、微博上其他代表人物的观点并总结规律利用。

（3）没事干无聊时，看看自选股的股吧和董秘问答。

（4）周末、周一看看避暑山庄的资料。

咏捣练 8
小资金想翻倍该怎样操作

问：您能结合最新研究成果，为资金 10 万元的投资者设计一个具体的 2020 年翻倍的操盘计划吗？

答：这个问题的难度够大的，既然你问了，我只能按照自己的理解能力尽可能地贴近你的梦想，只是一种可能性，是否能够实现，还需要大盘的配合，甚至还需要运气的配合。非常可惜的是，只有 10 万元，无法开设期指账户，把唯一顺势的盈利模式"做空期指"给排除了，只能用逆大势的做多股票方式来实现你的高目标了，必须说明的是，2020 年翻倍是个难度极大并且逆势的高目标，玩高难度动作必然面临着高风险，下面给出的方法也必然面临着一定的风险。

根据我以往的经验教训，我觉得下列手段可以试一试：

主要手段：

一、用低位金融股完成 30% 的任务指标

近两年每当市场处于阶段的超跌（跌幅 200 点以上）止跌后，市场的短线强势都是金融股带动的，都会冒出几只金融黑马股。

计划：当市场处于这样的超跌情况时，把股价低于 MCST 线的金融股全部选出来放在自选榜上观察，当金融板块成为热点启动时，这些股哪只价量关系最强，就全仓扑哪只，如果抓住类似 2019 年春节前后的中信建投、

2019 年 12 月的南京证券这样的股，一次就有望获得 30% 以上的利润。

二、用高位活跃的强势 180 成份指数股

近两年一直有一些基本面好的重要大盘绩优股走势比较好，甚至有些会不理会大盘强弱走出了上升通道走势。

计划：在上证 180 成份股中（也可以考虑沪深 300 成份指数股）找几只 2020 年初股价初步运行在 MCST 线上方、价量关系也好的股，跟踪观察，在 MACD 指标绿柱线缩短和红柱线伸长的时间，选择强势绩优股股价在 MCST 线受到有效支撑时波段介入。可以操作数只股数次，每次盈利 10% 左右，累计完成 30% 的任务。

三、用低位 MCST 标准战法完成 30% 的任务指标

每当大盘在 MACD 指标红柱线伸长的时间，选择低位价量关系最猛的股票（不能是可能退市股），如果遇见南宁百货、韶钢松山这样的股，收益不菲。

计划：每当大盘红柱线伸长时，每天盘中和盘后都要选低于 MCST 线、连续量比突出、价量关系突出，最好是板块热点龙头股，选在合适时机重仓突击。

四、用高位 MCST 标准战法完成 20% 的任务指标

走出上升通道的筹码集中股、强势小盘次新股在 2019 年表现也不错，高位 MCST 标准战法在这些股票也体现了一定的实用性。

计划：选择一批股价位于 MCST 上方的强势筹码集中股、强势小盘次新股，在 MACD 指标绿柱线缩短和红柱线伸长的时间，用高位 MCST 标准战法短线操作数次，争取获得 20% 的收益。

我现在能找到的手段就是这些了，对了，最好再参考一下《七种不能放过的 K 线图形》战法，能进一步增强获胜概率。

碰运气手段：

（1）打新股。如果打中一只好新股，就可能一下子翻倍。

（2）固定收益。在大盘不确定的敏感时间，也可以关注分级 A、转债的机会。

（3）适当时间上一下杠杆。如果大盘出现意外的强势，甚至是大牛市来临，如果不怕大额亏损（必须有承受力不影响自己的生活，家里支持没怨言），可以博一下热点板块的分级 B。但这种方法只适合比赛想拿冠军或者玩一把刺激的娱乐操作，普通收入的上班族不建议这么做。

咏捣练 9
哪些股带大牛股的基因

问：都是哪些股带大牛股的基因？哪些股不容易成为大牛股？

答：经常有投资者疑惑，我为什么抓不住大牛股？这还是与选股思维有很大的关系，有的股就带有大牛股的基因，有的股本身就不容易成为大牛股。下面我就这两个问题做个总结。

一、什么样的股容易带有大牛股基因

（1）在牛市初期，最新热点股容易成为牛股。

（2）在牛市初期，强势的最低价股容易成为牛股。

（3）在牛市中初期，券商股和小盘金融股容易成为牛股。

（4）在牛市中初期，机构重仓被套股股性活跃后容易成为牛股。

（5）在大盘的底部区域或者上升途中，借壳上市股和实质性资产重组股容易成为牛股。

（6）在大盘的上升途中，高比例送转股容易成为牛股。

（7）在大盘上涨一段时间后，可融资的中小市值股容易成为牛股。

（8）在大盘上涨一段时间后，有个股消息配合同时股价走强的滞涨股或者机构重仓股容易成为牛股。

（9）在大盘上涨行情的中后期，需要解决再融资问题的个股容易成为牛股（转债或者定增）。

（10）在大盘上涨的后期，中等流通盘子的次新股容易成为牛股。

（11）在大盘上涨的后期，走强的中小市值前期冷门股容易成为牛股。

（12）在大盘高位暴跌反弹时，前期活跃的明星股容易强劲反弹。

（13）在大盘低位暴跌反弹时，最新小盘次新股容易强劲反弹。

（14）有重大突发消息刺激的股，消息刺激直接冲（封）涨停的股容易成为大牛股。

（15）有中长线大题材且有主力活动的股，容易成为大牛股。

二、哪些股不容易成为大牛股

（1）在牛市初期，前期中线牛股或者抗跌股不容易成为牛股。

（2）在牛市初期，弱势的大市值股不容易成为牛股。

（3）在牛市的中初期，有再融资拖累的股不容易成为牛股。

（4）在牛市中初期，违反二八现象的股不容易成为牛股。

（5）在大盘的底部区域或者上升途中，股性沉闷的绩优股和高价股不容易成为牛股。

（6）在大盘的上升途中，底部无堆量的股不容易成为牛股。

（7）在大盘上涨一段时间后，前期涨幅过大进入调整的股不容易成为牛股。

（8）在大盘上涨一段时间后，定位较高的高价次新股不容易成为牛股。

（9）在大盘行情的中后期，高位放过量的筹码集中股不容易成为牛股。

（10）在大盘上涨的后期，有过一定涨幅的绩差股不容易成为牛股。

（11）在大盘上涨的后期，已经进入下降通道的股不容易成为牛股。

（12）在大盘高位暴跌反弹时，前期下跌时抗跌的股不容易成为牛股。

（13）在大盘低位暴跌反弹时，筹码分散的股反弹力度有限。

（14）基本面下滑绩优股，不容易上涨。

（15）有中长线利空压制的股，不容易上涨。

三、中长线的方法

（1）做中长线不能逆势在熊市做，否则容易赔大钱。

（2）做中长线的时机应该在大盘的底部区域附近，在个股的下跌空间已经十分有限的情况下（必须逻辑硬，不能是自己感觉的）。

（3）做中长线应该是品种组合、实际组合，不能孤注一掷。

咏捣练 10
大资金的现状和未来可能动向是怎样的

问：目前市场上存在哪些能影响指数行情的大资金？它们的现状和未来可能动向会怎样？

答：根据我个人了解的情况，目前 A 股市场上存在大资金机构有：国家队、公募基金、外资机构、私募基金、银行资金、保险公司、上市公司大小非、游资资金、北向资金等。

一、国家队

一般来说，"国家队"包括中央汇金、中证金、中证金资管计划、外管局旗下投资平台以及中证金定制的五大基金。

2019 半年报显示国家队持股总市值高达 3.3 万亿元，占同期总市值的 6%。

近一两年的国家队操作风格是：

（1）中长线持股。

（2）大盘危机时指标股逆向维护指数，影响指数主要通过金融股。

（3）大盘短期涨幅大时的常规操作可能有减仓。

（4）会根据持股业绩情况进行增减持。

该集团资金是目前市场中唯一能发动大行情的机构。我个人认为，该资金发动行情的契机是大盘在目前指数上再度大跌几百点或者中美贸易谈判取得重大进展。

二、公募基金

2019 年 6 月底，公募基金持股市值为 19976.31 亿元，为市场第二大持股机构群体。

由于公募基金有最低持仓限制、相对收益和窗口指导的特点，一般情况下公募基金普遍中场持有核心资产。

公募基金对指数影响力量不是太大，可以对单一基金的重仓股走强时适当注意，或者在大盘强势时对定增被套强势股适当注意即可。

三、外资机构

2019 年 6 月底，外资持股市值为 16473 亿元，为市场第三大持股机构群体。

其中的指数基金基本上持股不动，对行情影响不大。

QFII 机构可能会受人民币汇率涨跌趋势的影响。

这里八卦一下，有朋友跟我说过，"易方达资产管理（香港）有限公司——客户资金"这个机构可能与巴菲特有关联，你有兴趣的话可以进一步研究。

四、私募基金

截至 2019 年 6 月底，私募基金的资产管理规模达到了 13.28 万亿元，但这包含了股权基金、期货基金，股票基金的规模会远小于这个数量。

对于行情的影响，私募基金应该是追涨杀跌类型的，如果指数在目前指数的基础上下跌 10%，私募基金可能会因为清盘线的原因杀跌；如果指数起行情，一些私募基金重仓股出现强势可能会走势比较强，我把一些信托计划资金也算在了这个范畴。

五、银行资金、保险资金

银行资金、保险资金是重要的追涨杀跌力量，不会主动发动行情。

大盘小波动可能会按兵不动，大盘大波动可能会低吸高抛；敏感时间也存在着百十个点小幅杀跌的可能。

六、上市公司大小非

小非是目前市场的常规重要杀跌力量，质押大非是市场下跌时的重要杀跌力量。对这两股力量要适当警惕。

七、游资资金、北向资金

游资资金主要根据热点消息题材短线操作题材股和次新股，对行情无影响，对个股有所影响。北向资金主要短线波段投机消费绩优股，它们有时有一定的灵通消息，但参考价值有限。

咏捣练 11
弱平衡市赚钱的新招数

问：针对目前股市行情的特点，你有没有几个有效的赚钱新招术？

答：这两年的股市赚钱不太容易，我也一直在试图找寻研究适合目前股市的赚钱新招术。下面是几个我感觉还可以的赚钱招数，统计观察的时间还不太长，是不是有效我不敢打包票，既然你问了，我就回答一下，以期抛砖引玉，希望大家能发现更多更好的适合弱平衡市的赚钱方法。

一、股指期货的方法

（1）当大盘无量上涨幅度较大（沪市 100 点以上），可以是几根中小阳线，也可以是以一根大阳线，一旦指数出现第二根阴线征兆，且 KDJ 指标快掉头向下时，逢高放空。

（2）当大盘处于月底最后一个周四或者倒数第二个交易日，最好这个月底又与季度底重合，如果大盘低量（沪市 1800 亿元）无方向波动，逢高放空。

（3）当沪市大盘低量运行，MACD 指标绿柱线明显伸长，且指标股不是整体强势（红盘）时，逢高放空。

（4）当沪市大盘突然明显低开十几个点以上，整个上午未回补跳空缺口，在下午2：00～2：40找高点逢高放空。

二、股票超短线的方法

（1）如果金融指标股（银行、保险、证券）明显板块集体走强，并带动指数走强，在最强的那个板块中找寻能买到的涨幅较大且总金额、换手率均靠前的个股买进，如果第二天大盘继续放量则可以持有，如果第二天量缩减应快速逢高卖出。

（2）如果大盘明显价涨量增（第一天要超过2500亿元），此时可以观望一天，如果大盘第二天继续放量（超过第一天，可以提前估量），可以选择走强的筹码集中股或者量比、换手率均排名靠前的MACD红柱线伸长的股短线介入。

（3）在上证50或者中证100成份股找寻那些明显走出上升通道的基金重仓股，如果发现它们在60日均线处明显受到支撑的个股短线介入，做个短线。可以在自选榜上放几个这样的上升通道股。

（4）这个适合较大资金：在大盘出现下跌幅度较大（沪市100点以上，越大越好），可以是几根中小阴线，也可以是在一根大阴线后，一旦指数有出现第二根阳线的征兆（且没有继续消息面恶化），这时可以选择大机构（证金、汇金、大保险）重仓股走势较强且下档挂单较大的个股尾市买进，往上买进2%左右（当然低位数量多，最高点收盘），第二天逢高卖掉，赚大机构的大挂单的钱。

咏捣练 12
散户和大户的赚钱手段有何区别

问：散户如何在股市赚大钱？中大户如何在股市中稳健盈利？

答：穷攻富守！

攻的钱已经有技术水平和精力保障，守的钱应该有制度和大趋势的保障。

不管是进攻还是防守，都不能胡来赌博，都要有章法。

一、散户如何在股市赚大钱

散户钱相对比较少，必须要把股市当作改变命运的场所，必须要投入精力钻研技术，在服从大趋势的前提下顺势而为，适当发挥杠杆作用。

1. 稳健的股指期货复利

（1）做空方法。在大盘 10 日均线空头时，沪市大盘成交量持续低于 1700 亿元，MACD 绿柱线伸长，在权重指标股没有明显异动时，逢高短线做空。

（2）做多方法。在大盘 10 日均线多头，沪市大盘成交量持续高于 2700 亿元，MACD 红柱线伸长，在权重指标股没有明显异动时，逢低短线做多。

2. 大牛市中的热点题材强势股

（1）熊市不操作。沪市大盘成交量持续低于 2200 亿元时，不买持有股票，可以做无风险套利。

（2）只做牛市。沪市大盘成交量持续高于 2700 亿元时，选择贴近重要均线的热点题材强势股操作，逢低可以短线加杠杆。

3. 大势底部的人生赌注股

（1）主力重套股。主力机构必须是活的，个股基本面尚可。

（2）基本面可能质变股。有被借壳征兆的低价低市值股，不能有退市风险。

4. 散户常见错误

（1）永炖机。熊市中的基本面永炖机。

（2）永动机。熊市中的技术面永动机，包括敢死队、打板队等时髦流行玩法。

二、大户如何在股市中稳健盈利

大户已经是社会的成功者，股市投资是为了锦上添花，千万别把实业上赚的钱全赔在股市中，出现和平年代中的大败局。

大户的主要盈利模式与散户基本上一致，但是操作上与散户相比也有些明显优缺点，因而必须扬长避短，下列一些原则需要注意。

1. 进出灵便性的问题

要注意资金进出灵便性的问题，因此需要考虑：

（1）持股的组合性问题。

（2）如果出货遇到困难，市场又出现下跌风险时，需要用股指期货对冲。

2. 主动性效率问题

（1）在考虑持股组合的同时，也需要注意顺势的市场习惯性的主动性技巧使用。

（2）主动地提高低风险品种的效率。

咏捣练 13
如何判断市场热点的有效性和持续性

问：如何判断市场热点的有效性和持续性？

答：对于短线波段投机的人来说，炒热点是一个最常用的关键战法。

但是这个玩法有一个难点，一个是市场热点出现后，要判断这个市场热点的有效性和持续性。因为有的热点是昙花一现，追进去第二天就赔钱，有的市场热点即使第二天买进，仍有短线获利空间。

对于如何判断市场热点的有效性及持续性，下面我就根据以往案例总结做一个条例归纳。

一、板块强度判断

1. 市场热点的强度要足够强，市场热点就有有效性和持续性

大涨幅的个股数量比较多，涨停的家数比较多，板块中的弱势股也有一定的强度，最好是该板块含有指数权重比较大。

一般情况下，主力发动抢反弹行情、中级行情、牛市行情常常启动的是金融股，启动银行股、保险股行情最强，其次是券商股、其他金融股。

2. 市场热点的强度有限，就要怀疑有效性和持续性

如果该板块涨幅最大的股封不死涨停，大涨幅的家数有限，弱势股比较多，这种热点反而容易成为其后几天跌幅大的股。

二、题材逻辑力度判断

1. 突发大题材导致板块重点股直接封涨停以为有效和有持续性

这只个股的龙头股在涨停打开后，往往震荡之后，还会有一定的上涨空间，甚至数个涨停的空间。

2. 无特别明显逻辑的板块要谨慎

师出无名，行情很难持续。

三、大盘选时判断

1. 如果大盘处于较佳买点时，新热点往往有效且持续

大盘最常见的较佳买点有两个：一个是指数处于牛市上升通道中；另一个是指数处于严重超跌后的止跌情况。

2. 平衡市中的小热点要谨慎

特别是一些不太强的冷门热点。

四、分化极端判断

1. 分化极端的强势板块往往有机会

最常见的是二八现象，这样强势股的后续资金会受到弱势股的割肉资金支援。

2. 普涨行情的稍强板块需要谨慎

大盘出现普涨行情，一些热点板块的出现，往往是随机的。

五、新鲜程度判断

1. 沪深股市有炒新的习惯，一旦出现明显征兆可以投机

特别是价格定位合适的，有专项资金购买力的品种。

2. 如果题材陈旧需要谨慎

同样题材，第一次最猛，第二次可能还会有一定强度，第三次就会强度有限。

【花言巧语加油站】

（1）不能蜕皮的蛇将灭亡，阻挠见解蜕变的精神也同样窒息精神。

（2）杀伐果断背后有多少犹豫不决被扼杀在摇篮里？

（3）我别无所求，只求，左眼模糊理想，右眼清晰梦想。

（4）凉菜就是凉菜，永远不可能变成汤，即使加了水，那也只是泡菜。

（5）爱是温暖，智慧是清爽。如果爱和智慧结合，那是最完美的。

（6）一辈子很短，如果不小心发现大错误思维，一定要学会赶快改。

（7）能力是指你能做什么；动力决定你做什么；态度决定你能做多好。

（8）宁可去杀人放火也不要得罪女人。

（9）弱者永远有一肚子的正义与自卑，这是他们应付强者最有力的武器。

中篇　青蚨谱

　　操盘手的生命不是苦中醇蜜，烦中取乐，不是看花绣花，不能雾中看花，游戏生命；生命是由铁到钢的锻造过程，生命是走向人生辉煌的风帆；生命需要道路如高天，智者如流云。

第一部分

乾 坤 断

这部分是记录大盘短线趋势与 MACD 指标（大盘成交量）之间关系的图谱。

乾坤断 1
2018 年初的中级行情全貌

图 2 - 1 - 1 是 2018 年初的中级行情全貌的 K 线全景图。

解析：

（1）该轮行情启动前是 2017 年底，市场有一个月的重心下移。

（2）新年开市第一天，沪市指数 MACD 指标红柱线明显伸长，沪市市场的成交量从 1600 亿元的水平放大到 2200 亿元的水平。

（3）市场成交量在 2800 亿元水平以下时，指数缓慢上行，只支持大盘股上涨；2018 年 1 月 17 日后，大盘的成交量达到 3100 亿元，指数上涨速度开始明显，市场出现赚钱效应。

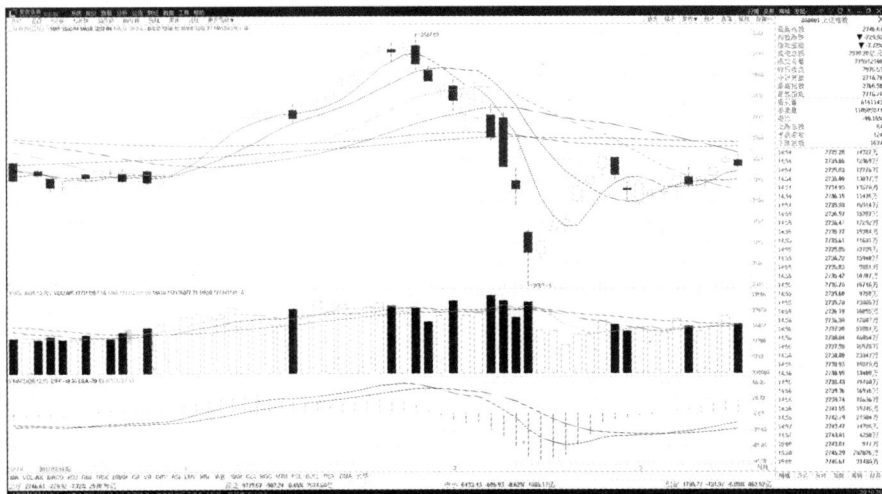

图 2 - 1 - 1　2018 年初的中级行情全貌的 K 线全景图

(4) 2018 年 1 月 30 日沪市指数跌破 10 日均线，MACD 有死叉迹象，预示着行情结束征兆。

(5) 2018 年 2 月 2 日，MACD 绿柱线负连续，指数考验 30 日均线，中级行情结束。

(6) 由于这轮行情是大盘股主流行情，行情结束后有几天放量下杀。

(7) 在 2018 年 1 月的市场规模情况下，中级行情要求的沪市成交量为 2200 亿元以上，而且这个量能只能维持局部大盘股行情，3000 亿元以上时，个股行情才容易把握。

(8) 中级行情结束时，市场下跌得非常凌厉。

(9) 由于行情结束时，下跌速度太快、太大，500 点的下杀空间，随后指数出现 1/2 空间的反弹。

乾坤断 2
2019 年初的中级行情全貌

图 2 - 1 - 2 是 2019 年初的中级行情全貌的 K 线全景图。

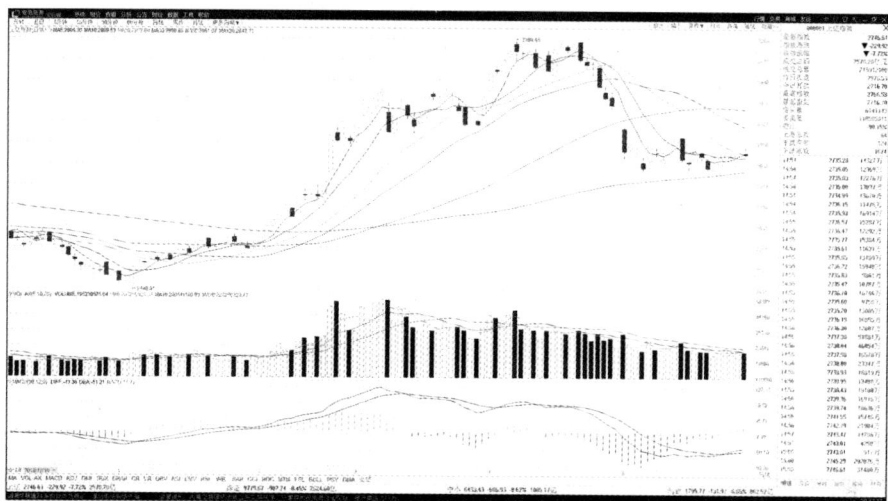

图 2 - 1 - 2　2019 年初的中级行情全貌的 K 线全景图

解析：

（1）该轮行情启动前是 2018 年底，指数从 2700 点一口气跌到 2440.91 点——近几年的低点。

（2）2019 年新年开市后，沪市指数 MACD 指标开始出现红柱线，但是大盘成交量处于低量水平，指数震荡复苏了 200 点。复苏时间为整个 1 月。

（3）进入 2019 年 2 月，MACD 指标红柱线快衰减到零轴时再度伸长，指数开始重心抬高速度加快，到 2019 年 2 月 21 日时，指数又上涨了 100 多点。

（4）2019 年 2 月 25 日，指数开盘跳空大涨，沪市日成交金额达到 4600 亿元，MACD 指标红柱线明显再度伸长，预示着中级行情开始。

（5）从 2019 年 2 月 25 日至 4 月 22 日期间，沪市成交量在 3500 亿～4600 亿元，MACD 指标红柱线伸长或者持平时间，指数明显上扬；MACD 指标红柱线明显缩短或者出绿柱线时，指数处于震荡横盘之中。

（6）2019 年 4 月 23 日指数跌破 10 日均线，MACD 指标绿柱线明显伸长，指数 K 线负连续，预示着行情结束征兆。

（7）2019 年 4 月 25 日，指数以超越幅度跌破 30 日均线，MACD 指标绿柱线连续伸长，中级行情结束，进入低量能区间。

（8）中级行情结束时，市场下跌得非常凌厉。

（9）在 2019 年 1 月的市场规模情况下，中级行情要求的沪市成交量为 3800 亿元以上，也就是说在 3800 亿元以上时，市场做多赚钱相对容易。

乾坤断 3
2018 年的红绿柱线情况

图 2 - 1 - 3 是 2018 年的 MACD 红绿柱线情况的 K 线全景图。

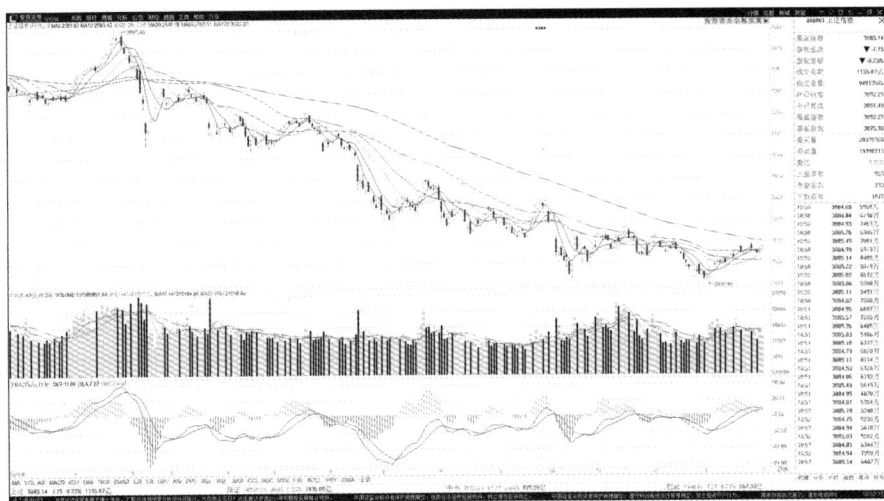

图 2 - 1 - 3　2018 年的 MACD 红绿柱线情况的 K 线全景图

解析：

（1）2018 年是 A 股史上第二大跌幅年度，大盘股、小盘股通杀。

（2）2018 年全年 60 日均线压制指数，指数全年是下降箱体通道走势。

（3）凡是沪市指数 MACD 指标绿柱线伸长或者红柱线缩短时，指数都处于下跌状态。

（4）凡是沪市指数 MACD 指标红柱线伸长或者绿柱线缩短时，指数都处于反弹状态，但是反弹时，沪市量能多数在 2200 亿元以下，反弹幅度力度有限。

（5）每次低量能的反弹之后，都出现了负反击性质的报复性下跌。

（6）指数只有出现 300 点幅度的下跌，在 MACD 绿柱线出现了连续缩短之后，才会出现有机会的局部短线反弹。

（7）反弹力量通常是金融股热点，如果不是第一时间抓住机会获利难度比较大，其他个股获利难度更大。

（8）每次反弹之后，反而为做空期指提供了机会。

（9）低量能的反弹不如不做，有许多人市场不反弹还好，每次反弹一追退晚了就赔一把钱。

乾坤断 4
2019 年的红绿柱线行情

图 2－1－4 是 2019 年的 MACD 红柱线行情的 K 线全景图。

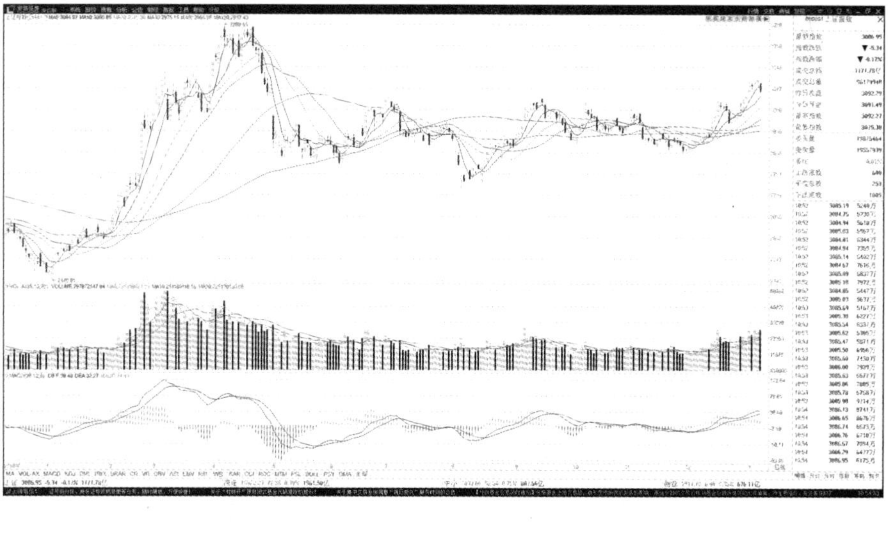

图 2－1－4　2019 年的 MACD 红柱线行情的 K 线全景图

解析：

（1）2019 年是 A 股史上的一个平衡市，指数的表现强于平均股价的表现。

（2）2019 年全年多数时间重要均线横向，指数围绕均线上下 300 点振幅波动。

（3）凡是沪市指数 MACD 指标绿柱线伸长或者红柱线缩短时，指数都处于下跌状态。

（4）凡是沪市指数 MACD 指标红柱线伸长或者绿柱线缩短时，指数都处于反弹状态，但是反弹时，沪市量能多数在 2800 亿元以下，反弹幅度力度有限。

（5）每次低量能的反弹压力区是 3000 点附近，每次下跌的支撑区是 2800 点附近。

（6）反弹力量通常是金融股热点，如果不是第一时间抓住机会获利难度比较大，其他个股获利难度更大。

（7）指数只有出现 150 点幅度的下跌，在 MACD 绿柱线出现了连续缩短之后，才会出现有机会的局部短线反弹。

（8）每次反弹 3000 点遇阻之后，都为做空期指提供了机会。

（9）2019 年出现了科技、猪肉等中线热点板块。

乾坤断 5
2017 年的红绿柱线情况

图 2 - 1 - 5 是 2017 年的 MACD 红绿柱线情况 K 线全景图。

解析：

（1）2017 年是 A 股史上的一个分化年度，大盘蓝筹股走势强势、小盘股通杀。

（2）2017 年全年年均线不断抬高，指数全年有点像庄股控制走势。

（3）2017 年 1 月走势比较好，之后几个年度 1 月走势都比较好。

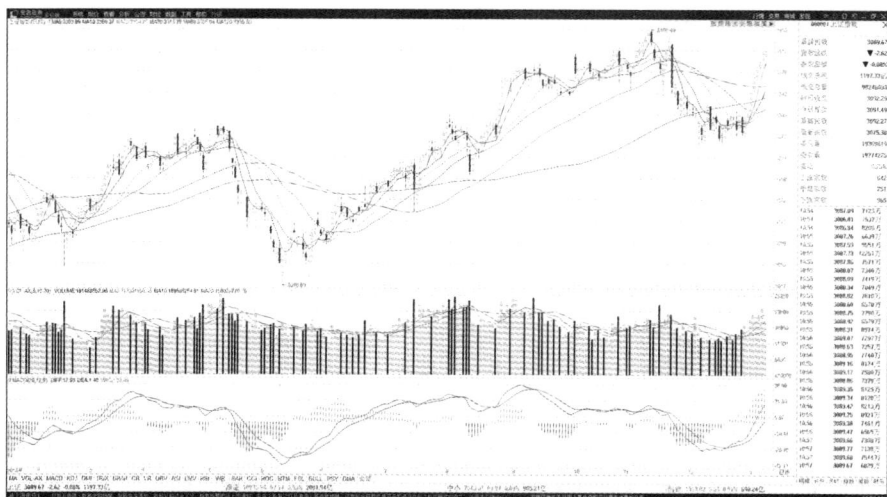

图 2 - 1 - 5 2017 年的 MACD 红绿柱线情况 K 线全景图

（4）凡是沪市指数 MACD 指标红柱线区指数都比较好。

（5）凡是沪市指数 MACD 指标绿柱线区指数都比较差。

（6）2017 年度全年走势蓝筹股总体比较好，但是下一年度 2018 年蓝筹股走势差。

（7）指数只要出现大跌后的反击，就是强势蓝筹股的买点。

（8）全年大多数时间的大盘成交金额都是 2000 多亿元，这说明 3000 亿元以下的大盘成交量只支持局部板块强势。

（9）对于大盘成交量不大，指数强势的情况，可以多加考虑成份指数股，可以用 MCST 线上战法应对。

乾坤断 6
2017 年创业板的红绿柱线情况

图 2 - 1 - 6 是 2017 年创业板的 MACD 红绿柱线情况 K 线全景图。

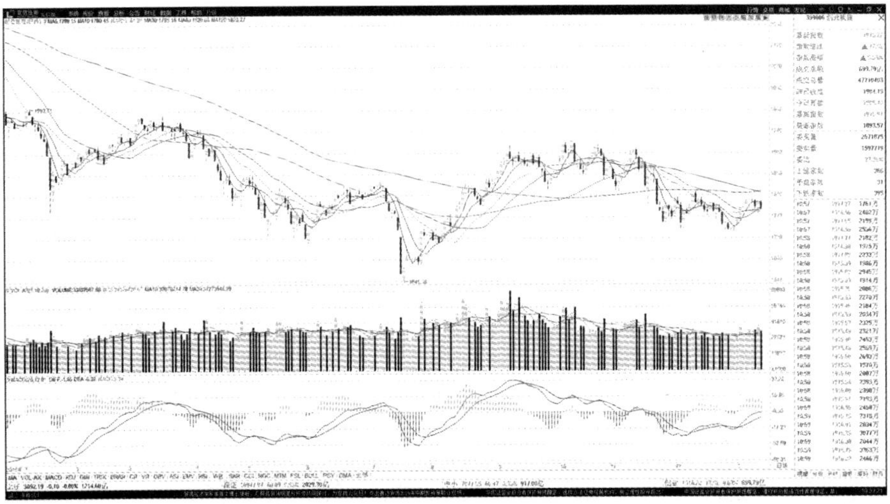

图 2 - 1 - 6 2017 年创业板的 MACD 红绿柱线情况 K 线全景图

解析：

（1）2017 年是 A 股史上的小盘股通杀年，无论主板、中小板、创业板都是这样。

（2）2017 年创业板指数下降大震荡走势，由于指数指标成份股走势更强一些，大部分小盘股下跌惨烈。

（3）凡是沪市指数 MACD 指标绿柱线伸长或者红柱线缩短时，指数都处于下跌状态。

（4）凡是沪市指数 MACD 指标红柱线伸长或者绿柱线缩短时，指数都处于反弹状态，但是反弹时，大部分个股不怎么反弹，少数指标股走势强一些。

（5）中间经常有大阴线，这年期指做多 50 合适，做空 500 合适。

（6）2017 年度全年走势中小市值股比较差，但是下一年度 2018 年也没有好转。

（7）指数出现连续大跌后，也有一定的反弹力度。

（8）全年大多数时间的沪市大盘成交金额都是 2000 多亿元，这说明 3000 亿元以下的沪市大盘成交量必然呈现大多数个股弱势化。

（9）对于大盘成交量不大，指数强势的情况，可以多加考虑成份指数股，可以用 MCST 线上战法应对。

乾坤断 7
2019 年的科创板特征

图 2－1－7 是科创板第一股华兴源创（688001）的 2019 年 K 线图。

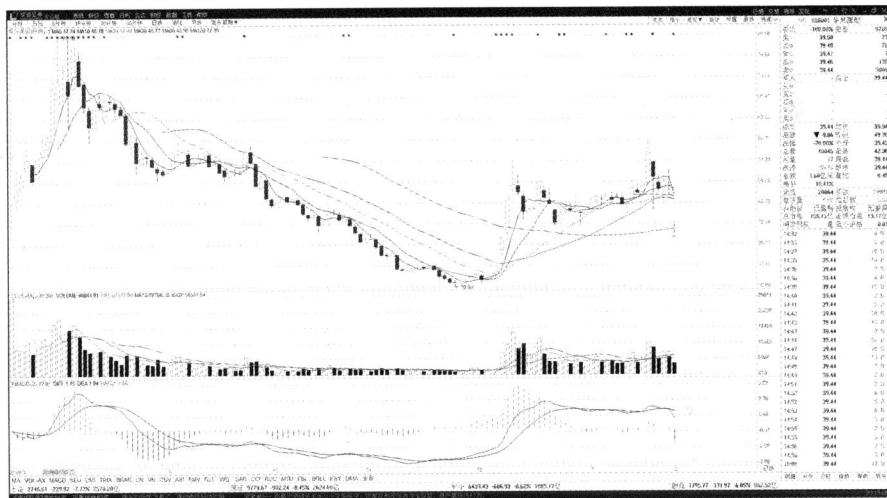

图 2－1－7　科创板第一股华兴源创（688001）的 2019 年 K 线图

解析：

（1）科创板 2019 年 7 月 22 日上市了第一批股票，交易账户需要 50 万元资金门槛。

（2）在上市初的两个星期，由于有几千亿元规模的科创板基金存在，第一批上市的科创板股票基本上涨跌同步，并强于其他板的股票（这期间，其他板股票走势比较弱）。

（3）待科创板基金中的现金大幅消耗了之后，大部分科创板股票出现了较大的下跌，不少数量的个股跌幅超过 50%。

（4）之后又出现了接近跌幅一半的连续反弹。

（5）由于有 50 万元资金开户门槛的存在，大部分个股走势较弱，少数个股有创新高走势。

（6）总体上来说，科创板个股短线投机难度较大，长线投资也存在着市盈率的困惑。

（7）科创板个股热点基本上是与主板热点一致的。

（8）有人认为，随着科创板股票数量的增多，股价的持续低迷，未来存在着科创板开户门槛降低的可能性，这属于一个投机题材。

（9）科创板个股的涨跌停板幅度与其他板不一样，如果市场出现暴跌，有一些错杀股也许在暴跌后的反弹中会有短线暴涨的机会。

乾坤断 8
2019 年的证券股特征

图 2 - 1 - 8 是招商证券（600999）的 2019 年 K 线图。

图 2 - 1 - 8　招商证券（600999）的 2019 年 K 线图

解析：

（1）该板块明显是最活跃的板块，并且带动市场涨跌。

（2）该板块明显阶段性地有主力可以关照涨跌，并且有消息面的配合。

（3）在大盘每轮上涨的过程中都有涨幅较大的黑马股冲出。

（4）近几年市场的上涨点火股基本上都是金融股，大行情的点火靠银行，小行情的点火靠券商，保险股锦上添花。

（5）行情是否具有可操作性要看整个板块是否集体发动，是否有龙头股冲击涨停。

（6）如果金融股只是小幅度上涨，只是局部稳定市场，这种反弹不具备可操作性。

（7）亚洲股市处于弱势时活跃金融股稳定市场是传统，这与金融股指数权重大有关。

（8）金融股的转债处于面值以下时存在机会。

（9）在非牛市期间，金融股是最重要的投机标的。

乾坤断 9
2019 年的明星转债图谱

图 2 - 1 - 9 是东音转债（128043）的 2019 年 K 线图。

解析：

（1）该转债最低价曾达到过 87.2 元，最高价达到过 250 元，下有面值保底，上不封顶，优势明显。

（2）该转债在 2019 年 4 月 25 日曾经一天涨幅达到 50.59%。转债交易没有涨跌停板。

（3）在 2019 年春节前后的中级行情中，持有转债的投资者由于心态稳定，收益普遍较好。

（4）在某个阶段中，新债上市容易出现大幅溢价，认购新债存在阶段性的无风险套利机会。

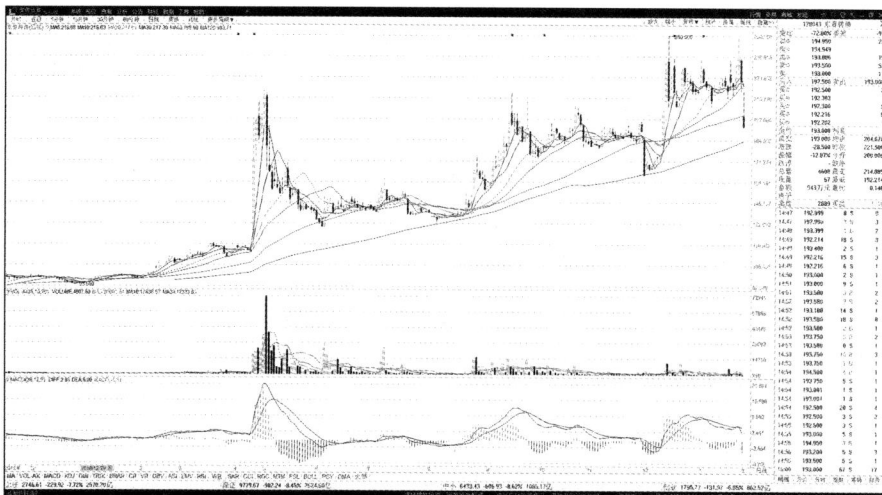

图 2 - 1 - 9 东音转债（128043）的 2019 年 K 线图

（5）转债投资选择基本面好债价低于面值的品种是低风险投资。

（6）如果股票出现重大利好封死涨停无法买进，可以评估股价的涨幅在合适价位买进转债。

（7）有时候，股价大幅波动时，买进转债可以转股套利。

（8）要注意转债的强制转股和强赎条款，以便适时博弈套利。

（9）如果市场出现较大下跌，效率高的转债适合第一批做反弹的品种。

乾坤断 10
2019 年蓝筹长牛股图谱

图 2 - 1 - 10 是格力电器（000651）的 2019 年 K 线图。

解析：

（1）在市场弱势时间，公募基金和指数基金由于有最低持仓限制，会逆势操作。

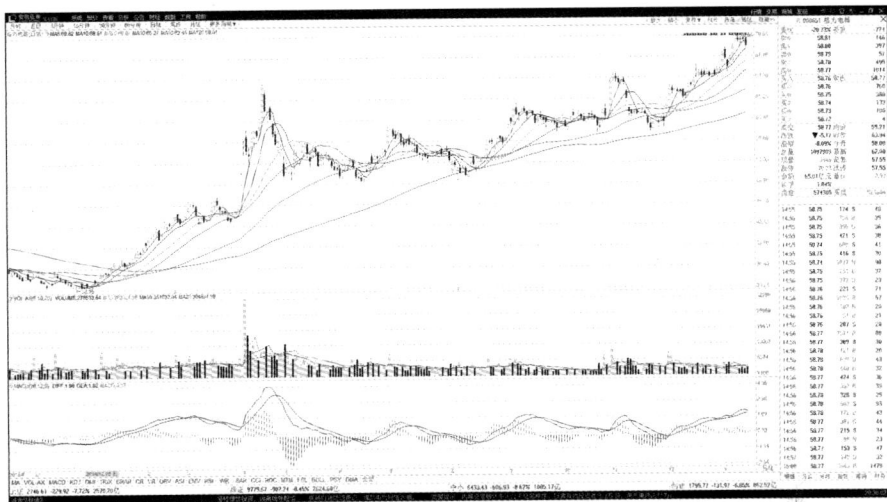

图 2 - 1 - 10 格力电器（000651）的 2019 年 K 线图

（2）这样，指数权重股中的绩优股容易成为大机构的抱团取暖标的。

（3）A 股最常见的弱势防守标的有消费、医药、白酒、电器中的绩优股。

（4）机构重仓的蓝筹股一旦走强容易是中线上升通道机构股，熟悉规律也能有所收益。

（5）需要注意的是，当大盘出现中级放量行情，如果此时此前的长牛股一旦走弱，需要短线回避一下，在新牛市中，熊市牛股一般表现比较弱。

（6）绩优蓝筹股的强弱也是有周期的，不能有不死鸟思维。

（7）最佳的蓝筹股是低股价、低市盈率的新强势股。

（8）如果指数出现数百点的大跌，可以把有所跌幅的蓝筹股作为第一批抢反弹目标。

（9）低于面值的绩优蓝筹股的转债是好东西。

乾坤断 11
2019 年小盘长牛股图谱

图 2 – 1 – 11 是金溢科技（002869）的 2019 年 K 线图。

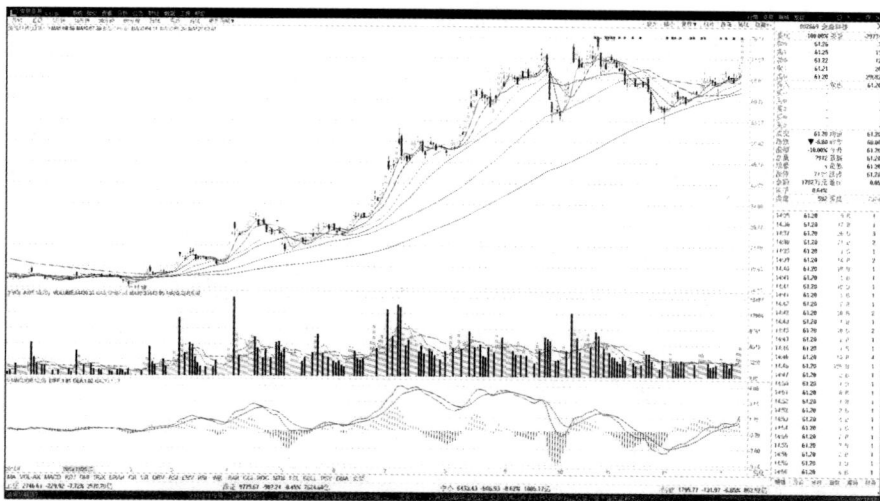

图 2 – 1 – 11　金溢科技（002869）的 2019 年 K 线图

解析：

（1）金溢科技是 2019 年的小盘长牛股，股价由 15 元涨到 78 元。

（2）该股原来基本面平平。

（3）导致该股被机构看中的原因是，国家关于高速公路收费鼓励用"ETC"的政策，该股是最正宗的"ETC"概念股。

（4）这是一个典型的小公司获得大单子市场的案例，业绩呈爆发性增长。

（5）兼具炒作题材和业绩增长的双因素，容易得到绝大多数机构的认可，容易成为长牛。

（6）在大盘长时间低量能阶段，小盘长牛股和指数权重强势股是最重要的盈利模式。

（7）这类股的波动特点是，股价始终贴近主力成本线不远，且主力成本线持续上涨。

（8）如果操作这类股，应该选择最强的那只，跟风的操作难度大。

（9）这类长线股也可以选择时机短线操作。

乾坤断 12
2019 年金融闪电股图谱

图 2 - 1 - 12 是中国人保（601319）的 2019 年 K 线图。

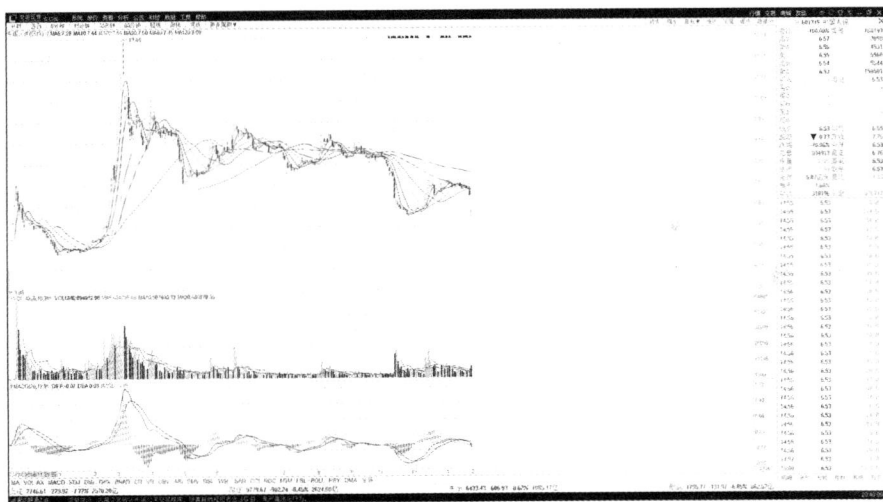

图 2 - 1 - 12　中国人保（601319）的 2019 年 K 线图

解析：

（1）金融股是近几年市场低量能背景下最活跃的板块。

（2）每当市场沉寂一段时间，或者市场有利好题材出现，或者重要 IPO 需要造势，金融股都会有所活跃。

（3）每当金融板块活跃时，都会有几批金融黑马股跑出。中国人保就是 2019 年春节后这段时间的金融明星股。

（4）总结以往金融明星股暴涨前的特征有：一是次新；二是超跌（跌至成本线下）。

（5）相对于其他短线大涨幅明星股，金融热点多次重复且容易把握，因而是有经验的投资者的重点目标。

（6）把握这类机会的关键是每阶段都要在自选榜上跟踪几只潜力股。

（7）一旦价量关系有启动征兆，即时追进，对于第一个涨停可以少量追高，但要有纠错措施。

（8）可以根据金融股的动向观察研判大盘的趋势情况。

（9）也可以根据金融股的动向，进行期指的短线投机。

乾坤断 13
2019 年超跌闪电股图谱

图 2-1-13 是星期六（002291）的 2019 年底至 2020 年初 K 线图。

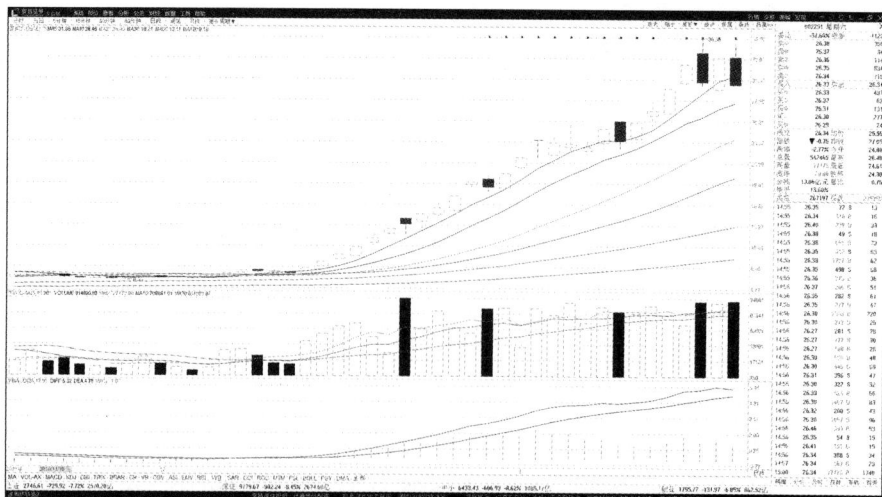

图 2-1-13 星期六（002291）的 2019 年底至 2020 年初 K 线图

解析：

（1）星期六是著名网红概念股，是近几年中短线涨幅突出的闪电股，股价由 6 元一口气涨到 26 元。

（2）股市中有一股重要的短线力量——短线个股游资机构大户，他们每阶段都会进行短线热点的炒作。

（3）这些短线游资机构大户选股时最看重的是短线热点题材、社会关注度，在 2019 年底，大家关注的新闻是网红售货。

（4）游资炒作的这类股，一般市值不大，也没有其他机构重仓，个人持股分散。

（5）一旦具有上述现象特征的个股连续价涨量增，并且市场题材容易为股民接受，短线投机爱好者可以适当参与。

（6）当一个即时题材炒股得到市场的认可和眼红之后，会有热点题材扩散效应，会有其他个股和机构模仿。

（7）这类题材股由于没有业绩支撑股价下限，往往炒高后会跌回到起点，因此只能短线操作，不能长线被市梦率迷惑。

（8）在市场没有明显社会题材时，有时小市值的次新股或者超跌低价股也会出现类似炒作。

（9）这类个股的捕捉技术用成本线下"价量选股法"比较实用。

【花言巧语加油站】

（1）别陪一直嫌弃你的人，他不识好歹，你要识。

（2）决定人生高度的，从来不是你的高谈阔论，而是你说做就做的执行力。

（3）他们说我做不到，这就是为什么我做到了。

（4）每一件事都要用多方面的角度来看它。

（5）"下次请你吃饭"顶多算个"谢谢"，何必太认真。

（6）真正值得的东西，不会那么容易得到。

（7）很多时候，一个人的改变是从另一个人的到来或离去开始的。

（8）好说话但别太软弱，心狠点但别不留余地。

（9）做人的四个准则：生活中不刻意伪装、爱情里不过度依赖、倾听时不着急辩解、说话时不有意冒犯。

第二部分

摸 鱼 儿

这部分记录的是期指波动的经典图谱。

摸鱼儿1
当天分时高点判断

图 2 – 2 – 1 是 2020 年 1 月 13 日沪市大盘的分时图。

解析：

（1）判断当天分时强弱的最终指标是指数与即时买卖力道的逻辑关系。

（2）黄线代表小盘股，白线代表大盘股，哪根线在上面代表哪根线更强；据此可选择操作期指的标的，选中证 500 或者沪深 300，短线投机者不太喜欢上证 50，上证 50 波动小且容易反技术。

（3）正常情况下，绿柱线的低点是分时低点，绿柱线伸长时指数跌，猛地伸长时卖压强烈，是短线放空点；绿柱线缩短时指数上涨。

（4）正常情况下，红柱线的高点是分时高点，红柱线伸长时指数涨，猛地伸长时买压强烈，是短线做多点；红柱线缩短时指数回调。

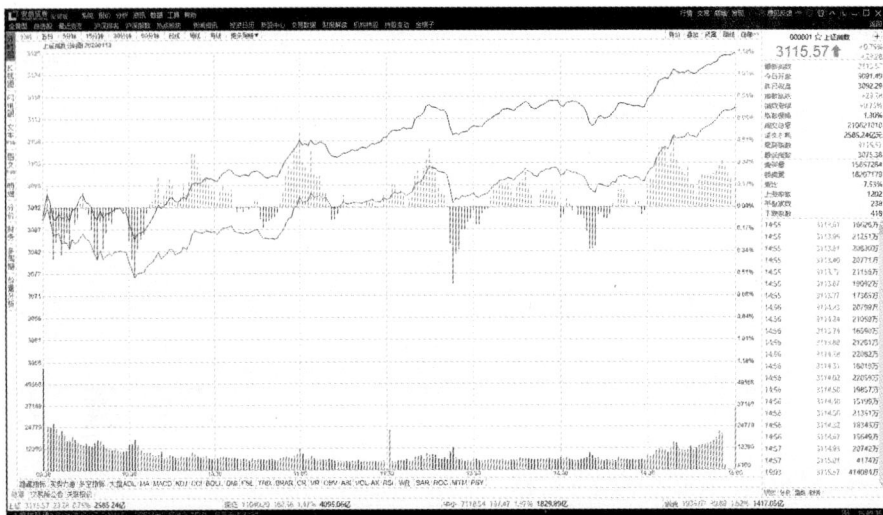

图 2 - 2 - 1　2020 年 1 月 13 日沪市大盘的分时图

（5）有时候会反常，红柱线缩短、绿柱线伸长时，指数抗跌，该跌不跌理应看涨，一旦红柱线出现，指数容易较大上涨，此时可以作为做多点。在上午第一个半小时和下午最后半个小时，这个方法更为实用。

（6）有时候会反常，绿柱线缩短、红柱线伸长时，指数抗涨，该涨不涨理应看跌，一旦绿柱线出现，指数容易较大下跌，此时可以作为放空点。在上午第一个半小时和下午最后半个小时，这个方法更为实用。

（7）在大盘处于短线 K 线规律性高低位或者技术指标高低位时，上述原则更为实用。

（8）上午第一个小时的红柱线和绿柱线对比，就能预示当天大盘的强弱。

（9）如果大盘跳高或者跳低较多开盘，且上午未回补缺口，尾市指数容易顺着跳空方向加速（但有时需要防止大机构在尾市反向平准指数）。

摸鱼儿 2
2018 年的沪深 300 指数全貌

图 2-2-2 是沪深 300 指数（399300）的 2018 年指数 K 线全貌。

图 2-2-2　沪深 300 指数（399300）的 2018 年指数 K 线全貌

解析：

（1）前一年度大盘走势强，2018 年 1 月出现了大盘股为热点的中级行情。

（2）除了 2018 年 1 月，其后时间指数是震荡箱体下跌，高点和低点都逐级下降，60 日均线是下降趋势压力线。

（3）指数上涨方式以金融股的短期连续急拉为主。

（4）下跌方式以金融股无力之后的阴跌为主。

（5）操作沪深 300 指数可以参照证券板块的起涨起跌迹象。

（6）指数跳空未回补大跌，其后都有下跌波段。

（7）大盘金融股上市前股份解禁时都会下跌，如果大盘不强，可以打提前量放空。

（8）MACD代表的方向比较准，特别是绿柱线伸长可以作为做空操作点。

（9）量能和均线的指引，对于大盘的强弱判断意义比较大。

摸鱼儿 3
2019 年的沪深 300 指数全貌

图 2-2-3 是沪深 300 指数（399300）的 2019 年指数 K 线全貌。

图 2-2-3　沪深 300 指数（399300）的 2019 年指数 K 线全貌

解析：

（1）2019 年 1 月底许多公司公布商誉减值，许多股票跌停或者连续跌停。

（2）春节前后市场比较强，其后指数是箱体震荡走势。

（3）指数上涨方式以金融股的短期连续急拉为主。

（4）下跌方式以金融股无力之后的阴跌为主。

（5）操作沪深300指数可以参照证券板块的起涨起跌迹象。

（6）当指数跳空未回补大跌，其后都有下跌波段。

（7）大盘金融股上市前股份解禁时都会下跌，如果大盘不强，可以打提前量放空。

（8）MACD连续第二次伸长时，其代表的方向比较准，可以作为操作点。

（9）量能和均线的指引，对于大盘的强弱判断意义比较大。

摸鱼儿4
2018年的中证500指数全貌

图2-2-4是中证500指数（399905）的2018年指数K线全貌。

图2-2-4　中证500指数（399905）的2018年指数K线全貌

解析：

（1）前一年度大盘走势强，2018年1月出现了大盘股为热点的中级行情。小盘股反弹较弱，个股很难把握。

（2）除了2018年1月，其后时间指数是震荡箱体下跌，高点和低点都逐级下降，30日均线是下降趋势压力线。

（3）指数上涨方式以金融股的短期连续急拉为主。反弹时小盘股基本没有机会。

（4）下跌方式以金融股无力之后的阴跌为主，并经常有大阴线。

（5）操作中证500指数可以参照30日均线、60日均线的压力趋势操作。

（6）当指数跳空未回补大跌，其后都有下跌波段。

（7）指数权重股大跌时，都会导致指数下跌。

（8）MACD代表的方向比较准，特别是绿柱线伸长可以作为做空操作点。

（9）量能和均线的指引，对于大盘的强弱判断意义比较大。

摸鱼儿5
2019年的中证500指数全貌

图2-2-5是中证500指数（399905）的2018年指数K线全貌。

解析：

（1）2019年1月底许多公司公布商誉减值，许多股票跌停或者连续跌停。

（2）春节前后市场比较强，小盘股有做多操作性，其后指数是箱体震荡走势，小盘股从整体概率上看无操作性。

（3）指数上涨方式以金融股的短期连续急拉为主。

（4）下跌方式以金融股无力之后的阴跌为主。

（5）操作中证500指数可以参照MCD的指引或者箱体上下沿规律。

（6）当指数跳空未回补大跌，其后都有下跌波段。

图 2 - 2 - 5 中证 500 指数（399905）的 2018 年指数 K 线全貌

（7）大盘金融股上市前股份解禁时都会下跌，如果大盘不强，可以打提前量放空。

（8）MACD 连续第二次伸长时，其代表的方向比较准，可以作为操作点。

（9）量能和均线的指引，对于大盘的强弱判断意义比较大。

摸鱼儿 6
2018 年的上证 50 指数全貌

图 2 - 2 - 6 是上证 50 指数的 2018 年指数 K 线全貌。

解析：

（1）前一年度大盘走势强，2018 年 1 月出现了大盘股为热点的中级行情。

（2）除 2018 年 1 月外，其后时间指数是震荡箱体下跌，高点和低点都逐级下降，60 日均线和半年线是下降趋势压力线。

（3）指数上涨方式以金融股的短期连续急拉为主。

图 2-2-6　上证 50 指数的 2018 年指数 K 线全貌

（4）下跌方式以金融股无力之后的阴跌为主，大阴线也比较多。

（5）操作上证 50 指数可以参照 60 日均线和半年线的压力作用。

（6）MACD 死叉后都有做空机会。

（7）波段顶部经常出现大阴线。

（8）量能和均线的指引，对于大盘的强弱判断意义比较大。

（9）对于大盘股的趋势转强要在选股上给予重视，但是该年度的上证 50 走势说明大盘下跌一旦形成趋势，杀伤力也是比较大的，不能盲目地认为熊市中的大盘股安全。

摸鱼儿 7
2019 年的上证 50 指数全貌

图 2-2-7 是上证 50 指数的 2019 年指数 K 线全貌。

图 2 - 2 - 7   上证 50 指数的 2019 年指数 K 线全貌

解析:

(1) 2019 年 1 月底许多公司公布商誉减值,许多股票跌停或者连续跌停,但是上证 50 股受此影响不大。

(2) 春节前后市场比较强,其后指数是箱体震荡重心上移走势。

(3) 指数上涨方式以金融股的短期连续急拉为主,大消费股也提供上升通道走势。

(4) 下跌方式是由金融股下跌和以基建、石油、钢铁等屡创新低造成的。

(5) 操作上证 50 指数做空难度比较大,做多有机会。

(6) 当指数跌破半年线后再度收回,其后都有上涨波段。

(7) 当大盘稳定向上时,该指数抗涨,部分长线强势股反而下跌。

(8) MACD 连续第二次伸长时,其代表的方向比较准,可以作为操作点。

(9) 量能和均线的指引,对于指数的强弱判断意义比较大。

摸鱼儿8
沪深300的大阴线单日前后特征

图2-2-8是沪深300指数在2019年4月25日的K线图。

图2-2-8　沪深300指数在2019年4月25日的K线图

解析：

沪深300指数出现大阴线的常见情况是：

（1）大盘中级行情刚结束，指数负逻辑跌破10日均线后。

（2）均线下跌趋势，K线负F形走势，面临10日均线压头后。

（3）在大盘低量能情况下，MACD绿柱线缩短到零轴附近再度伸长。

（4）指数在下降趋势中，指数无量反弹到30日均线或者60日均线附近后再度下跌。

（5）在弱势下降趋势中，出现非实质性利好后，很快回补缺口后弱势。

（6）有利空消息导致大盘开盘低开较多且未回补缺口后的再度弱势。

（7）大盘处于弱势，又遇到季度底的倒数第二个交易日与周四重合。

（8）大盘出现随机性的弱势单日大阳线，随后的负反击日及其后一日。

（9）在牛市中指数连涨超买后遇到期指交割日。

摸鱼儿 9
中证 500 的大阳线单日前后特征

图 2 - 2 - 9 是中证 500 指数在 2019 年 2 月 25 日的 K 线图。

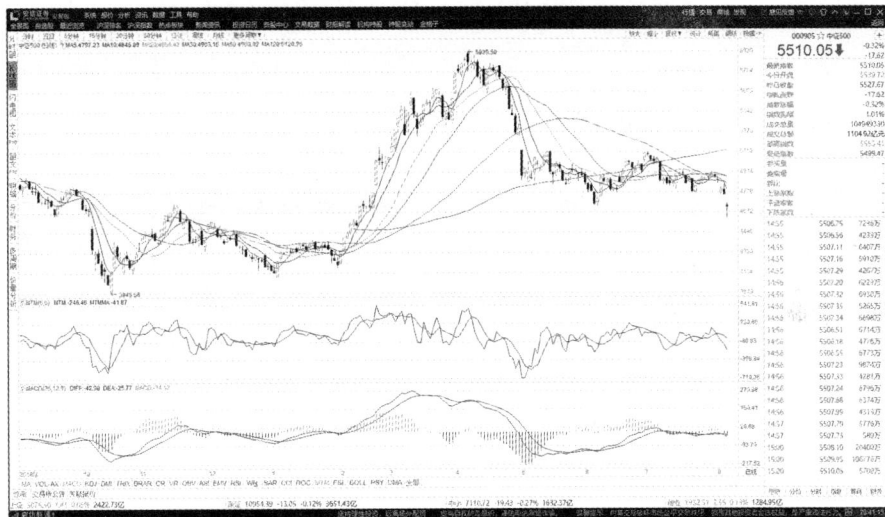

图 2 - 2 - 9　中证 500 指数在 2019 年 2 月 25 日的 K 线图

解析：

中证 500 指数的大阳线单日前后特征：

（1）大盘暴跌之后的强劲反弹。

（2）大盘年初春节前后的放量上涨。

（3）在大盘高量能情况下，MACD 红柱线缩短到零轴附近再度伸长。

（4）指数在上涨趋势中，指数回调到 30 日均线或者 60 日均线附近后再度正逻辑上涨。

（5）在强势上涨趋势中，出现非实质性利空后，很快回补缺口后强势。

（6）有利好消息导致大盘开盘高开较多且未回补缺口后的再度强势。

（7）均线上涨趋势，K 线 F 形走势，面临 10 日均线托价后的强势。

（8）大盘出现随机性的强势单日大阴线，随后的正反击日及其后一日。

（9）在熊市中指数连续下跌超卖后遇到期指交割日。

摸鱼儿 10
沪深 300 的上升趋势实战技巧

图 2 - 2 - 10 是沪深 300 在 2017 年的 K 线图。

图 2 - 2 - 10　沪深 300 在 2017 年的 K 线图

解析：

（1）期指实战原则上只做主趋势，上涨趋势中只做多。

（2）大概率的做多条件是强成交量能、重要均线向上、MACD 红柱伸长综合考虑。

（3）在 MACD 红柱线伸长时的逢低方法是：指数跌到当天均价线下方后回升的时刻。

（4）上升趋势时可以中线波段结合短线波段组合操作。

（5）在上升阶段的初期以沪深 300、中证 500 为主，在末期以上证 50 为主。

（6）在末期 50 赚不到钱时，就要做好放空沪深 300、中证 500 的思想准备。

（7）在大盘高位，一旦大盘崩溃，不能错过放空沪深 300、中证 500 的机会，这是明显的简单大财。

（8）在高位，如果资金大，市场已经有风险时，应用期指对冲。

（9）中线操作遇到 10 日均线告破、MACD 绿柱线伸长时可考虑锁单。

摸鱼儿 11
中证 500 的下降趋势实战技巧

图 2-2-11 是中证 500 在 2015 年 6 月至年底的 K 线图。

解析：

（1）期指实战原则上只做主趋势，下跌趋势中只做空，否则容易思维混乱。

（2）大概率的做多条件是弱成交量能、重要均线向下、MACD 绿柱伸长综合考虑。

（3）在 MACD 绿柱线伸长时的逢高方法是：指数涨到当天均价线上方后回落的时刻。

图2－2－11　中证500在2015年6月至年底的K线图

（4）下跌趋势时短线结合短线波段组合操作为主，原则上不做中线。

（5）除非特殊情况，原则上以沪深300、中证500为主，不轻易做空上证50。

（6）在牛市初期，难以抓到市场热点时，可以考虑沪深300的短多操作。

（7）在大盘弱势期，如果大盘单日无量大涨，原则上第一天多空都不操作，第二天再决定。

（8）在大盘低位，进行赌注股操作时，遇到不利情况，应用期指对冲。

（9）在弱势中，做空期指应该成为主要盈利模式，同时克服无量时做多现货的冲动。

摸鱼儿12
中证500的平衡势实战技巧

图2－2－12是中证500在2016年的K线图。

图 2 - 2 - 12　　中证 500 在 2016 年的 K 线图

解析：

（1）2016 年的市场是平衡势，平衡势中沪深 300 与中证 500 的操作技巧基本一致，选择哪个要看哪个指数符合你的即时要求。

（2）平衡势可以多空同时考虑，但是多空要服从 MACD 的柱线伸长颜色。

（3）根据我自己的实战经验，在平衡势中做空期指比做多现货要容易。

（4）在 MACD 绿柱线伸长时的逢高方法是：指数涨到当天均价线上方后回落的时刻。

（5）在 MACD 红柱线伸长时的逢低方法是：指数跌到当天均价线下方后回升的时刻。

（6）在开仓后，正确一个波段后，锁单锁定利润。

（7）在开仓后，出现错误，在错误 10 个点左右锁定亏损。

（8）在锁单后，不要急于平仓（除非资金要用），等到一个较大的明显波动后解除那个不利的单子，剩下一个方向的单子获利。

（9）也有人在迷蒙时刻直接双开，等待一个实现无法预计的大波动，然后解开那个不利的单子来获利。

摸鱼儿 13
期指综合技巧汇总

图 2 - 2 - 13 是沪深 2002 在 2020 年 1 月 20 日的分时图。

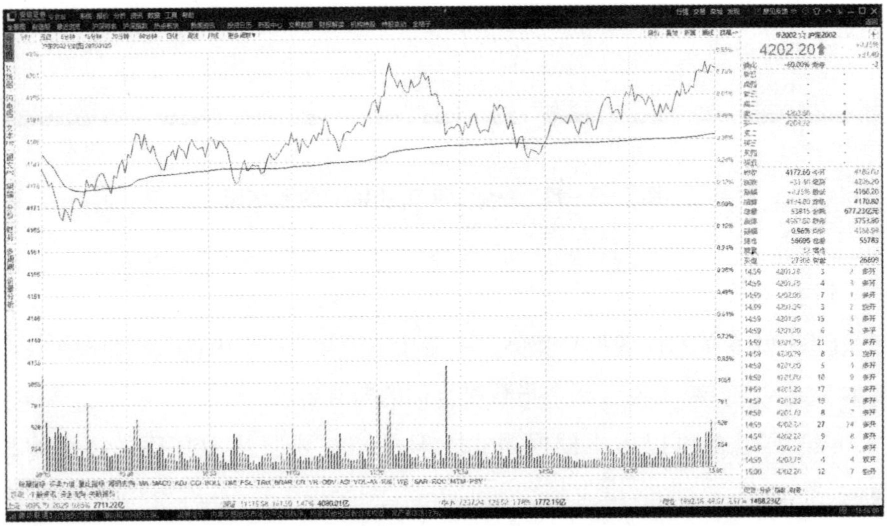

图 2 - 2 - 13　沪深 2002 在 2020 年 1 月 20 日的分时图

解析：

（1）中金所的期指品种，当天平仓的手续费要比次日以后平仓高很多，所以当日采取锁单的操作比较经济。

（2）沪深 300 和中证 500 相对易于操作，上证 50 波动小且易于反技术操作。

（3）均线的拉回和支撑压力很重要，是常见买卖点。

（4）MACD 指标很重要，是你操作的趋势方向指引。

（5）当天的买卖力道红绿柱线很重要，高点的绿柱线猛地伸长，低点的红柱线猛地伸长，是常见买卖点。

（6）止损的锁单点是 10 个点，这个经验很重要，否则初学者容易赚小钱亏大钱。

（7）明显趋势时一定要用指期下单拿下利润，现在股票数量多，看多看对了方向选股不对也不能赚钱。

（8）学会期指做空是最好的治疗"永动机""永炖机"病的方法，但是不能从现货永动机变成期货永动机。

（9）在弱势中做空，最重要的是准确率，这就要限制频率，原则上弱势中一个月做空的次数不要超过三次。

【花言巧语加油站】

（1）在你将爱情倾注到别人面前之前，先把自己填满。

（2）一旦你生气，伤害已经完成。

（3）成长不是一次发生的事情。它一次又一次地发生！

（4）人的资本有三：年轻、资源、智慧。

（5）年轻全是机会要敢闯，资源机会需要做减法、需要熟练通透，智慧是给别人机会。

（6）像树一样，让枯叶落下，顺势做空是投资者最重要的质变。

（7）做好人，买好股，睡好觉。

（8）我才不管股价高不高、低不低，只管强不强。

（9）一项操作技能的形成，需要经过三个连续的阶段：认知阶段、强化阶段、自如阶段。

第三部分

南 天 门

　　这部分是记录个股的股价与 MCST 指标的关系逻辑图谱。

　　为什么同一种选股技术，不同的人选出来的股不同？因为股市技术是一种多因一果的技术，不是"1 + 1 = 2"的单维技术，一项关键技术的使用，还要考虑其他重要技术，比如大盘、量能、其他重要指标，最关键的是逻辑，这个逻辑是多维的，许多股友对网状思维和细节逻辑的理解和应用还是有欠缺的，本篇内容想解决这个问题。

　　说明：MCST 指标会随着股价的波动而变化，如果你选取的区间不同，在行情软件上显示的 MCST 指标可能会与本图谱不同，这是正常的。一般情况，笔者选取的 MCST 指标是当时观察期至前两年的情况，有时还需要考虑除权情况、解禁股成本情况、一波大行情导致的股东剧烈变换情况。

南天门1
线上大盘股机会

　　图 2 - 3 - 1 是贵州茅台（600519）的 K 线全景图。

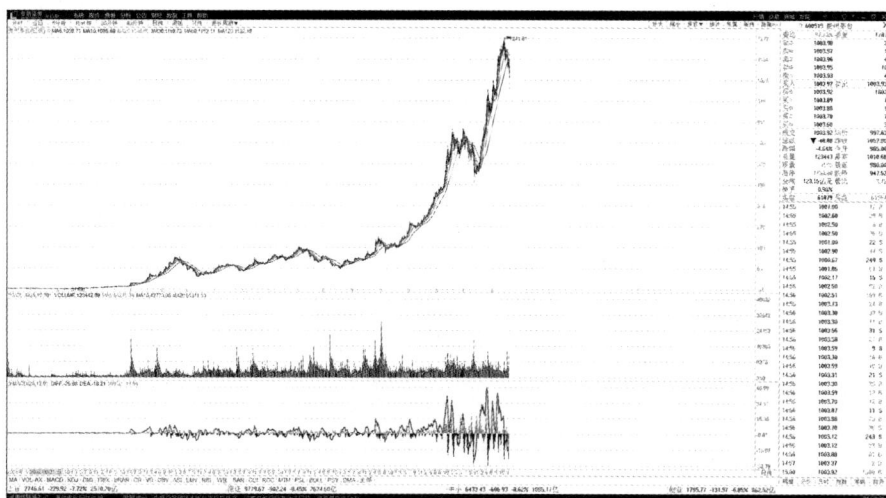

图 2 - 3 - 1　贵州茅台（600519）的 K 线全景图

解析：

（1）当大盘绩优蓝筹股价在 MCST 线上方运行时进入活跃期，存在投资或者投机机会。

（2）当大盘绩优蓝筹股价在 MCST 线附近受到支撑时，是较好的中线买点。

（3）当大盘处于下降通道走势时，股价紧贴 MCST 线附近不跌离该线的大盘绩优蓝筹股价是弱势好股，在大盘安全并且该股有拉升征兆时可以注意。

（4）有时市场形象好的大盘绩优蓝筹股远高于 MCST 线的上升趋势，对于这类特别强势的大盘绩优蓝筹股可参照重要均线的支撑进行操作。

（5）一旦这类股跌破 MCST 线并明显有效低于该线，应当注意风险。

（6）熊市大牛股在牛市来临时，常常涨幅落后于超跌热门股，有时甚至逆势下跌。

南天门 2
线上中小盘股机会

图 2 - 3 - 2 是金溢科技（002869）的 2019 年 K 线全景图。

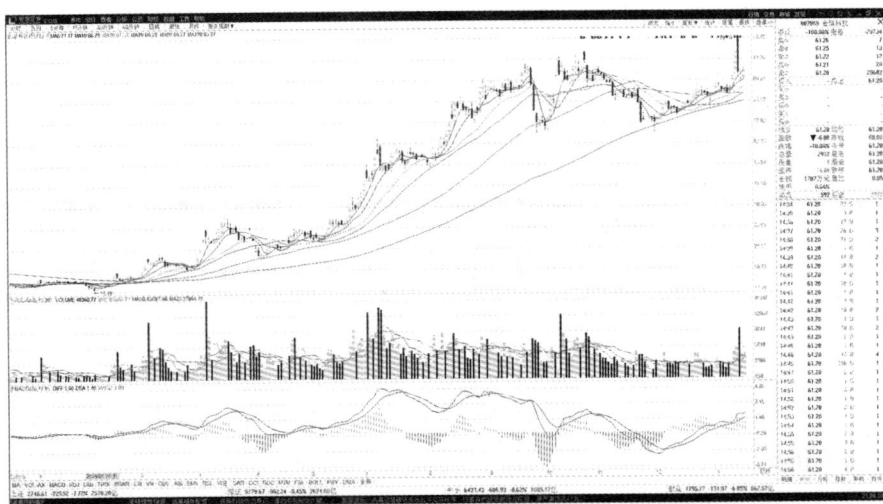

图 2 - 3 - 2　金溢科技（002869）的 2019 年 K 线全景图

解析：

（1）金溢科技的主营是智能交通射频识别与电子支付产品及服务，2019 年受益国家 ETC 新政而业绩大超预期，股价涨逾 3 倍，但是由于该股启动前是业绩一般，启动后有畏高情绪，许多关注者感觉难以把握这种小盘大涨幅股的机会，下面通过 MCST 说明该类股的操作要点。

（2）在弱势中该股强行运行在 MCST 线上方，而绝大多数中小盘股都在 MCST 线下方运行，这属于逆反逻辑，可以定性为强势股。

（3）对于这类特别强势的小盘成长股可参照重要均线的支撑进行操作，与大盘股不同，有时股价会跌破 MCST 线而依然会扼守住重要均线。

（4）安全起见，也可以在股价未跌破重要均线而再度收复 MCST 线作为短线介入点。

（5）一旦股价同时跌破重要均线和 MCST 线时，需要注意风险。

（6）熊市大牛股在牛市来临时，常常涨幅落后于超跌热门股。

南天门3
线上筹码集中股机会

图2-3-3是沃森生物（300142）2017年9月至2019年底的K线图。

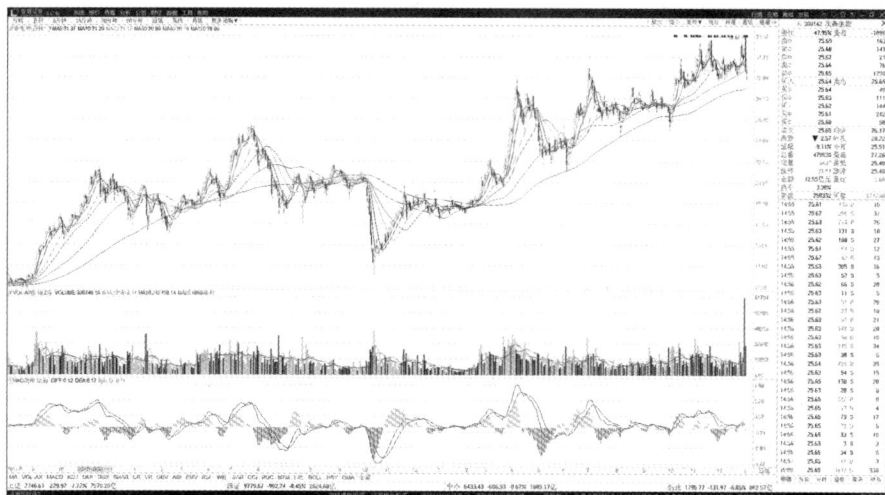

图2-3-3 沃森生物（300142）2017年9月至2019年底的K线图

解析：

（1）沃森生物因为公司有市场期望的中线题材存在，有一批成长类价值投资机构中线看好，因为股价走出了独立强势行情。

（2）当股价2017年9月跃上 MCST 线后变成筹码集中股。

（3）此后每当股价在 MCST 线遇到支撑后都是短线买点。

（4）2018 年 10 月股价受到整个板块的利空打击，出现了一波 1/3 幅度的急跌。

（5）之后又走出 V 字形走势收复 MCST 线，继续独立强势走势。

（6）此个股的走势，是比较经典的题材未尽强庄未退，但中间有过波折的线上筹码集中股走势。

南天门 4
线上急涨股机会

图 2 - 3 - 4 是拉芳家化（603630）从 2019 年 1 月 15 日至 5 月 17 日的 K 线图。

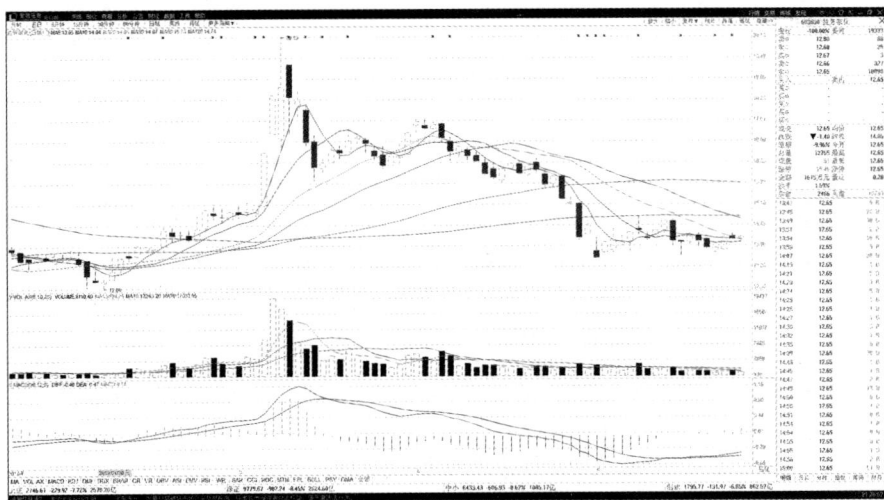

图 2 - 3 - 4　拉芳家化（603630）从 2019 年 1 月 15 日至 5 月 17 日的 K 线图

解析：

（1）拉芳家化先是从线下强势攀升到线上。

（2）然后股价在 MCST 线附近强势横盘。

（3）随着大盘的连续走强，股价开始连板。

（4）股价在 MCST 线受到支撑后出现反弹。

（5）股价跌破 MCST 线后进入弱势周期。

（6）这类股是否有反弹机会，主要看股价是否在 MCST 线附近再度强势。

南天门5
线下连续急涨机会

图 2 - 3 - 5 是韶钢松山（000717）2019 年 10 月至 2019 年底的 K 线图。

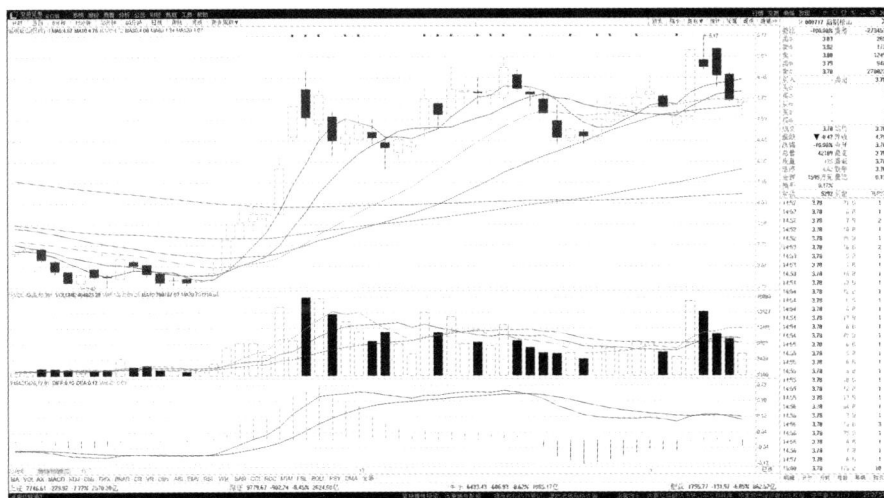

图 2 - 3 - 5　韶钢松山（000717）2019 年 10 月至 2019 年底的 K 线图

解析：

（1）韶钢松山是个周期板块股，因为基本面原因，2019 年 11 月股票交易放量之前，长期在线下无量弱势波动。

（2）2019 年 11 月 15 日，开始价涨量增，带来了很好的短线机会。

（3）2019 年 11 月 26 日，股价连续上涨越过 MCST 线后开始整理，股价开始沿着 MCST 线箱体波动。

（4）该股是经典的线下连续急涨机会。在捕捉这类机会时，要注意价量关系要猛，不能凑合，对于下线涨停的股或者连续大涨的股，可以适当追高。

南天门 6
线下规律上涨机会

图 2 - 3 - 6 是大族激光（002008）在 2019 年 8 月的 K 线图。

图 2 - 3 - 6　大族激光（002008）在 2019 年 8 月的 K 线图

解析：

（1）该股之前一波连续大跌跌破 MCST 线，并在线下弱势运行。

（2）2019 年 8 月 6 日，开始线下规律独立强势上涨，股价一口气涨到 MCST 线附近遇阻盘整。

（3）在2019年9月2日，该股再度出现放量开始线上的强势走势。

（4）"线下规律上涨"常常出现在严重超跌的低价股和筹码集中股群体中，规律上涨的常见情况是线下股连续独立规律强势，或者是筹码集中股有转强迹象。

南天门7
线上大盘股风险

图2-3-7是中国石油（601857）从2018年2月至2019年12月的K线图。

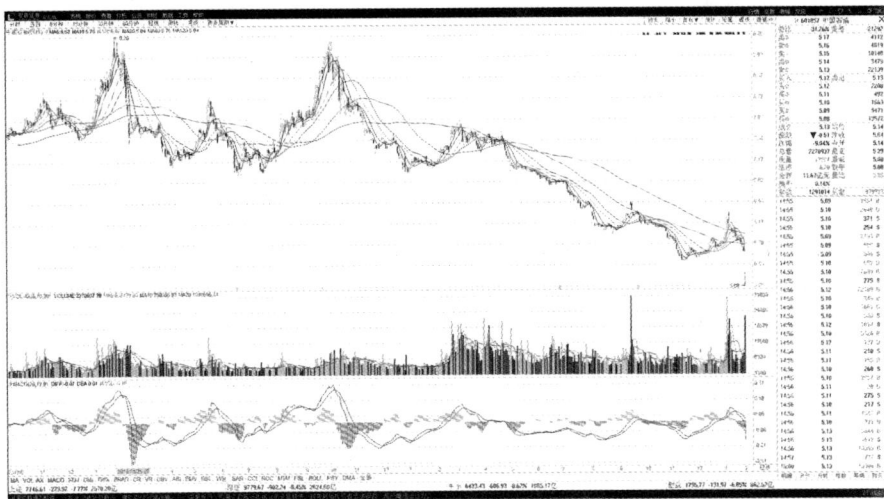

图2-3-7　中国石油（601857）从2018年2月至2019年12月的K线图

解析：

（1）2018年11月，中国石油股价跌破MCST线后，股性改为沉闷，长时间阴跌走势。

（2）对于跌破MCST线要保持高度警惕，应该尽早采取防范风险措施。

南天门 8
线上中小盘股风险

图 2 - 3 - 8 是神农科技（300189）在 2019 年的 K 线图。

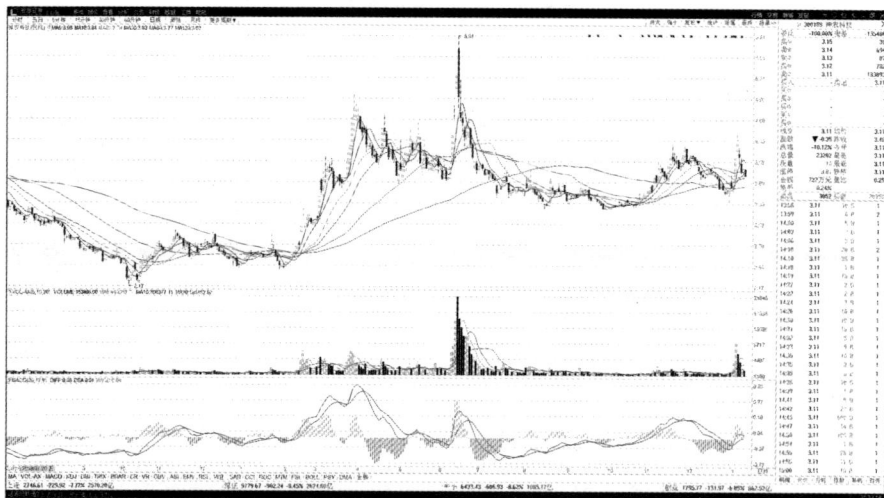

图 2 - 3 - 8　神农科技（300189）在 2019 年的 K 线图

解析：

（1）该股之前一直处于 MCST 线上强势活跃运行。

（2）在 2019 年 6 月 25 日，该股跌破 MCST 线。

（3）之后该股长时间处于线下弱势波动，偶尔的短线机会很难把握。

（4）对于线上中小盘股，一旦跌破 MCST 线，应该采取防范风险措施。

（5）当大盘中大阴线时，线下股往往跌幅高于线上股，线下的短线大涨幅股往往跌幅更大。

南天门 9
线上筹码集中股风险

图 2 - 3 - 9 是广东甘化（000576）在 2018 年的 K 线图。

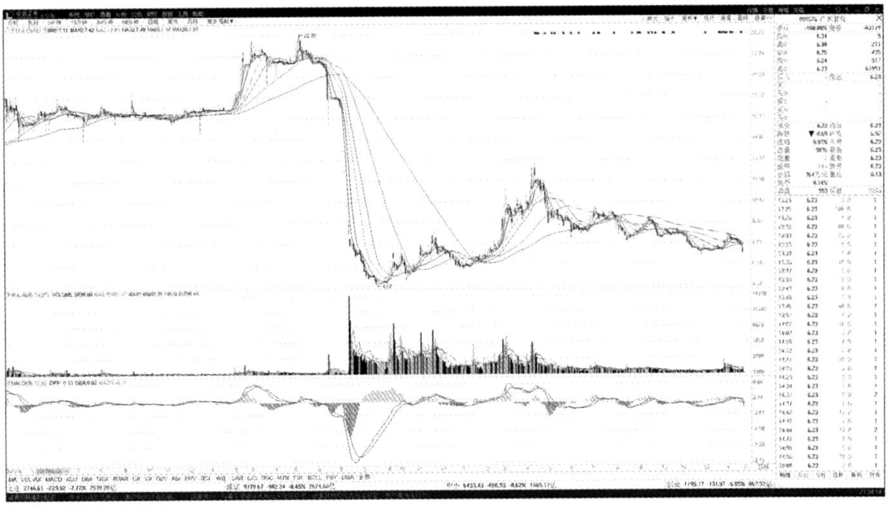

图 2 - 3 - 9　广东甘化（000576）在 2018 年的 K 线图

解析：

（1）该股之前是螺旋桨王 K 线形态股，股价一直处于 MCST 线上强势独立运行。

（2）股价在 2018 年 7 月 3 日跌破 MCST 线，开始连续大跌。

（3）越是强势股、市场形象好的股、涨幅大的股，一旦股价跌破 MCST 线，一定要格外警惕。

南天门10
线上急涨股风险

图2-3-10是圣济堂（600227）在2015年的K线图。

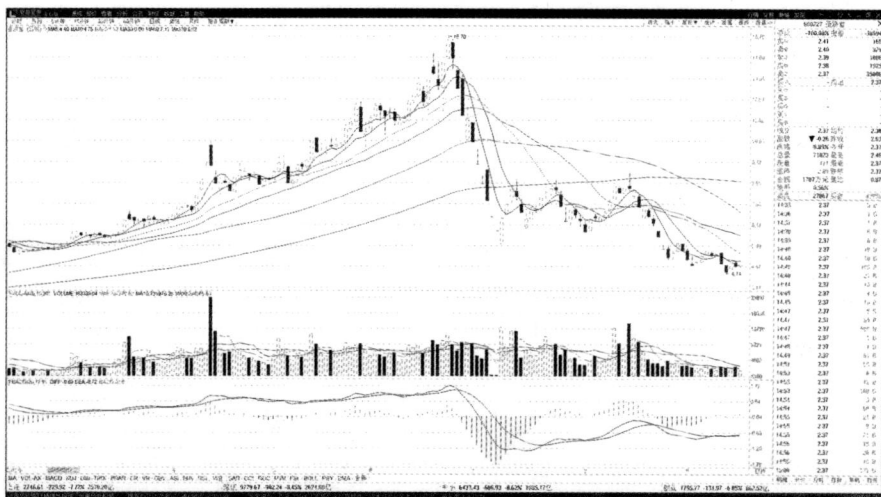

图2-3-10　圣济堂（600227）在2015年的K线图

解析：

（1）该股之前是受益于牛市后期的疯狂，股价一直处于MCST线上强势大涨。

（2）股价在2015年7月1日跌破MCST线，开始连续大跌。

（3）当牛市后期，大盘开始大跌，你持有的股跌破MCST线，就是清仓的最后一次机会，清错也要先出来看看再说。之前的大盘越疯狂，这道防线越重要。

南天门 11
线下连续无量风险

图 2 – 3 – 11 是 * ST 中科（002290）在 2019 年的 K 线图。

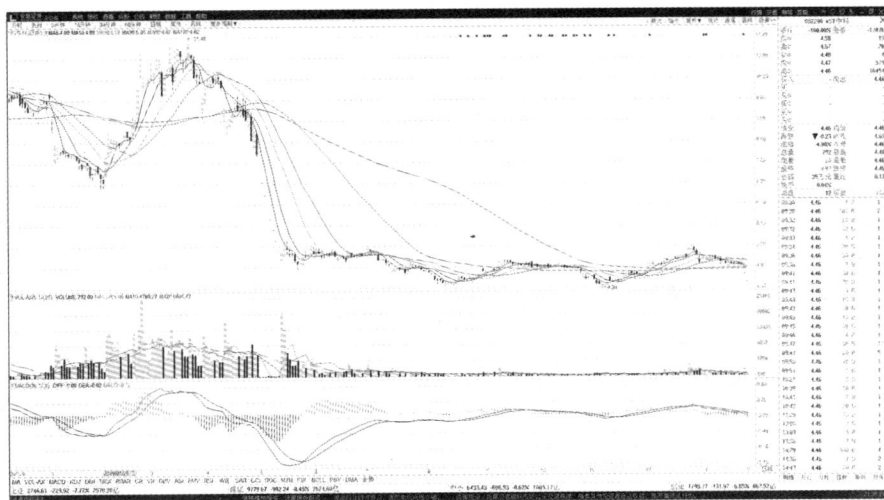

图 2 – 3 – 11　* ST 中科（002290）在 2019 年的 K 线图

解析：

（1）该股在 2019 年 3 月底之前在线上运行。

（2）在 2019 年 3 月底跌破 MCST 线。

（3）之后长时间在线下无量运行，一直不存在可捕捉机会。

（4）对于线下无量波动的个股，如果不存在特殊题材和有效短线爆破点，应该尽量不持股，不轻易参与。

南天门 12
线下随机上涨风险

图 2 - 3 - 12 是国机通用（600444）在 2019 年的 K 线图。

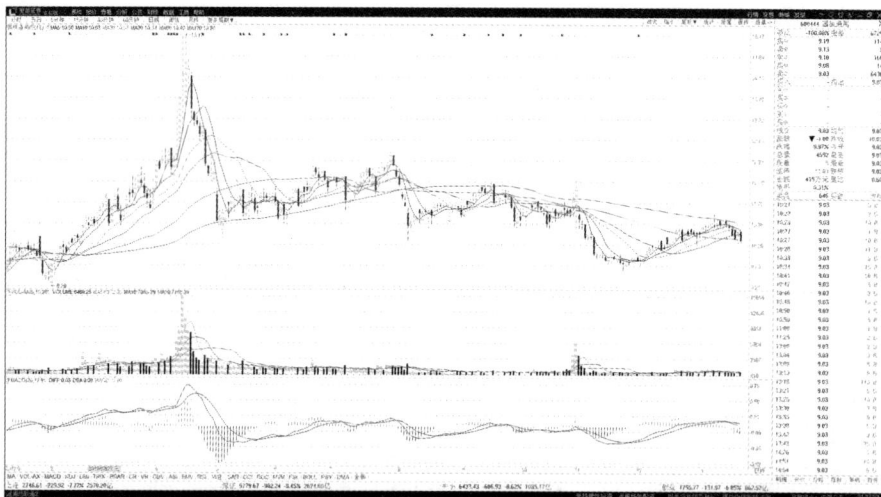

图 2 - 3 - 12　国机通用（600444）在 2019 年的 K 线图

解析：

（1）该股 2019 年全年多数时间在线下波动，只有在 2019 年 4 月借助大盘力量短线跃上线上。

（2）2019 年 4 月 25 日，受大盘影响跌破 MCST 线。

（3）之后长时间在线下无量波动。

（4）即使出现随机性的无量上涨，遇到 MCST 线压力，或者是放量随机上涨结束后就会再度进入长时间沉闷走势。

（5）对于这类股票，即使是因为短线爆破点原因、大盘原因、热点原因出现上涨，一旦涨势结束就应该尽快退出，不应该轻易中长线持有。

南天门 13
强势暴力纠缠

图 2 - 3 - 13 是东风汽车（600006）从 2019 年 1 月至 2019 年 6 月的 K 线图。

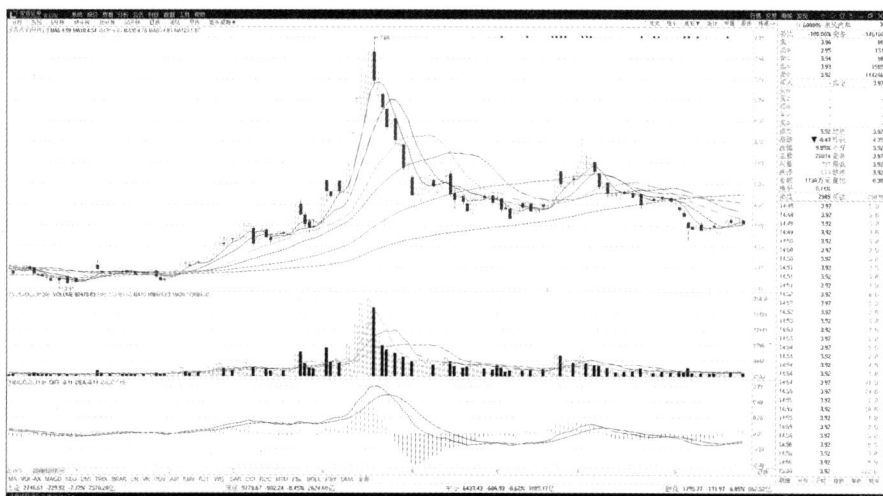

图 2 - 3 - 13　东风汽车（600006）从 2019 年 1 月至 2019 年 6 月的 K 线图

解析：

（1）2019 年 3 月 22 日，该股以涨停板方式突破 MCST 线。

（2）之后在 MCST 线附近高成交量强势纠缠了 10 个交易日左右。

（3）2019 年 4 月 10 日，从 MCST 线附近开始暴力拉升，短线急涨。

（4）2019 年 4 月 18 日，短线见顶开始急跌。

（5）2019 年 5 月 6 日，以跌停的方式跌破 MCST 线，此后进入昏迷期。

（6）该案例是比较经典的大盘弱势中的"强势热点板块龙头"走势案例。

南天门 14
强势温柔纠缠

图 2 – 3 – 14 是中国国贸（600007）从 2019 年 3 月至 2019 年 12 月的 K
线图。

图 2 – 3 – 14　中国国贸（600007）从 2019 年 3 月至 2019 年 12 月的 K 线图

解析：

（1）2019 年 7 月 10 日，该股以两根大阳线突破 MCST 线。

（2）之后在 MCST 线附近普通成交量小箱体纠缠了两个多月。

（3）在 2019 年 10 月 10 日才又以两根阳线突破箱体，此后跟随大盘涨
跌波动。

（4）在大盘处于弱势时，个股纠缠 MCST 线横向波动，我称为强势温柔
纠缠，这是一种有希望的良性横向纠缠，一般这类股通常是筹码集中股或者
主力重仓活跃股。

南天门 15
弱势纠缠

图 2 – 3 – 15 是宜宾纸业（600793）在 2019 年的 K 线图。

图 2 – 3 – 15　宜宾纸业（600793）在 2019 年的 K 线图

解析：

（1）该股 2019 年下半年长时间围绕 MCST 线上下波动。

（2）其波动方式是紧贴线不远，又没有太大的振幅。

（3）后来股价还是破位下跌。

（4）对于这类在线附近没有明显放量突破，或者在线上没有明显活跃走势的个股，不应该采取回落线附近的低吸战法，这是该战法的一种常见错误。

（5）线上回落 MCST 线战法的要点是，在线上明显活跃，在线附近明显有强支撑或者攻击性。

【花言巧语加油站】

（1）统计数据结果比感觉习惯要可靠。

（2）最好的短线股是：热点＋题材＋MCST＋量价逻辑。

（3）股市里没有妖精，所有人都吃不了唐僧肉。

（4）一个技术指标信息的人越多，就越准，这是正反馈。

（5）MCST 是锦上添花，万能公式是原动力，不能捡了黄瓜丢了番茄。

（6）市场是变化的，大原则不能变，盈利模式需要与时俱进。

（7）学习新武功不忘老武功，不能新老对立。

（8）错误与正确一样强大。有时，错误更强大。

（9）你遇到强大力量时，不要硬抗，而要利用。

第四部分

实 战 录

这部分是我自己在 2019 年实盘操作的即时心理波动记录。

实战录 1
水星家纺的大单异动

图 2 - 4 - 1 是水星家纺（603365）在 2019 年 12 月 13 日前后的 K 线图。

解析：

（1）2019 年，我发明了一个新的短线技术战法——MCST 战法，并逐渐投入实战之中。

（2）2019 年 12 月 13 日，我发现了水星家纺的异动，量比连续两天放大并都是阳线。

（3）用万能公式审核该股时，我发现该股有特点，是次新螺旋桨股，业绩也不错，复合年底年初的选股标准。于是我决定动手。

（4）我观察该股的分时图时，发现该股有几十万股的大卖单挂出。想了一下，就吃进了 50 万股。

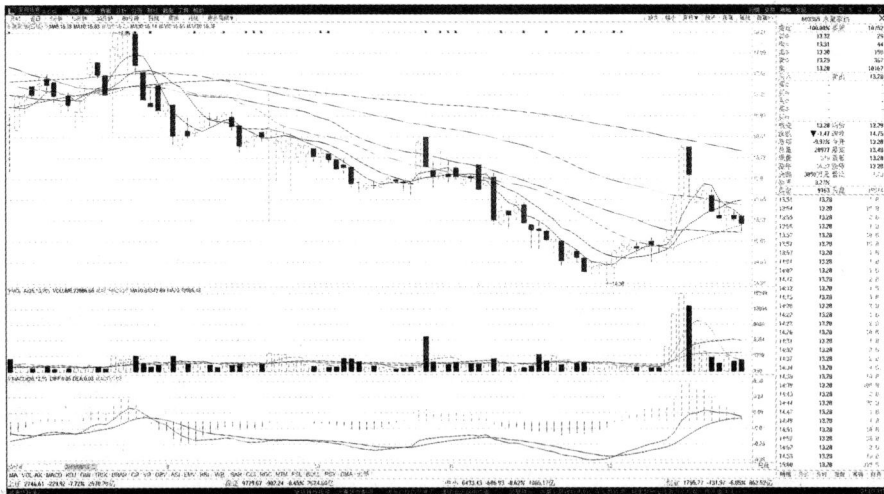

图 2 - 4 - 1　水星家纺（603365）在 2019 年 12 月 13 日前后的 K 线图

（5）庄家看见我大单买进，立刻拉升了股价，虽然尾市有所回落，但已经脱离成本。

（6）第二天，庄家使坏，股价略微高开后，打压股价，一度下跌了 2 个百分点，并又挂出大卖单。

（7）我用万能公式和 MCST 战法原则，觉得没问题，特别是股价在 MCST 线下，我继续买进，庄家发现我买进又开始拉升股价。等到股价涨到 MCST 线上时，我把前一天的持仓卖出了。

（8）第三天，该股平开，我就全部卖出了。后来，股价跌回我买进价的下方。

（9）操作总结：弱势中筹码集中股最常见的矛盾是，持有筹码多想让股价涨，但是手中没钱，拉升股价需要卖出一些筹码变成拉升的钱才可以。2019 年 12 月底，市场转暖，水星家纺的庄家有想法，我在它的成本线下买进为它腾出了资金，它也拉升了股价，但是这次拉升为我造了一次差价。庄家的闲钱耗尽后，又陷入了沉寂。

实战录 2
ST 景谷的 V 字形操作

图 2 - 4 - 2 是 ST 景谷（600265）在 2019 年 1 月 28 日前后的 K 线图。

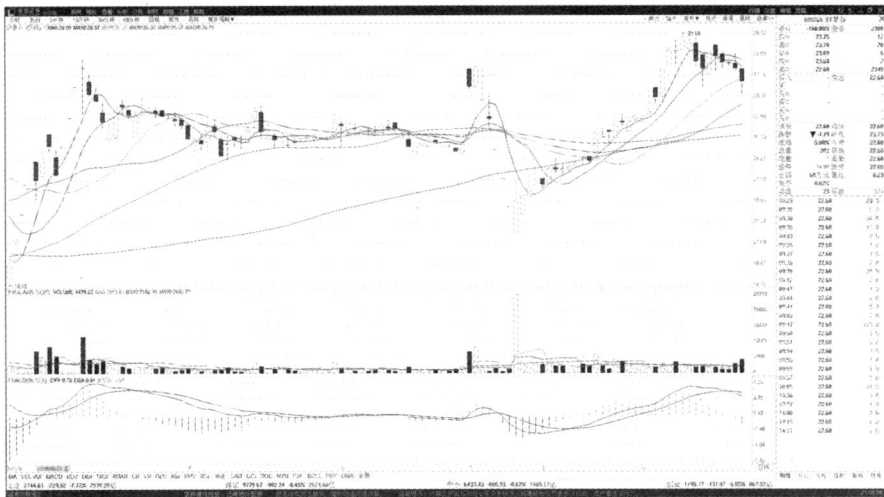

图 2 - 4 - 2　ST 景谷（600265）在 2019 年 1 月 28 日前后的 K 线图

解析：

（1）要约收购、部分邀约收购是近几年上市公司中经常出现的事件。

（2）2019 年初，ST 景谷实施了要约收购。

（3）要约收购结束股票复牌后，股价走出了连续跌停的走势。这一点一定要注意，局部要约收购（甚至有些完全要约收购）结束后，股价常常因为题材已尽在弱势中大跌，有时股价跌幅会超出自动除权的价格。

（4）这种性质的下跌，为短线投机超跌反弹的职业高手带来了短线机会。

（5）我就是在 2019 年 1 月 29 日介入的，在 2019 年 3 月 18 日股价跌破

10 日均线卖出。

（6）因非实质性原因，股价连续暴跌，往往会带来短线机会。低位的放量阳线出现后，第二天如果能继续保持强势，就是一个介入点。

（7）需要注意的是，有些暴跌股在第一根阳线出现后，其后容易继续下跌。由于 ST 景谷是小盘筹码集中股，要约收购又会在高位加大机构的持仓成本和持仓仓位，所以一次放量就见底了。

（8）经过统计观察，其他的一些要约收购题材股在要约收购实施日前后也有类似的走势。

（9）这次操作可以形成一个局部要约收购战法。

实战录 3
次新低位的天风证券

图 2 - 4 - 3 是天风证券（601162）在 2019 年 12 月 11 日前后的 K 线图。

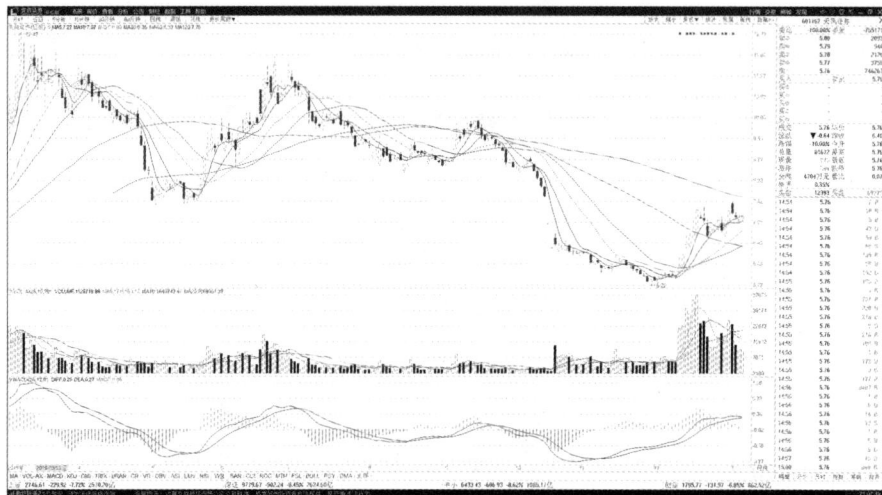

图 2 - 4 - 3　天风证券（601162）在 2019 年 12 月 11 日前后的 K 线图

解析：

（1）金融股是市场低量能背景下最活跃的板块。

（2）天风证券是一只次新证券股。

（3）在 2019 年 12 月 11 日前，由于小非解禁，股价出现了大跌，远低于 MCST 线。

（4）在 2019 年 12 月 11 日，该股在低位量比猛地变大，第二天量比继续放大。

（5）这种现象是经典的"MCST 线下超强"战法，于是我在 2019 年 12 月 12 日尾市买进。

（6）需要注意的是，这种玩法要注意股票量价关系要足够强，量比要足够大，不能凑合。

（7）这种玩法最好是同时考虑大盘，但是价量关系足够强，也可以少量考虑，如果是低位第一个阳线直接冲涨停，也可以追板。

（8）这个玩法对于基本面尚可的超跌股、次新金融股、突发题材股特别有效。

（9）在大盘低量能时段，要特别注意低位金融股的这种机会。

实战录 4
华数传媒的超短打板

图 2 - 4 - 4 是华数传媒（000156）在 2019 年 12 月 17 日前后的 K 线图。

解析：

（1）板块热点是市场中的常见现象。

（2）华数传媒是一只传媒股，在 2019 年 12 月 17 日之前走势比较弱，股价位于 MCST 线下。

（3）2019 年 12 月 17 日，传媒股成为市场热点走势比较强。

（4）华数传媒在该板块中走势属于比较强的。

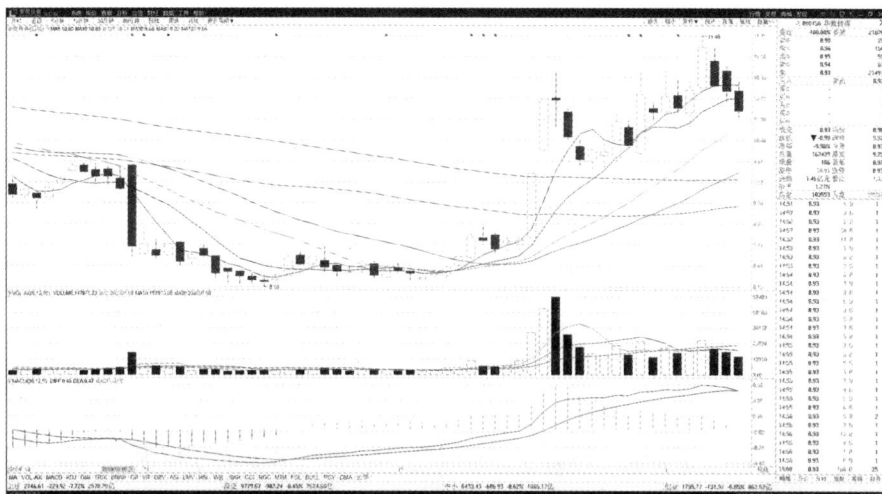

图 2 - 4 - 4　华数传媒（000156）在 2019 年 12 月 17 日前后的 K 线图

（5）由于 2019 年 12 月 17 日这天，大盘已经连续三天中等量能，进入可操作时间。

（6）2019 年 12 月 17 日尾市我买进了华数传媒 10 万股，我刚买完，就看见有巨单直接拉涨停，于是又追进了 10 万股。

（7）第二天，华数传媒直接高开再度封上涨停。

（8）在大盘强势时，线下的个股有热点又足够强，股价涨幅在 7% ~ 10% 的个股第二天通常有获利机会。

（9）我也曾经试过涨幅低于 7% 的第一个放量阳线的股，第二天结果不理想。对于第一个阳线的股，要么追涨停，要么就不干，那种 3% ~7% 涨幅的股不安全。

实战录 5
美伊叫板中的中国石油

图 2 - 4 - 5 是中国石油（601857）在 2020 年 1 月 6 日前后的 K 线图。

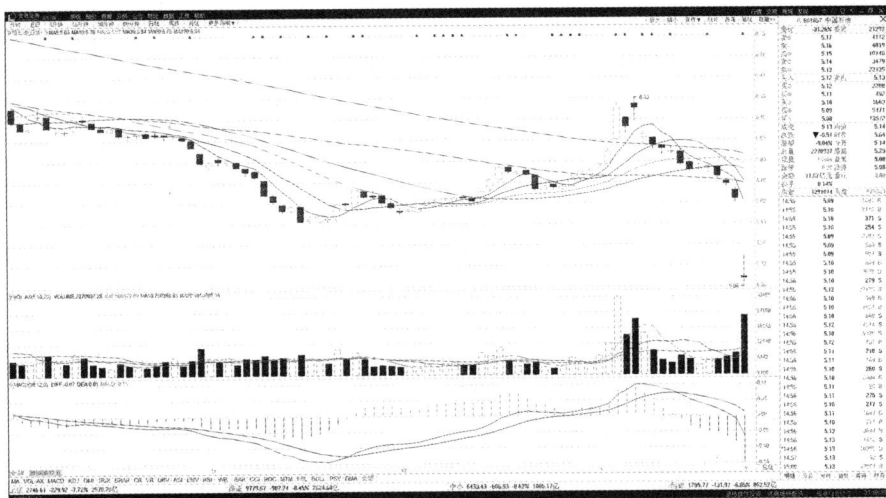

图 2-4-5 中国石油（601857）在 2020 年 1 月 6 日前后的 K 线图

解析：

（1）突发大事件往往能够激发受益股票股价的短线爆发。

（2）伊朗军队将领苏莱曼尼 2010 年 1 月 3 日在伊拉克首都巴格达死于美军无人机导弹攻击。

（3）消息扩散后，当夜国际黄金、原油期货暴涨。2010 年 1 月 4 日、5 日是周末，消息进一步扩散。

（4）根据历史交易数据统计，这种突发消息往往短线刺激性比较强。

（5）周末，经过思考，我决定针对这个消息做一把短线，由于石油股都处于历史最低位，我决定买石油股，股票名称中带有"石油"两个字的。

（6）开盘时，第一候选目标中曼石油开盘价太高，我就买进了次选目标中国石油，盘子比较大，高开得不多，适合操作。

（7）中国石油当天走势很强，但是第二天出乎意料的低开低走了，我忍住了一天，想看看事态的进一步发展。

（8）第三天，伊朗进行了报复，向美军基地发射了导弹。中国石油再度高开，我看见维持不住均线（股价运行在均线下方，是弱势的特征），就果断出局了。

（9）以往类似于这个玩法的还有"重要化工厂""芯片厂"爆炸停产等。

实战录6
一星期攻势的百川能源

图 2 - 4 - 6 是百川能源（600681）在 2019 年 2 月 25 日前后的 K 线图。

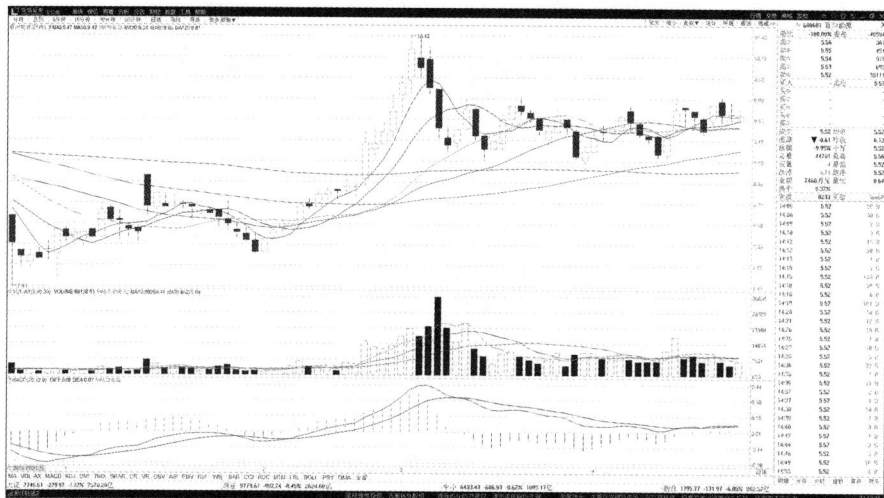

图 2 - 4 - 6　百川能源（600681）在 2019 年 2 月 25 日前后的 K 线图

解析：

（1）定增解禁战法是弱势中的重要战法之一，这种战法比 MCST 线下强势战法更加明确。

（2）2019 年 2 月下旬，股市逐渐走强，我决定进场干活。

（3）2019 年 2 月 25 日是周一，此前的周末我已经选好了一批候选股，其中包括百川能源，理由是定增即将解禁，且参与增发的机构被套，在大盘转强的背景下有自救动力。

（4）周一，大盘高开高走，上午就拉出大阳线，许多个股涨幅都比较大。

（5）然而，百川能源涨幅不大，甚至有平盘机会，大抛单也不小，但是没有影响股价，我果断地承接了不少，成为那时第一重仓股。我实盘炒股比赛也买进了这个股（后来我获得了这次实盘比赛的冠军）。

（6）该股这周表现果然不错，连续拉出了5根阳线，在大盘震荡时股价一直很强。

（7）对于定增战法，需要说明的是，定增的数量要大，股价被套10～20个点最好，既有空间，主力也有积极性。被套太多，机构可能会有畏难情绪，被套的机构需要是活的，有后续资金。

（8）后来的年报中，业绩不错并有送转股。这也是一种潜规则迹象。

（9）在大盘弱势时，定增被套的股不一定会动；要等到大盘转暖后再根据价量关系决定是否参与。如果解禁的时刻，目标股是市场热点，容易成为黑马股。

实战录7
贺岁股 ST 新能

图2－4－7是新能泰山（000720）在2019年春节后的K线图。

解析：

（1）我在北京有一个股友圈子，圈子里的人每年春节前都要说一个下一个农历年看好的股票。

（2）我在猪年看好的贺岁股是ST新能，其理由是，这个股虽然是ST股，但是资产已经处理完了，公司公开公告说将要转型注入新的资产。

（3）我是春节前的最后一个交易日买的这个股，由于买的量比较大，收市时这个股涨停了。

（4）我感觉对这个股比较有把握，在春节前把这个股告诉了一些这一年

与我关系比较好的股友，算是对他们善意的一种回报。

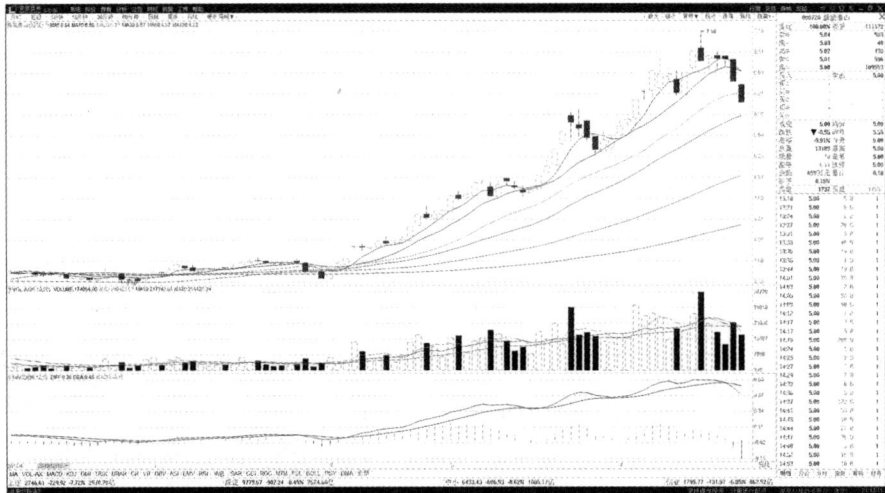

图 2 - 4 - 7   新能泰山（000720）在 2019 年春节后的 K 线图

（5）每年春节假期，也会有许多朋友聚会，总会有一些亲友问股票，我也会把自己总结的年度 10 只自选股给他们参考。一般情况下，我春节前买的这只股自然是中线最看好的，也是十大自选股的第一名。

（6）新年开始后，ST 新能前两天都是小涨 1 个多点，第三天涨停。

（7）其后的两个月时间，股价由 3.5 元左右一口气涨到了 7.16 元，实现了股价翻倍，过程中基本没有跌破 10 日均线考验，亲友们收益基本上都翻倍了。

（8）2018 年的春节，我的贺岁股是攀钢钒钛，也是基本上买在最低点附近，停牌前连续 5 个涨停，复牌后一天涨了 40% 多（复牌股没有涨跌停板限制）。

（9）以后，我准备每年都选一只贺岁股买一下，希望贺岁股的好运气能永远伴随我。

实战录8
旅游途中的邮储银行

图2-4-8是邮储银行（601658）2019年12月10日上市后的K线图。

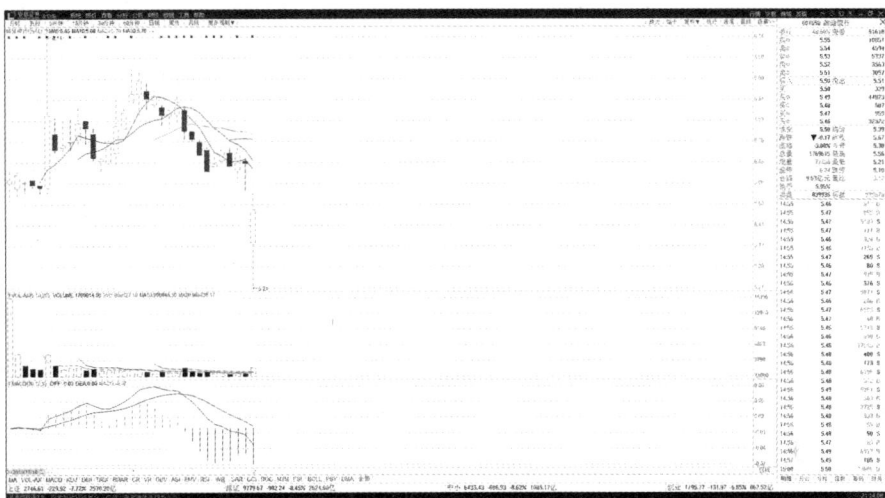

图2-4-8 邮储银行（601658）2019年12月10日上市后的K线图

解析：

（1）花家军的生活口号是：修身，赚钱，助人，玩天下！

（2）2019年12月15日是个消息敏感日。我的交易习惯是敏感日前不进行股市操作，所以想趁这个时间去旅游一下。

（3）联系好的一个旅行社，给出了两个报价，有购物项目的要便宜很多，没有购物项目的要贵一些。

（4）在旅游前，邮储银行发行了新股。此前的两个次新大盘股都破发了，邮储银行实行了"绿鞋制度"。

（5）在云南旅游的购物项目是翡翠和黄龙玉。购物那天正好是邮储银行上市日。看得出来，导游的主要收入可能与购物有关。我准备买一点吧，出来玩不就是图个高兴，至于值不值有什么关系？再说，艺术品的价值主要在于故事，而不是物件本身。陪过赫本睡过觉的貔貅，陪过沈万三发大财的貔貅，陪过李所长喊过底的貔貅，陪过峰哥喝大过的貔貅，肯定比商店里的貔貅值钱。

（6）看见我在柜台前看貔貅，售货员不停地给我推荐，我说："9点半前我不会买的。"售货员问："为什么？9点半有什么意义吗？"我说："没意义。今天我中签的新股邮储银行上市，我9点半卖，如果赚得多就买贵的，赚得少就买便宜的，没赚就不买了。"9点半时，我打开手机上的股票账户，一大群人看我卖股票，售货员更是紧张地看着我，结果我5.61元卖的，赚了1.3万元多点，我对售货员说："你把7000元的紫罗兰翡翠和6000元左右的黄龙玉各拿几个过来。"然后，让旁边的几个美女金花投票，最后翡翠貔貅和黄龙玉貔貅我各买了一个。

（7）我是2019年12月11日下午回到北京操盘室的，到操盘室时，我的朋友正在操盘室接待他的两个朋友，一个是大官，另一个是知名企业家，我给他们看我的貔貅，让他们估一下价格？大官说紫罗兰翡翠貔貅值100万元，知名企业家说黄龙玉貔貅也值100万元。

（8）我计划让翡翠貔貅（取名狗哥）作为我的期指做空灵物，让黄龙玉貔貅（取名所长）作为股票涨停板灵物。

（9）旅游回来后连抓了几个涨停板。人生的结局都是一样的，只有过程不一样，应该想办法让人生有意思一点。我准备买一个好的手提电脑，以后在旅游过程中当众表演抓涨停板，想想都想笑。

实战录9
曾经是心中急的新中基

图2-4-9是ST中基（000972）2019年12月12日前后的K线图。

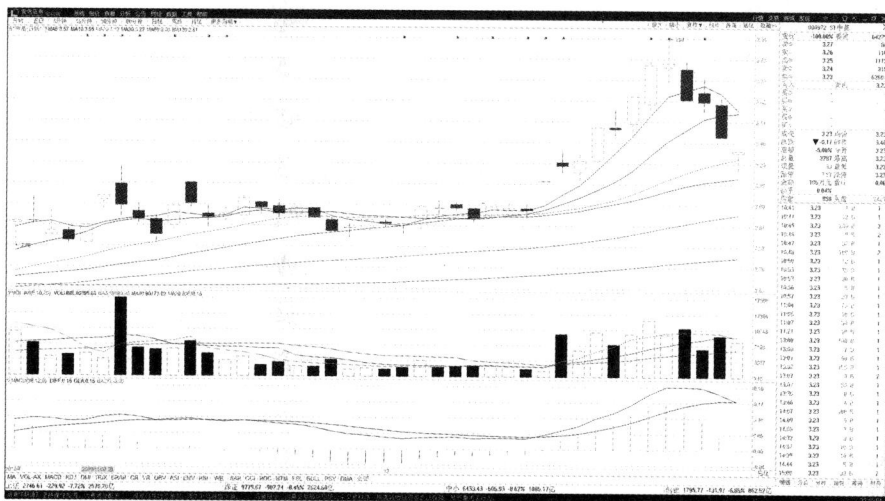

图 2-4-9　ST 中基（000972）2019 年 12 月 12 日前后的 K 线图

解析：

（1）2019 年 12 月 15 日是个消息敏感日。我的交易习惯是敏感日前不进行股市操作，所以想趁这个时间去旅游一下。

（2）大家好才是真的好！众乐乐强于独乐乐！我在微博上公开招募一起玩的驴友（股友），不到半个小时就超员了。我们驴友组织了一个微信群，方便旅行社组织。

（3）临行前一天，一个股友在群里说："明天出发，已经满仓了，ST 股。"

（4）这不是典型的"嘴上花家军，心中涨停板"吗？出去旅游为什么还要满仓？我心里有点小想法。

（5）2019 年 12 月 9 日，我们从玉龙雪山下来，等下山班车时，我忍不住问这个东北股友："你满仓的是什么 ST 股？"他回答说："ST 中基。"

（6）这个股我熟悉啊！我们爬山队的"画家哥"曾经满仓这个股，遇上连续跌停，他后来管这个股叫"心中急"。不过，这个股这时也在我的自选榜中，因为公司曾经公告说要注入新的优良资产。

（7）我问东北股侠，你为什么现在要满仓这个股？他说，他经过了认真的调研，并且每年 12 月是 ST 股的活跃期，所以就满仓买了。他让我们看他的手机账号，真的是满仓 1000 多万元，还有中签的邮储银行。旁边的一个年轻股友问，他说的逻辑有道理吗？我说，有道理，但是一次性满仓不属于中庸行为。等把他套住了，咱们可以分批慢慢买。

（8）我 2019 年 12 月 12 日回到北京后，也买了 10 万股。当天晚上公司出了一个公告，第二天直接开盘封板。后来一口气涨到 3.94 元，赚了 30%。东北真是人杰地灵，东北军中有高手，原来这个股友也是花家军高手，这个股友不简单！

（9）注："花家军"的意思是，在股市里挣钱，在生活中花天酒地。

实战录 10
科创板第一股华兴源创

图 2-4-10 是华兴源创（688001）2019 年 7 月 23 日科创板第一批股票上市后一段时间的 K 线图。

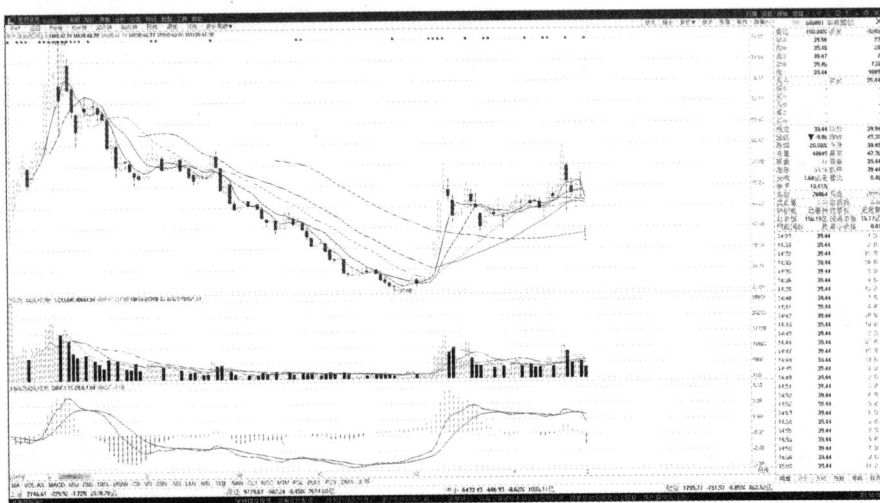

图 2-4-10　华兴源创（688001）2019 年 7 月 23 日科创板
第一批股票上市后一段时间的 K 线图

解析：

（1）2019 年 7 月 23 日科创板第一批股票上市。

（2）为了保证科创板的成功，此前管理层发行了 6 只都上千亿元规模的公募基金，总规模数千亿元。

（3）华兴源创上市第一天，股价上下振幅非常大。

（4）第二天，股价大幅低开，但是收出了阳线。

（5）从第二天起连续三根阳线。

（6）第 5 天出现阴线，随后正反击覆盖。根据 K 线逻辑判断，这是一个买点，我采取了行动，但是对高市盈率有所畏惧，买的数量很少，属于娱乐方式。

（7）随后股价上涨，涨了 20 元左右。需要说明的是，科创板前 5 天不设涨跌停板，其后涨跌停板为 20%。这段上涨，应该是科创基金的功劳，在科创板初期，由于科创板基金资金规模大，又是政治任务，短时间供不应求。

（8）随着科创板基金的资金衰减，50 万元的开户门槛弊病开始发挥作用，股价跌幅超过 50%。

（9）在临近小非解禁期，股价出现了一波反弹。

实战录 11
线上经典共振的欢瑞世纪

图 2 - 4 - 11 是欢瑞世纪（000892）在 2020 年 1 月 2 日前后的 K 线图。

解析：

（1）这是一个"MCST 线上战法 + 热点共振 + 被套定增解禁"多爆破点共振的成功案例。

（2）有一个股友跟我学 MCST 线战法，由于是初学，问题挺多的，刚开始是网状思维和条件不硬过于凑合的问题。

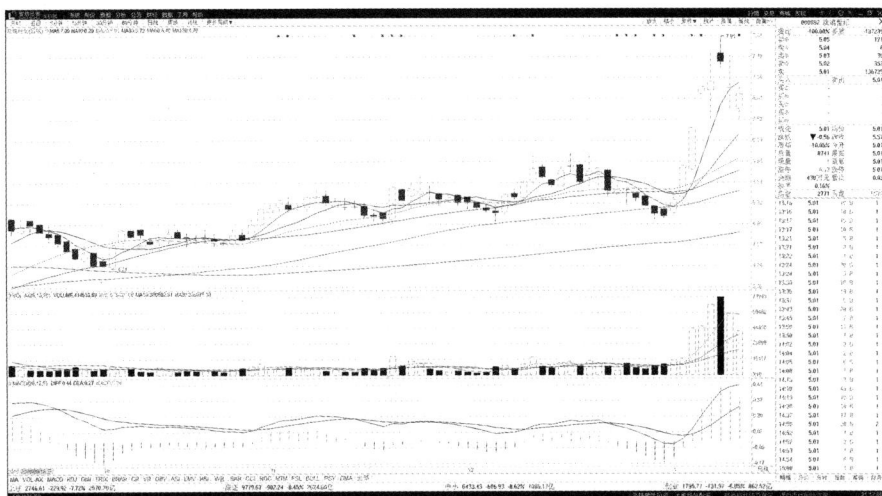

图 2 - 4 - 11　欢瑞世纪（000892）在 2020 年 1 月 2 日前后的 K 线图

（3）上边问题解决后，又出现了个人坏习惯不愿意纠正的问题，即过于执着于过去的选股习惯，使大量选股属于第一次纠缠于 MCST 线，而这正是该战法认为不该选或者该短线卖出的股。

（4）2020 年元旦，他又选出了 10 只股票。我把其他 9 只全给否决了，只肯定了这只股。

（5）肯定的第一个理由是，该股此前一直是线上活跃股，股价又回落到 MCST 线附近，符合该战法。

（6）肯定的第二个理由是，网红概念、传媒概念正属于市场热点。

（7）肯定的第三个理由是，该股在 2020 年 1 月 2 日被套的定增解禁。

（8）在 2020 年 1 月 2 日看到该股走势转强后我就买进了，这个股友也买进了，我们俩随后都大赚了一把。

（9）通过这次操作，这个股友终于弄懂了我的要求："网状思维 + 做事情严格认真 + 逻辑要硬"。此前，他曾经按照我的要求计算了一下自选股的定增价格，连续算错两次，一次是漏算了一个 10 送 4（两次 10 送 4），还有一次漏算了一次定增（两次定增，偏偏把低的那次漏算了）。

花家军的要求是：大事高要求，小事不出错。

实战录 12
抄股友底的广东甘化

图 2 – 4 – 12 是广东甘化（000576）在 2019 年 2 月 25 日前后的 K 线图。

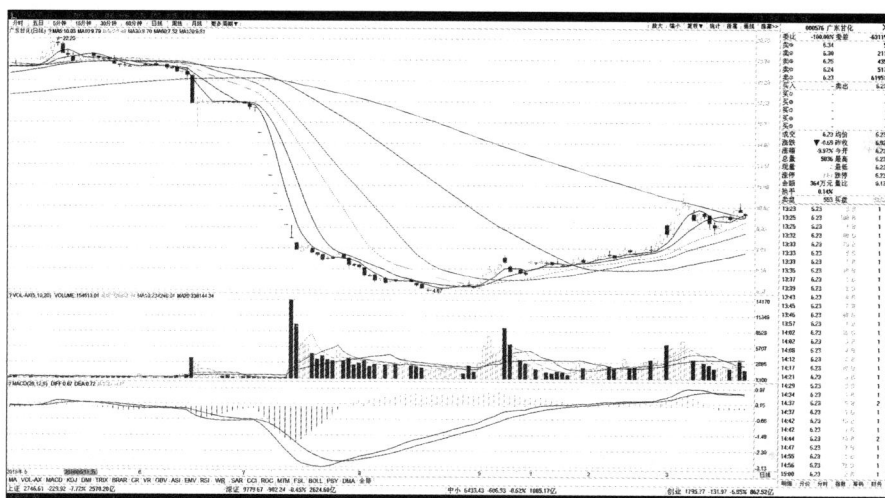

图 2 – 4 – 12　广东甘化（000576）在 2019 年 2 月 25 日前后的 K 线图

解析：

（1）有一个房地产企业家让我帮他在股市理财，同时他还请了另一位高手也在帮他理财。

（2）在 2015 年大盘 5178 点时，那个高手持有的股是广东甘化，没有及时逃顶。

（3）后来，广东甘化又强势反弹涨到了高位。那个高手更加有信心，长线看好。

（4）但是螺旋桨王也玩不过熊的长期纠缠，股价高位连续跌停，从 22.2 元跌到了 4 元多。

（5）企业家跟我说过这件事后，我一直关注着这只股。

（6）2019年春节后，该股量能逐渐活跃，我就买进了一些。不久该股就出了一个小利好，股价开始涨停，成为这段时间我赚钱比较多的一只股。

（7）我灵机一动，在F10资料中查询了它的关联股还有谁。

（8）我发现华统股份、华仪电气与广东甘化都有华鑫信托·华鹏66号集合资金信托计划重仓持有，此前华统股份也暴涨得很厉害。

（9）于是，我就买进了华仪电气，也抓住了几个连续涨停。在牛市中，这个机构关联玩法，也可以作为选股参考，记录在此。

实战录 13
武汉加油！加油！ ＊ST 河化加油！

图 2 - 4 - 13 是 ＊ST 河化（000953）2020 年春节前后的 K 线图。

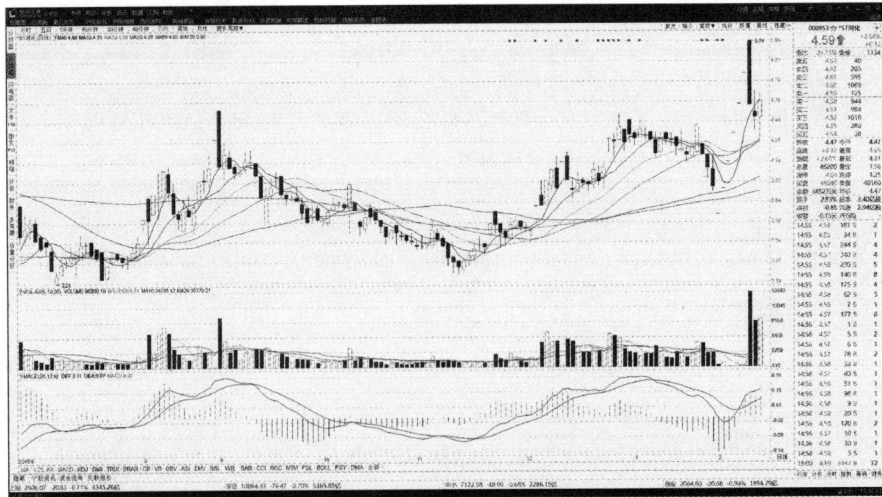

图 2 - 4 - 13　＊ST 河化（000953）2020 年春节前后的 K 线图

解析：

（1）2019年12月我去云南旅游，途中逛翡翠店时买了两个貔貅，此举是为了让导游高兴一下，并不是真喜欢。一个股友知道我是为了团队利益而买了貔貅，他也买了一个，我告诉他，我会告诉他一个短线股把买貔貅的几千元钱通过市场赚回来。

（2）交易所有一个规定，凡是业绩出现非常大变化的公司必须在1月底前预告。*ST河化在2019年12月已经完成了重组，亏损资产置出，新的盈利医药资产置进来，并且控股股东还无偿向公司赠予现金7350万元，我想这是为了提高公司的净资产好年报后摘帽。

（3）于是，我就在4.3元左右告诉了这个股友，让他买2万股，我自己买了80万元。那时我已经知道了武汉疫情，心想这个股是医药股没事的。

（4）当天晚上，公司业绩预告就出了消息，公司出的公告说重组前亏损，重组后盈利。股吧里的人说要退市。

（5）第二天，武汉疫情突然严重了，武汉封城了，股市大跌，*ST河化跌停。但是别的医药股都涨了，大家不知道这是医药股。

（6）好没面子啊！我自己买了80万元不算，关键是还让别人买了，有这个买貔貅的股友，还有我的同事小陆和小王，我原来是各给他们俩2000元春节红包的，他们不收，于是就想通过这个股变通一下。

（7）春节原计划去湛江玩的，结果武汉疫情恶化了，哪都没去。我给股友发了一个红包，春节快乐！并安慰他说，这个股已经重组了，春节后会涨回来的。

由于武汉疫情恶化，股市开盘推迟了三天。但是开盘后，3000多只股跌停，*ST河化也再度跌停。我的心在流血！

（8）当天晚上，我看手机自选股公告时，发现*ST河化又发了一个公告，下属公司重庆南松医药的全资子公司南松凯博接到重庆康乐制药、重庆西南制药二厂通知，在此次新型冠状病毒疫情防控工作中，工信部消费品司要求上述两家企业尽快组织生产中央医药储备药品磷酸氯喹，故要求南松凯博组织恢复生产，向上述两家公司提供生产相关药品的关键原材料4－甲基－1－N、N－二乙基－1、4－丁二胺（氯喹侧链）。目前南松凯博正按要求，全力组织复工复产。

(9) 发公告后的第二天，＊ST 河化开盘直接封死涨停，之后又连续多个涨停。

【花言巧语加油站】

(1) 没有人会为了你的未来埋单，你要么努力向上爬，要么烂在社会最底层的泥淖里，这就是生活。

(2) 真正的顺其自然，其实是竭尽所能之后的不强求，而非两手一摊的不作为。

(3) 不亏待每一份热情，该讨好的冷漠也要讨好。

(4) 甩脸色是没有用的，问题还是要解决；光生闷气也是没有用的，还是要面对面告诉对方。

(5) 圈子决定人生，接近什么样的人，就会走什么样的路，所谓物以类聚，人以群分。

(6) 想给自己一个大嘴巴子，好了伤疤又忘了痛的蠢货。

(7) 只要你按时到达目的地，很少有人在乎你开的是奔驰还是拖拉机。

(8) 不要把自己想得多么厉害，再厉害的香水也干不过韭菜盒子。

(9) 赚钱，能治愈一切矫情；有钱，能治愈一切自卑。

下篇　青蚨思

　　在世界各地的许多文化和宗教中，获得智慧是最终目标。

　　一辈子不登山，但你心中一定要有座山。它使你总往高处爬，它使你总有个奋斗的方向，它使你任何一刻抬起头，都能看到自己的希望。

第一部分

诸 子 汇

花若盛开，蝴蝶自来；你若精彩，天自安排。

脆弱的人，只懂得怜悯自己，而不知道反省自己。

诸子汇1
《孟子》

仁者无敌。

一、智慧警句

（1）不以规矩，不成方圆。

（2）权，然后知轻重；度，然后知长短。

（3）人有不为也，而后可以有为。

（4）虽有智慧，不如乘势；虽有镃基，不如待时。

（5）其进锐者，其退速。

（6）有为者辟若掘井，掘井九轫而不及泉，犹为弃井也。

（7）鱼，我所欲也；熊掌，亦我所欲也。二者不可得兼，舍鱼而取熊掌者也。

二、儒教

1. 儒家

儒家的关键人物有：孔子、孟子、荀子、董仲舒、朱熹、方孝孺。

儒学的发展：儒家是孔子所创立、孟子所发展、荀子所集其大成，但秦始皇尊法家"焚书坑儒"，使儒家遭受重创；而后汉武帝为了维护封建专制统治，听从董仲舒"罢黜百家，独尊儒术"的建议，对思想实施钳制，使儒家重新兴起；朱熹把儒学拔高苛求到"存天理，灭人欲"的高度；明成祖朱棣灭方孝孺十族，此举导致的结果用姚广孝的话说是"天下读书的种子就绝了"，从此中国没有真正的儒家群体，后来的大多数儒家都是"犬儒"，而不是儒家。

儒教的价值观：仁、恕、诚、孝。

士人精神：士人是中国古代人文知识分子的统称。"士"指什么样的人，应该具备何种素质和条件呢？一个人有资格被称为"士"，首先要把"求道""向道"作为自己的第一追求；除了"志于道"的方向感，士人精神的第二层面意味着一种坚定的使命感，甚至以生命卫道，比如方孝孺，方孝孺被杀后，明清的士人就很少了，"仁、恕、诚、孝"都是向底层、向别人宣传的，对强势群体和自己没有约束，比如明末的"仕人"洪承畴、钱谦益，洪承畴被俘刚开始时还很坚强，但是大美女孝庄一出现就投降了；清兵即将破城时，钱谦益的小妾柳如是建议投湖自尽以殉道，但是钱谦益用手摸了一下水说，"水太凉"，就出城欢迎清兵进城了。

2. 孟子

孟轲：战国时期邹国（今山东邹城市）人，儒家学派的代表人物之一，地位仅次于孔子，与孔子并称"孔孟"。

《孟子》：被南宋朱熹列为《四书》（另外三本为《大学》《中庸》和《论语》）。明清科举考试八股文的题目，出自《四书》《五经》。

在历史上的儒家中，孟轲的思想相对接近现代文明。

三、解析与实践

1. 不以规矩，不成方圆

孟子说："即使有离娄那样好的视力，公输子那样好的技巧，如果不用圆规和曲尺，也不能准确地画出方形和圆形。"

做事情是这样，炒股也一样，必须要有规则、操作系统。如果炒股没有操作系统指导，操作就容易失误，容易陷入情绪化，即使是高手出现失误也是必然的。

股市中最常见的三种现象：长线持股不动、熊市中频繁操作、梦想操纵市场。这都是属于不以规矩。

2. 权，然后知轻重；度，然后知长短

孟子说："用秤称一称，才能知道轻重；用尺量一量，才能知道长短。什么东西都是这样，人的心更需要这样。"

炒股也一样，要用操作系统、万能公式来判断操作。你的观点也必须要有符合逻辑、符合大概率的依据。

3. 人有不为也，而后可以有为

这是指人的精力是有限的，只有放弃一些事情不做，才能在别的一些事情上做出成绩。

人的精力有限，资金也有限，只能做符合大概率的事情，放弃小概率的事情。股市高手就是把大概率与频率进行合理的结合。

4. 虽有智慧，不如乘势；虽有镃基，不如待时

主要是强调时机的重要性。

5. 其进锐者，其退速

朱熹集注："进锐者，用心太过，其气易衰，故退速。"

不是欲速则不达的意思，欲速则不达是过于急性反而不能达到目的的意思。

6. 有为者辟若掘井，掘井九轫而不及泉，犹为弃井也

有作为的人，打个比方如同掘井，假若掘到六七丈深却没有再掘到见水，好比是废井一样。

做事情要有足够的付出。这点是许多人最常见的缺点。

7. 鱼，我所欲也；熊掌，亦我所欲也。二者不可得兼，舍鱼而取熊掌者也

你想要的两样东西，不能同时得到的话，要选哪个更重要的。

这个思维在股市中非常重要，厌恶风险与获利我都想要，如果不能同时得到，就先选择更重要的厌恶风险。当然你认为获利更重要，也可以选择获利，这样就必须接受被灌辣椒水的可能性。

诸子汇2
《大学》

修身，齐家，治国，平天下！

一、名言警句

（1）要想获得成功，必须要有充足的自由时间。

（2）心诚则灵。

（3）苟日新，日日新，又日新。

（4）正人先正己。

（5）让财富成为优秀的副产品。

（6）人莫知其子之恶，莫知其苗之硕。

（7）己所不欲，勿施于人。

二、人与社会

1. 《大学》杂谈

《大学》是一篇论述儒家修身治国平天下思想的散文，相传为曾子所作，是一部中国古代讨论教育理论的重要著作。经北宋程颢、程颐竭力尊崇（二程为兄弟关系，其老师就是《爱莲说》的作者周敦颐），它和《中庸》《论语》《孟子》并称"四书"。宋、元以后，《大学》成为官方的教科书和科举考试的必读书，对中国古代教育产生了极大的影响。

《大学》提出的"三纲领"（明明德、亲民、止于至善：让我们内心本有的光明品德明亮起来；亲民解释有二：一是亲近民众，二是新民，让民众改过自新，做一个新人；至善就是最好的善，好得无以复加）和"八条目"（格物、致知、诚意、正心、修身、齐家、治国、平天下），强调修己是治人的前提，修己的目的是为了治国平天下，阐释了治国平天下和个人道德修养的一致性。

曾子（前505～前435年），名参，字子舆，春秋末战国初鲁国武城人（山东济宁嘉祥）。曾子是孔子晚期的弟子之一，与其父曾点同师孔子。后世尊其为"宗圣"，与孔子、孟子、颜子合称"四圣"。

2. 修身，赚钱，助人，玩天下

这是一句A股中部分职业操盘手喜欢的话，花荣写的书《操盘手》系列中序言就是用这句话做的题目。

儒家思想考虑问题站的角度比较高，往往是以"帝王师"的角度来总结论述问题。而现在社会已经与古代社会有了很大的不同和发展，大多数老百姓考虑的问题与传统的儒家不一定一样，"修身，赚钱，助人，玩天下"可能比"修身，齐家，治国，平天下"更具有时代意义。

修身，是让自己是一个"勤劳、智慧、善良、勇敢"；赚钱，是现代人生的基本要求，物质基础决定上层建筑，我不相信人越穷越善良越有精神的这种哗众取宠的骗人鬼话；助人，学雷锋，要从亲人做起，从身边人做起，从有缘人做起；玩天下，这个"玩"是个现代"网络词语"，是"因为我的存在，社会更加美好"的意思。

三、智慧解析

1. 要想获得成功，必须要有充足的自由时间

这句话是索罗斯说的，其实《大学》里面更早地说出了类似的话，而且说得更详细，这句话是："知止而后有定，定而后能静，静而后能安，安而后能虑，虑而后能得。"

其实，有另外一个中国古代名句更精辟，"劳心者治人，劳力者治于人"。

2. 心诚则灵

《大学》里的原句是：心诚求之，虽不中，不远矣。做任何事情，用心是诚挚的，即使没有达到目的也离目标不远了。

类似的句子还有：天道酬勤；精诚所至，金石为开；世上无难事，只怕有心人。

3. 苟日新，日日新，又日新

这句话翻译成现代汉语就是"好好学习，天天向上"。这句话是商汤王刻在洗澡盆上的箴言。而对于股市投资者，这句话更重要，因为股市中的新知识、新事物不断，A股也有炒新的习惯。即使是成熟的技巧、知识，我们也需要像竞技体育一样，保持熟练度，提高熟练度。

4. 正人先正己

《大学》里的古文原话是，"君子有诸己，而后求诸人；无诸己，而后非诸人"。这句话在生活中很有实用性，"正人先不正己"的人，基本不是什么好人，同这种人交朋友要小心一点，对于"己所不欲，偏施于人"的人更得警惕。

5. 让财富成为优秀的副产品

原文是"仁者以财发身，不仁者以身发财"。

这句话对于股市中的人尤其重要，如果你优秀，对市场、对技能理解得扎实，就能水到渠成地获得财富并不断地获得更多的财富。许多股市技能不够的人，由于运气因素常常也能在大牛市中获得一些财富，但绝大多数人都保不住。其他领域，也有类似的现象。

6. 人莫知其子之恶，莫知其苗之硕

这是《大学》的原句，句意很简单，没有人知道自己子女的坏处，没有人满足于自己庄稼的好。

这句话，无论社会现实意义，还是股市投资里的拓展含义，都极具智慧，需要认真思索。别看《大学》是一部国学的古代著作，里面的现实智慧也是一针见血，现实意义极强。

7. 己所不欲，勿施于人

这句话在大学里也有类似的体现，"所恶于上，弗以使下；所恶于下，弗以事上"。这句话的道理很浅显，但是许多人在生活中常常违背这个智慧，不少人常常异常地痛恨一种现象，但他自己又是这种现象的思想者和行为者。

"己所不欲，勿施于人"这句话的实际出处是《论语》，与《大学》里的"所恶于上，弗以使下；所恶于下，弗以事上"，四书五经的价值观是一致的，是华夏智慧的浓缩经典。下面一篇就是《论语》。

诸子汇 3
《论语》

智者上善若水，海纳百川；仁者高山仰止，厚德载物。

一、智慧警句

（1）君子有九思：视思明，听思聪，色思温，貌思恭，言思忠，事思敬，疑思问，忿思难，见得思义。

（2）欲速则不达，见小利则大事不成。

（3）忠告而善道之，不可则止，毋自辱焉。

（4）不患寡而患不均，不患贫而患不安。

（5）取乎其上，得乎其中；取乎其中，得乎其下；取乎其下，则无所得矣。（《孙子兵法》也云："求其上，得其中；求其中，得其下，求其下，必败。"）

（6）小不忍，则乱大谋。

（7）学而不思则罔。

二、人与成长

1. 孔子的人生理想

《论语》是孔子及其弟子的语录结集，由孔子弟子及再传弟子编写而成，战国前期成书。人活着是要有理想追求的，不知道大家是否知道孔子的人生理想。有一天，孔子和颜渊、子路闲谈理想。子路豪气云天地说："我要发大财，拥有锦衣豪车，与友共享，快意人生。"颜渊却说道："我的理想简单，希望不自夸，不麻烦人。"子路问孔子："老师，您的理想是什么呢？"孔子笑答："老者安之，朋友信之，少者怀之。"意思是：老者能晚年安顿，朋友间能相互信任，年轻人对人生永远抱有希望。

2. 当立则立，智者不惑

《论语》有一句大家耳熟能详的话，"三十而立，四十而不惑，五十而知天命，六十而耳顺"，原文中这句话前面还有"十五志于学"，后面还有"七十从心所欲，不逾矩"的话。直白地说，就是不同年龄段要做不同的事，心智要随着年龄递增达到不同的维度；一个人心智健全了，才能成长自立，做事遂心。

2018 年在写《操盘手》剧本时，里面有个重点人物，说过这样一段话：二十岁的人，依靠青春活力吃饭；三十岁的人，依靠勤奋坚毅吃饭；四十岁的人，依靠智慧经验吃饭；五十岁的人，依靠思想和人脉吃饭；六十岁的人，依靠平台吃饭；混合相间，相得益彰，发挥现阶段优势，积蓄巩固下阶段的优势，才能成为智者和赢家。这一席话，也是因人而异、因时而变，借势成长的另一种注解。

在此说的"立"是指一个人精神、物质上都得"立"起来，两者都得硬。

3. 半部《论语》治天下

半部《论语》治天下，说的是宋初宰相赵普的故事。赵普被誉为宋代开国元勋的功劳有二：一是参与策动"陈桥兵变"，二是参与策动"杯酒释兵权"。赵匡义当皇帝的时候，有人认为赵普一生只读《论语》，不学无术，当宰相不恰当。赵匡义问他是也不是，赵普说我是以半部《论语》帮助治天下的，每决大事，启文观书，乃《论语》也。后人就说赵普以半部论语治天下。

三、智慧解析

1. 君子有九思：视思明，听思聪，色思温，貌思恭，言思忠，事思敬，疑思问，忿思难，见得思义

这句话的意思一看就明白，用不着解释。但是我发现了一些名人名字的出处，比如史思明、王思聪。古代的读书人家族取名字很喜欢从《论语》《诗经》等古典书籍的词句中选取，这个取名字的方法可以借鉴，好听有文化、有故事。

2. 欲速则不达，见小利则大事不成

之所以摘录这句话，是因为这句话的现实意义非常强大，人们偏爱于"急功近利""占眼前小便宜"，这些习惯都是与《论语》智慧相悖的。其实，四书五经里的价值观和智慧还是颇具现代文明意义的。

3. 忠告而善道之，不可则止，毋自辱焉

在人伦关系中，"朋友"一伦是最松弛的一种。朋友之间讲求一个"信"字，这是维系双方关系的纽带。对待朋友的错误，要开诚布公地劝导他，推心置腹地讲明利害关系，但他坚持不听，也就作罢。如果别人不听，你一再劝告，就会自取其辱。

要学会站在别人的角度思虑问题，有时角度不同结论就不同，况且人和人之间许多事情并不都是了解的。

4. 不患寡而患不均，不患贫而患不安

这句话与上面的那句"欲速则不达，见小利则大事不成"一样，现实意义强，直指人性的弱点，对于这种了解人性弱点的智慧，一是要了解，二是会实际利用，这种对人性弱点的实际利用无论是在中国历史大事件上，还是在现实的企业经营中，经典案例尤其多，而且一再有效。

5. 取乎其上，得乎其中；取乎其中，得乎其下；取乎其下，则无所得矣

这句话的意思有许多经典著作有过类似的表达，比如《孙子兵法》也云："求其上，得其中；求其中，得其下，求其下，必败。"

唐太宗《帝范》卷四："取法于上，仅得为中，取法于中，故为其下。"

宋末元初时期的诗词评论家严羽在其《沧浪诗话》中曰："学其上，仅

得其中；学其中，斯为下矣。"

可见，对这句话有感触的人很多。

我们在生活工作中做事情，应尽量做到"大事高标准，小事不出错"。

6. 小不忍，则乱大谋

人分为情绪化类型和理智化类型。常常受过逻辑、博弈思维训练的人是后者。有逻辑会博弈的人特别注意"小不忍，则乱大谋""过犹不及"这两种智慧，这两种智慧在股市投机活动中特别具有现实意义。

7. 学而不思则罔

这句话听起来简单，但是一仔细思虑，是很有深意的。

智慧家认为，读书有三重境界，符合古学的小学，大学的通义。初能望文生义，死记硬背，可小成。进能变通运用，能说会道，有一得。终能深入浅出，知行合一，方大就。

三字经中也有类似表述：性相近，习相远。

会读书，对于一个人的人生是非常重要的。

诸子汇4
《中庸》

善就是幸福。中庸是最高的善和极端的美。

一、智慧警句

(1) 仁者，人也，亲亲为大。

(2) 中庸，苟且，小智小慧，是我们的致命伤。

(3) 博厚配地，高明配天，悠久无疆。

(4) 发上等愿，结中等缘，享下等福；择高处立，就平处坐，向宽处行。

(5) 教育必须基于三个原则：中庸、可能和适当。

(6) 愚而好自用，贱而好自专。

（7）输赢的最高境界是一个"和"字，中庸致和。

二、《中庸》之道

1. 方法论

四书五经，开篇便是中庸。如果说大学是价值观，那么中庸就是方法论。中庸是论述智慧根本，是中国古代论述人生修养境界的一部道德哲学专著，儒家经典之一；据朱熹注，中庸为不偏不倚、无过无不及之意。中庸之道是儒家的伦理道德准则，为常行之礼。此书是战国时期子思及其弟子多人所作，其肯定"中庸"是道德行为的最高标准，认为"至诚"则达到人生的最高境界，并提出"博学之，审问之，慎思之，明辨之，笃行之"的学习过程和认识方法；其与《大学》《论语》《孟子》合为"四书"。子思，鲁国人，姓孔，名伋，孔子之孙，春秋战国之际儒家学派的主要代表人物之一，历史上称为"述圣"，与孟子并称为思孟学派。

2. 和

北京奥运会开幕式上表演的活字印刷术中，三个不同字体"和"字向观众解读了中华民族的文明历史进程。

据了解，这三个"和"字的进化和演变过程相隔了好几千年。古体"和"字最早是象形字：上方（或左上）是一只手；下方是古代乐器"龠"（读音 yuè）即竹笙的形态，下面五竖加两横表示并排的竹管；上部两"口"是调节音律的小孔。字的本意是以手调节音律使之和谐。

后来"和"字又变成形声字，"手"改成了放在右上方的"禾"（表示读音）。自秦统一中国规范文字后，篆体的"和"（龠＋禾）被简化为左边"口"右边"禾"，就是奥运会开幕式表演中第二次出现的"和"字造型。

自汉代隶书流行以后，"和"字的写法变为左"禾"右"口"，一直传承至今。

三、智慧解析

1. 仁者，人也，亲亲为大

所谓仁，就是人，亲爱亲人是最大的仁。

亲亲：前一个"亲"作动词用，为"爱"之意；后一个"亲"指亲戚。

大家网购时，有事情与店小二沟通，店小二常常会称呼你为"亲亲"，大概就是从这里来的，别人都称呼你为"亲亲"了，你就不会发脾气了吧？

2. 中庸，苟且，小智小慧，是我们的致命伤

这句话是傅雷说的，他的话原意是对的，但是傅雷所说的中庸与儒学所说的中庸不是一个意思，前者是苟且、圆滑、无原则的意思，后者不是"不走极端"，而是"刚刚好"，是有原则的"刚刚好"。

望文生义地把中庸和世故、圆滑、保守、消极并列在一起，是不对的，中庸不是无原则的圆滑，不是厚黑学。在股市投资中理解中庸智慧尤其重要，投资交易高手在交易策略上也遵循"中庸"之法，既不畏手畏脚，也不孤注一掷；有原则地保障大概率；明哲保身，进退自如。

志存高远，却又不拘泥于眼前的小事杂事乱事，才能以坦荡的胸怀干成大事，这才是中庸。中庸是人生经历大喜大悲和大起大落后的不妥协。

3. 博厚配地，高明配天，悠久无疆

广博深厚可以与地相配，高大光明可以与天相配，悠远长久则是永无止境。

无疆，无疆界，这个词非常的重要，特别有现实意义。

中庸讲究的是有原则的信仰，无疆界限制的思想，刚刚好不过的行为。这与"无原则信仰，固化疆界认知，极端的行为"的现象是反的。

知、仁、勇三者，天下之达德也。

4. 发上等愿，结中等缘，享下等福；择高处立，就平处坐，向宽处行

这是晚清名臣左宗棠题江苏无锡梅园的一个对联。平淡的 24 个字浓缩了古代圣贤"极高明而道中庸"的人生哲学。"极高明而道中庸"，境界高远却又立足于现实，体现了超然物外和追求现实的统一。

这句话理解中庸的原意比较到位，李嘉诚的办公室就挂着一幅这句话的书法。

5. 教育必须基于三个原则：中庸、可能和适当

这是亚里士多德的一句话，是说教育方法的，我认为这是教育的真谛，教育不是给你一个硬性的答案，而是给你一个正确的逻辑思索、提高自己的

方法。

人们相信他们想相信的东西，这就是有疆界的极端。然而，世界就是这样运转的，不是非黑即白，而是极其中庸。

辩证之终点，中庸是也。

6. 愚而好自用，贱而好自专

愚笨的人偏要自以为是，位低的人偏爱一意孤行；这都是不成熟的特质，一个人越成熟，越应低调、谦逊、宽容。

不说硬话，不干软事，这是君子的风度。

第一等智慧的人都是自相矛盾的，两个原则没有任何一个是对的，只有在具体的时间和地点，做出正好的可接受判断，才是对的——中庸，是恰到好处。

7. 输赢的最高境界是一个"和"字，中庸致和

对喜怒哀乐能按应有状态掌握，无所偏倚，这就叫"中"。平时能持中，一旦有机会表现出来情绪，就能有所节制，这就叫"和"。中，是稳定天下之本；和，是天下共行的大道。如果能够把中和的道理推而及之，达到圆满的境界，那么天地万物都能各安其位、生生不息了。

电影《叶问》里有一句话对输赢理解得比较到位：贵在中和，不争之争。

诸子汇 5
《诗经》

关关雎鸠，在河之洲。窈窕淑女，君子好逑（这是一首赞颂"后妃之德"的诗）。

一、智慧警句

（1）蒹葭苍苍，白露为霜。所谓伊人，在水一方。

（2）死生契阔，与子成说。执子之手，与子偕老。

（3）不愧于人，不畏于天。

（4）他山之石，可以攻玉。

（5）兄弟阋于墙，外御其务。

（6）投我以木瓜，报之以琼瑶。

（7）靡不有初，鲜克有终。

二、《诗经》撷萃

《诗经》是中国古代诗歌开端、最早的一部诗歌总集，收集了西周初年至春秋中叶的诗歌，共311篇。其内容丰富，反映了劳动与爱情、战争与徭役、压迫与反抗、风俗与婚姻、祭祖与宴会，甚至天象、地貌、动物、植物等方方面面，是周代社会生活的一面镜子。

《诗经》的作者绝大部分已经无法考证，相传周代设有采诗之官，每年春天，摇着木铎深入民间收集民间歌谣，把能够反映人民欢乐疾苦的作品，整理后交给太师（负责音乐之官）谱曲，演唱给周天子听。这些没有记录姓名的民间作者的作品，占据诗经的大多数。

《诗经》关注现实，抒发现实生活触发的真情实感，具有深厚的艺术魅力，是中国现实主义文学的第一座里程碑。赋比兴手法在《诗经》中广泛应用。孔子说："诗三百，一言以蔽之，思无邪。""不学诗，无以言。"

三、智慧解析

1. 蒹葭苍苍，白露为霜。所谓伊人，在水一方

芦苇茂密水边长，深秋白露结成霜。我心思念的那人，就在河水那一方。诗经描写男女爱情和美女的诗很多，如《关雎》《桃夭》《子衿》《静女》《木瓜》等，再比如《硕人》中"巧笑倩兮，美目盼兮"这一句，巧笑的两靥多好看，水灵的双睛分外娇。说的是庄姜的美，她是齐国公主，嫁给卫侯为妻，是历史上第一个因美貌而走进诗歌的女子。

2. 死生契阔，与子成说。执子之手，与子偕老

大意是：生生死死离离合合，我与你立下誓言。与你的双手交相执握，伴着你一起垂垂老去。只有见识过烟火和爱情的人，才知道人世间的美好与

凄凉。带给一个女人希望的不是爱情，而是男人的责任；带给一个男人安全感的也不是爱情，而是女人对家庭的付出。苏小和说：当把死亡问题带进日常生活，这个人就成为一个健全的人，一个有分寸的人。死亡问题才是一个人最大的功课，且是上帝赐给人类最美好的礼物，最平等的礼物。

3. 不愧于人，不畏于天

就是自己做的事情光明磊落，用白话说就是不怕别人说闲话，不怕老天会报应。现实生活中，黑夜给了我们黑色的眼睛，就是希望你用它来寻找光明。要光明磊落、顶天立地地做事说话，更需要智慧的支持和武装，否则受伤害的首先是自己而不是天谴。在不成熟者看来，到处都是冲突；在成熟者的眼里，无事不能相融。

4. 他山之石，可以攻玉

其他山上的石头，可以用来打磨玉器。现在常用以比喻别人的批评可以帮助自己改正错误，别人的意见，可以弥补自身不足。投资也一样，学习就是磨刀石；但光学习股技还不行，智慧的软实力也得修炼，两者都要硬，才能年有精进，稳健复利。

5. 兄弟阋于墙，外御其务

同在一个屋檐下，兄弟难免有磕绊，打打闹闹也正常；若是外人欺上门，就会团结一心共抵挡。这话是强调兄弟之情非同一般，血浓于水；兄弟同心时，其利断金。颜之推也说：兄弟者，分形连气之人也，方其幼也，父母左提右挈，前襟后裾，食则同案，衣则传服，学则连业，游则共方，虽有悖乱之人，不能不相爱也。

6. 投我以木瓜，报之以琼瑶

你送给我木瓜，我送给你美玉。比喻互相赠送答谢，投桃报李。实际生活中，对别人的忍耐，会成为自己的安宁；对别人的放手，会成为自己的自由；对别人的付出，会成为自己的获得；对别人的怜悯，会成为自己的宽恕。

7. 靡不有初，鲜克有终

没有不能善始的，可惜很少有能善终的。事情都有个开头，但很少能做到圆满终了的。多用于劝解人要善始善终。成大事不在于力量的大小，而在于能坚持多久。王阳明说持志如心痛，痛点就是志向和信念；被"痛点"牵引，有志之人做事不会轻言放弃。大多数人高估了他们在一年内能做的事情，而低估了他们在五年、十年里能做的事情。

诸子汇6
《尚书》

天道酬勤，厚德载物。

一、智慧警句

（1）真正的英雄主义，是认清了生活的真相后，依然热爱生活。

（2）五福：寿、富、康宁、攸好德、考终命。

（3）水曰润下，火曰炎下，木曰曲直，金曰从革，土爱稼穑

（4）不役耳目，百度惟贞，玩人丧德，玩物丧志。

（5）心之忧危，若蹈虎尾，涉于春冰。

（6）若升高，必自下；若陟遐，必自迩。

（7）与人不求备，检身若不及。

二、"尚书"典故

1. 伏生传书

秦始皇焚书坑儒并禁止民间私藏一切书。到汉惠帝时，才开了书禁；文帝接着更鼓励人民献书。那时传《尚书》的只有一个济南伏生。伏生本是秦朝的博士。始皇下诏烧诗书的时候，他将《书》藏在墙壁里。后来兵乱，他流亡在外。汉定天下，才回家。检查所藏的《书》，已失去数十篇，剩下的二十八篇，称为今文《尚书》。他开始在齐鲁之地私下授学，后来文帝知道了他，想召他入朝。那时他已九十多岁，不能远行到京师去。文帝便派掌故官晁错来向他学。伏生私人教授传播，加上朝廷的提倡推广，使《尚书》得以流传开来。

在儒家思想中，《尚书》具有极重要的地位；唐代史学家刘知几说："夫尚书者，七经之冠冕，百氏之襟袖；凡学者必先精此书，次览群书。""尚"即"上"，《尚书》就是上古的书。也被尊称为《书经》，它是中国上古历史文献和部分追述古代事迹著作的汇编；就文学意义而言，它是中国古代散文已经形成的标志。

2. 调和鼎鼐

从影视作品中，大家都知道，尚书在古代还是个官名，而且是高官；这个官职始于秦，东汉政务就开始归尚书管；魏晋以后，事实上即为宰相了；在清朝，六部主官称为尚书；比方说吏部尚书相当于现在的中组部部长，礼部尚书相当于中宣部部长兼外交部部长。

有个成语叫"调和鼎鼐"，比喻的就是处理国家大事，多指宰相的职责。它的出处和典故就和《尚书》中《咸有一德》这篇文章的作者有关联，因为这个作者伊尹，很传奇，从奴隶做到了右相（估计和尚书级别差不多的高官）。伊尹，是夏末商初政治家、军事谋略家。商汤灭亡夏朝、建立商朝，他是得力助手。他原是商汤岳父家里的奴隶，作为陪嫁奴隶，到了商汤家里。伊尹刚到商汤家里，只是在厨房打杂。怀才不遇的他，想了一个出头的办法。他做菜的手艺很好，有时候却故意做得没滋没味的。有一天，商汤果然被那没滋没味还炒糊了的菜激出火来，叫他来说明白。伊尹就利用这个机会，说道："做菜不能太咸，也不能太淡，只有把佐料放得恰到好处，火候也掌握得合适，菜才能好吃又有味。治理国家也和做菜是一个道理，既不能急于求成，也不能拖沓懒散，只有张弛有致，才能把事情办好。"伊尹这一番以菜喻事，让商汤发现自己厨房里居然有这样的人才，先解除了他的奴隶身份，以后又任命他为右相。危难时刻，是伊尹想办法把商汤从夏的监狱钧台（今河南禹州）给解救出来的。

三、智慧解析

1. 真正的英雄主义，是认清了生活的真相后，依然热爱生活

这是法国大作家罗曼·罗兰的话，在《尚书》中有一句更经典的话，就是"人心惟危，道心惟微。惟精惟一，允执厥中。"之所以用罗曼·罗兰的

话引出这句话，是因为这十六个字便是儒家乃至中国文化传统中著名的"十六字心传"；被尊为士人治天下的大法，个人修心的要诀；寥寥十六字，内含大智慧；我个人理解这句话俗白的大意是：人心险恶，世道艰难；心性专一，不弃梦想。喜欢国学智慧的朋友不妨看看南怀瑾先生讲这十六字心法的相关文章和解读。

2. 五福：寿、富、康宁、攸好德、考终命

每逢春节，家家户户都有贴春联的习俗。有一个特别常用的横批，就是"五福临门"，这五福就是"一曰寿、二曰富、三曰康宁、四曰攸好德、五曰考终命。"寓意很吉祥。现在商家也常打"五福"牌，比如这两年的支付宝集五福活动。福卡分别是和谐卡、爱国卡、敬业卡、友善卡、富强卡等，集齐了五福卡，就能参与瓜分5亿元的活动，最后每个人能分上几元钱；但大家玩得不亦乐乎，商家的营销"吸睛效应"更是风生水起。

3. 水曰润下，火曰炎下，木曰曲直，金曰从革，土爰稼穑

这句话讲的是五行的特质；那什么是五行呢？它是中国古代道教哲学的原始系统观，广泛用于中医、命理、相术和占卜等方面。

后人根据对五行的认识，又创造了五行相生相克理论。相生：木生火，火生土，土生金，金生水，水生木。相克：木克土，土克水，水克火、火克金、金克木。很有意思的是，有人依据五行的相生相克来炒股；网上有篇文章这样说：如生肖属龙羊牛狗，五行属土，可以多选择物业、建筑、房地产等股票。如生肖属鸡猴，五行属金，可以多选择银行、贵金属、高科技等股票。如生肖属虎兔，五行属木，可以选择造纸、服装、桥梁、物流等企业。如生肖属猪鼠，五行属水，可以选择自来水、饮料等股票。如生肖属马蛇，五生属火，可以多选择石油、煤气、娱乐、餐饮等股票。对此说法，不知您信不信？

4. 不役耳目，百度惟贞，玩人丧德，玩物丧志

"玩物丧志"常是长辈劝诫年轻人的话；在《论语》智慧中，咱们提起过从《论语》《诗经》等名章典籍中取名的思路，上面这句话里就有一家知名科技公司的名字"百度"，大概率是受此启发；不仅是人名、公司名，大学以此方法取名的更常见，比如复旦大学的名字就来自《尚书》中的"日

月光华，旦复旦兮"这句话；暨南大学同样出自《尚书·禹贡》中的"东渐于海，西被于流沙，朔南暨，声教讫于四海"；同济大学的校名则来自《孙子》一书中的"同舟共济"。前面简单说了五形的话题，金庸《射雕英雄传》中被誉为"乾坤五绝"的五位高人的名字就参考了五行思想。东方尚青，属木，故"东邪"为黄药师（平时着青袍）；南方尚赤，属火，故"南帝"段智兴号一灯；西方尚白，属金，故"西毒"为欧阳"锋"；北方尚黑，属水，故"北丐"为"洪"七公；中央尚黄，属土，故"中神通"为王重阳；这样便将金、木、水、火、土五行巧妙地镶嵌在五个人的姓名中。

5. 心之忧危，若蹈虎尾，涉于春冰

股票是高风险品种，"心之忧危，若蹈虎尾，涉于春冰"。敬畏市场就是敬畏风险。投资本身不会有风险，失控的投资才有风险。真正的风险是投资人的本身认识问题和对失控的把握。巴菲特说：风险来自你不知道自己正在做什么。索罗斯也告诫投资者：错误并不可耻，可耻的是错误已经显而易见了却还不去修正。炒股最忌逆大势，逆势无异与虎谋皮，如履薄冰。

6. 若升高，必自下；若陟遐，必自迩

这句话的大意是登高才知眼界低，远行方觉见识短。和荀子《劝学》篇中的话"不登高山，不知天之高也；不临深溪，不知地之厚也"寓意相近。投资理财，学习是登高的梯子，总结是远行的舟楫，人脉是财脉，中庸才守恒。

7. 与人不求备，检身若不及

对别人不能求全责备，对自己要严格约束。这句话讲的正是"严于律己、宽以待人"的道理。心里放任自己，是没有标准；心里抱怨别人，是没有慈悲。生活中、工作上与人相处、与人合作，就如乒乓球的双打配对，一个成熟的人要及时调整自己鼓励队友，而不是抱怨、苛责队友。

诸子汇 7
《礼记》

万物皆有裂痕，那是光照进来的地方；《礼记》——中国古文化史和礼制之窗中的一束暖光。

一、智慧警句

（1）真正的慎独，就是知行合一。

（2）干大事而惜身，见小利而忘义。

（3）水至清则无鱼，人至察则无徒。

（4）玉不琢，不成器；人不学，不知道。

（5）入竟而问禁，入国而问俗，入门而问讳。

（6）恶言不出于口，忿言不反于身。

（7）量入以为出

二、礼仪之邦

1.《礼记》手札

《礼记》据传为孔子的七十二弟子及其学生们所作，西汉礼学家戴圣所编，是中国古代一部重要的典章制度选集。

自东汉郑玄作"注"后，《礼记》地位日升，至唐代时尊为"经"，宋代以后，位居"三礼"之首。《礼记》中记载的古代文化史知识及思想学说，对儒家文化传承、当代文化教育和德行教养有重要影响。

2. 礼之仁和

仁的核心是善，善待众生，以不损他人、利他人为准则（多赢）；仁中有真，非真不足以为仁；仁中有和，好斗不足以言仁；仁和即柔、即韧、即大忍；大忍非一般之忍；有怒不敢言，有理不敢申的含泪之忍，是执着于顾虑心的小忍，是权宜之计，与真和善无关。

3. 师礼"程门立雪"

《礼记》中有:"凡学之道,严师为难。"意思是尊师是学有所成的关键所在。

"程门立雪"说的是宋代学者杨时和游酢向程颢、程颐拜师求教的事。二程我们在前面分享《大学》智慧时提及过的人;杨时、游酢二人,原先以程颢为师,程颢去世后,他们都已四十岁了,且已中了进士,然而他们还要去找程颐继续求学。

一日杨时、游酢一起来到嵩阳书院拜见程颐,但正遇程老先生闭目养神,佯装假寐。此时,外面开始下雪。两人求师心切,便恭恭敬敬侍立一旁,不言不动;等了大半天,程颐才慢慢睁开眼睛,见两人还站在面前,吃了一惊,说道:"啊!你们两位还在这儿没走?"这时候,门外的积雪已经一尺多厚了,而杨时和游酢并没有一丝不耐烦。

三、智慧解析

1. 真正的慎独,就是知行合一

王阳明的思想取自于此。"慎独"说得直白些就是"严于律己"的意思,尤其是在无人监督的情状下;《礼记·中庸》有这样的话:"莫见乎隐,莫显乎微,故君子慎其独也。"《礼记·大学》也说"此谓诚於中,形於外,故君子必慎其独也"。在儒家道统中,对个人道德修为一直要求比较高,最后高得"灭人欲"了,而忽略"饮食男女,人之大欲存焉;死亡贫苦,人之大恶存焉",就有失偏颇了;王氏智慧更具备现实意义,"慎始"需智慧,"慎终"得行果,也就是折中了人性自然属性的"利己"和社会属性的"尊礼",以合一的方式呈现,更具现实性智慧意义。这样做,既合人性,也合礼法,符合顺应大势的智慧法则;优秀的人可以此将精神和物质整合为一体,为家庭幸福添砖,为个人修为加瓦,相得益彰。

2. 干大事而惜身,见小利而忘义

这句话出自《三国演义》,曹操评价袁绍的原话是"袁绍色厉胆薄,好谋无断;干大事而惜身,见小利而忘命;非英雄也"。其写实性至今仍很强。

说到义利的问题,好似都是大问题,品性问题;其实不然,现实生活我

们也经常直面义利的取舍，有取舍就需智慧；《礼记》里也有对义利观的阐释，比如"见利不亏其义，见死不更其守"，这句话一看就明晰内涵；还有《论语》中的一句话"君子喻于义，小人喻于利"，一般人对此多有误解，认为孔子在此是在贬小人、否定利。其实不然，《易传》中说："利者，义之和也。"大意是最大的利是遂心遂愿，活得舒畅，富贵不应是至上的追求，而是水到渠成的结果；墨子也说"义，利也"，就是说利是义的本质。

义利的取舍，说简单也不复杂，做到"君子爱财，取之有道"就问心无愧了；用花荣先生的话说就是"财富是优秀的副产品"。当然，对"唯利是图"的人最好敬而远之。

3. 水至清则无鱼，人至察则无徒

这有些像"物极必反"的道理。前面我们谈《中庸》智慧时，说过有原则的"刚刚好"，其实这就是我们常说的"分寸"，"中庸"就是合适的分寸。股市也一样，物极必反；看法高度趋同时，往往不是最佳机会，也不具备持续性；因为不在分寸的节点上，要么是不及，要么是过，不是刚刚好的，就不具备平衡性；输赢的最高境界是一个"和"字，和就是分寸守恒。《礼记》中类似阐述分寸的话还有："君子不尽人之欢，不竭人之忠，以全交也""傲不可长，欲不可纵，志不可满，乐不可极""礼尚往来。往而不来，非礼也；来而不往，亦非礼也"等。

4. 玉不琢，不成器；人不学，不知道

这句话里内含一个典故，记载了中国历史上最早的赌石的故事。楚国有个叫卞和的人，在山里找到了一块没有琢磨的玉石，他把这玉石呈现给楚厉王。没想到，宫里的玉匠竟说这只是一块普通的石头，厉王一生气，把卞和定了罪。厉王死后，武王继位，卞和又将玉石献给武王，仍然不被认可而治罪。卞和失望地抱着石头哭了三天三夜。文王即位后知道了这件事，便将卞和请进宫来，命令玉匠把这块石头好好打磨一番，竟然是一块极品美玉，后命名为"和氏璧"。炒股投资的道理是一样的，不学习，不磨砺，盈利水平提高不了，好的交易习惯形成不了；更重要的是学习才能明方向，在股市，方向比速度还重要。

5. 入竟而问禁，入国而问俗，入门而问讳

这句话就是说要"入乡随俗"懂规矩；股市也一样，不熟悉市场法规，不明晰交易品种特质，就容易做永动机、永炖机和操纵市场，而这却是逆势干扰稳健获利的最大忌讳，如《中庸》说的那样"凡事预则立，不预则废"，贫穷不需要计划，致富才需要周密计划，洞悉规则，全力践行。

6. 恶言不出于口，忿言不反于身

这句话颇有生活智慧，就如《礼记》中的另一句话"富润屋，德润身，心广体胖"所言，只要心胸开阔，就能心情愉悦。萧伯纳说：自我控制是最强者的本能；所以说生气就是拿别人的过错来惩罚自己；原谅别人，就是善待自己。

7. 量入以为出

诸葛亮在《诫子书》中告诫8岁的幼子"静以修身，俭以养德"，说的也是这个意思，有多大肚量就吃多少饭。苏轼被贬黄州"量入为出"的居家故事就更有意思：因钱少囊羞，他月初将月俸分成30份放入30个竹筒悬于厅堂房梁之上，每天取下一竹筒碎钱糊口；若当日有余则放到第31个竹筒中作为"余粮"备存。后来太守借给他一块荒地，开垦后才渡过了难关。苏轼将此荒地叫作"东坡地"，自己成了东坡先生，自给自足后就有了"东坡肉""东坡肘子"。苏轼"量入以为出"的"节流""开源"并举之法，在当下对人也有现实智慧启发。在股票投资中，盲目配资、赌博倍增杠杆的行为就不是量入为出的理性之选。

诸子汇8
《春秋》《左传》

人非圣贤，孰能无过？过而能改，善莫大焉。

一、智慧警句

（1）立德立功立言真三不朽，明理明知明教乃万人师。

（2）多行不义必自毙，子姑待之。

（3）爱子，教之以义方，弗纳于邪，骄、奢、淫、佚，所自邪也。

（4）居安思危，思则有备，有备无患。

（5）量力而动，其过鲜矣。

（6）凡有血气，皆有争心，故利不可强，思义为愈。

（7）夫战，勇气也。一鼓作气，再而衰，三而竭。

二、春秋史话

1.《春秋》《左传》

《春秋》和《左传》并非同一本著作，但两者有关联。《春秋》是我国最早的一部编年史，相传为孔子所著，或称是鲁国的史官所作。《左转》是《春秋》的注释，也叫《左氏春秋》。因《春秋》记载史事非常简略，后世常有文人为之做注解阐释，称为"传"。其中以《春秋左氏传》最为著名，后人简称为《左传》。

2. 关羽夜读《春秋》

在《三国演义》中，有关羽夜读春秋的描写。有此，人们称赞关羽是一位爱读经典的大将军。后人在纪念关羽的庙宇中大都有夜读的情景。譬如，洛阳关林、湖北当阳关陵、山西解州关帝庙、开封的山陕会馆、许昌春秋楼、亳州花戏楼等均供有关羽夜读《春秋》的塑像。在许昌等地，还专为关羽夜读《春秋》建了一座春秋楼。过去的不少大户人家的中堂，也挂有关羽夜读《春秋》的中堂画，大多配有"心存汉室三分鼎，志在春秋一部书"的对联。千百年来，关羽夜读《春秋》的忠勇、仁义、诚信精神和正人君子行为一直成为炎黄子孙共同的道德追求和做人准则，关羽本人也被奉为战神、财神、文神等多个神灵集于一身的大义之神。

也有人从陈寿《三国志·关羽传》的注解中推测关羽有过秉烛夜读，读的是《左氏春秋》，也就是《左传》，而不是孔子的《春秋》，均为一家之言。关羽既然是在从下邳到许昌的路上的驿馆夜读《春秋》，就难免有作秀的嫌疑。他保着二位皇嫂势单力孤，精神上应该比较紧张，虽然降曹但皇嫂的安危是头等大事。夜里读几页书的目的不在读书，而在于提高警惕，不打瞌睡，防止有人图谋不轨。也就是说，关大将军这是醉翁之意不在酒，是要做个样子给人看：每临大事有静气。

三、智慧解析

1. 立德立功立言真三不朽，明理明知明教乃万人师

这句话的出处是余姚城区龙泉山北麓心学大师王阳明的故居中的一副楹联，在《左氏春秋》中的原文是：立德、立功、立言；太上有立德，其次有立功，其次有立言，虽久不废，此之谓三不朽。在历史上"立德、立功、立言，三不朽"的代表人物有王阳明、曾国藩等。花荣先生曾点评：在股市合法合规的赚钱就是立功，写《操盘手》、"百千万"系列书籍就是为证券市场和股民立言，发扬骑士精神从身边人有缘人助人就是立德。

2. 多行不义必自毙，子姑待之

这句话的意思大家都明白，我觉得这里的"义"不应狭隘地拘泥字面内涵，应以更宽广的视角来解析。在投资智慧中，讲规则，遵规矩，顺大势，就是"义"；反之就是"不义"，就会出轨。《左氏春秋》中的另一句话：故讲事以度轨量，谓之"轨"，取材以章物采，谓之"物"。说的是相似的道理。

3. 爱子，教之以义方，弗纳于邪，骄、奢、淫、佚，所自邪也

《左传》里有这样一句话"女有家，男有室；室家谓夫妇也"。夫妇是家庭的支柱，孩子更是支柱稳定的基础；对于做父母的来说，子女教育往往比较闹心；现实是父母对子女，不缺爱，但尺度把握不好，就是溺爱，溺爱的后果，孩子就容易被这句话中的"骄奢淫逸"所侵扰。《左传》中还有一句话"宴安鸩毒，不可怀也"，也是诫勉的话，大意与"生于忧患死于安乐"的道理相似。

4. 居安思危，思则有备，有备无患

这句话在股市中最直接的体现就是如何防控风险，面对市场实战，若是不戴头盔就上战场，阵亡的概率很大；一个成熟的投资者不是等"熊掌"拍过来了，才想着去找"头盔"，而是早就思虑有备，用操作系统和纪律来应对防控风险，这样才有备无患。

5. 量力而动，其过鲜矣

在现实智慧里，有自知之明很重要，有自知之明就会知己知彼；有自知之明很重要一点就是量力而行。这个道理说起来比较浅显，但在现实中做到知行合一却不容易。尤其在股市中，很多股民逆势持股，就是自不量力的具体体现。

6. 凡有血气，皆有争心，故利不可强，思义为愈

这句话的意思比较直白，人都有争利之心。君子爱财取之以道，这个道就是要符合道义，也就是"不可强，思义为愈"。证券投资也是一样的道理，强求不得，永动机、永炖机、操纵市场等方式都是强求，而财富是优秀的副产品，顺势遵规，重逻辑，讲求大概率，就能得利。

7. 夫战，勇气也。一鼓作气，再而衰，三而竭

这句话耳熟能详，出自《左传》里的《曹刿论战》。在现实智慧中，很多人缺乏的就是一个勇字，可谓一勇克千惧，一勇斩心魔，勇气是斩断恐惧的利刃，才能面对逆境越挫越勇。佛教讲的"成佛作祖"，也教化人不光是有慈悲、有智慧就能成事，很重要的还要有勇气，讲的也是这个道理。

诸子汇9
李嘉诚

发上等愿　结中等缘　享下等福　向高处立　就平处坐　从宽处行

一、智慧警句

（1）不亏损，保住本金永远是第一原则。

（2）鸡蛋，从外打破是食物，从内打破是生命，人生亦是。

（3）乐观者在灾祸中看到机会；悲观者在机会中看到灾祸。

（4）男人的胸怀是被冤枉撑大的，受的冤枉越多，胸怀越广。

（5）人生重要的不是所站的位置，而是所朝的方向。

（6）未攻之前先要守，当我着手进攻时，我要确信，有超过100%的能力。

（7）你想过普通的生活，就会遇到普通的挫折。你想过最好的生活，就一定会遇上最强的伤害。世界很公平，想要最好，就一定会给你最痛。

二、防漏财

1. 李嘉诚

李嘉诚（生于 1928 年 7 月），广东潮州，香港首富、长江集团创办人。1939 年 6 月，刚读初中的李嘉诚与家人辗转到香港，寄居在舅父庄静庵家。1958 年开始投资地产，1979 年购入老牌英资商行"和记黄埔"，成为首位收购英资商行的华人。从 1999 年被福布斯评为全球华人首富以来，曾连续 15 年蝉联。2018 年 9 月，李嘉诚入选"世界最具影响力十大华商人物"。

2. 李嘉诚告诫：改变 10 种漏财小习惯

惊艳、称道李嘉诚先生商场上的运筹帷幄、纵横捭阖时，普通人应关注他白手起家，勤奋守信、呵财护财的理财思维和习惯给我们的启示，这或更值得借鉴和吸纳。

（1）一枚硬币的故事。李嘉诚有一次从家中出来，正当秘书为其开车门弯腰欲上车的刹那，不小心从上衣口袋掉出一个硬币。不巧的是这个硬币滚落到路边的井盖下面。于是他让秘书通知专人前来揭开井盖，小心翼翼在井下寻找。大约十分钟后，终于找到了硬币，于是李嘉诚先生"奖励"这位服务人员 100 元港币。李嘉诚先生称：一枚硬币也是财富，如果你忽视它，它"落井"了，你不去救它，那么慢慢地财富财运就会离你而去；而 100 元港币则是他对工作人员服务的满意。

（2）漏财的 10 种表现。

1）不要找回的零钱：很多人平常不拿零钱当回事，殊不知，你的财运可能在不知不觉中转向。

2）不捡路边的碎钱。

3）家里到处都放钱：钱财再多也会"散尽"。

4）洗衣机当点钞机：现在还有人常常在自家的洗衣机中发现钱。长此以往，你的财运也会被洗得干干净净啦。

5）小金库随处摆设。

6）钱上留大名。

7）不把破损的钱当回事。

8）把钱当工艺品。

9）当众撒大钱。

10）随身没有合适的钱包。

三、解析与实践

1. 不亏损，保住本金永远是第一原则

简单实例：保住本金，复利为王。AB 两人都用 10 万元炒股，第一年 A 盈利 10%，B 亏损 20%；下来 A 每年盈利 10%，B 每年盈利 20%；需要在第五年 B 才能追上 A 的资金。每年保证 20% 的收益比 10% 的收益难度是不一样的，弄不好又要亏，那 B 要想追上 A，更是困难。

2. 鸡蛋，从外打破是食物，从内打破是生命，人生亦是

从外打破是压力，从内打破是成长。如果你等待别人从外打破你，那么你注定成为别人的食物；如果能自己从内打破，那么你会发现自己的成长相当于一种重生。

3. 乐观者在灾祸中看到机会；悲观者在机会中看到灾祸

乐观者与悲观者之间，其差别是很有趣的：乐观者看到的是油炸圈饼，悲观者看到的是一个窟窿。在股票趋势向下时，我们要做个悲观者，而在牛市中，我们要做个乐观者。

4. 男人的胸怀是被冤枉撑大的，受的冤枉越多，胸怀越广

男人不怕失败就怕不敢再来。如果你不甘平庸，那就别找太多的借口和理由；如果你甘于平凡，那就继续你平庸的生活。每段出彩的人生多是充满委屈的人生，饱受委屈更能明白世道人心，胸怀宽广者会在委屈中反思并且超越自己。

5. 人生重要的不是所站的位置，而是所朝的方向

跟对方向很重要，李嘉诚司机退休前婉拒李嘉诚给钱的故事（故事真伪不重要，重要的是事理和代表的方向）。

6. 未攻之前先要守，当我着手进攻时，我要确信，有超过100%的能力

交易之道，守不败之地，攻可赢之敌。每一次的成功，只会使你迈出一小步。但每一次失败，却会使你向后倒退一大步。从大厦的第一层走到顶楼，要几十分钟。但是从楼顶纵身跳下，只要 30 秒，就可以回到楼底。

7. 你想过普通的生活，就会遇到普通的挫折。你想过最好的生活，就一定会遇上最强的伤害。世界很公平，想要最好，就一定会给你最痛

能闯过去，你就是赢家；闯不过去，那就乖乖退回去做个普通人吧。所谓成功，并不是看你有多聪明，而是看你能否笑着渡过难关。

诸子汇 10
智慧

识人，懂事，顺势，栖群，知进退。

一、智慧警句

（1）每个人都有一个觉醒期，但觉醒的早晚决定个人的命运。

（2）智慧的第一步是明辨是非，而后才有恰当行为和目标方向。

（3）通常的智慧行为是，服从大概率，服从趋势。

（4）思想必须以极端的方法才能进步，然而又必须以中庸之道才能延续。

（5）有人喜欢小溪，是因为没见过大海。

（6）最大的决心会产生最高的智慧。

（7）和平智慧要服从规则。

二、智慧

1. 智慧

形而上者谓之道；形而下者谓之器。

逻辑思维、博弈思维、心理状态很重要。

一个人彻悟的程度，恰等于他所受痛苦的深度。

2. 精英

智慧有三果：一是思考周到，二是语言得当，三是行为公正。

做人要讲是非，但不要太计较利害；做事要讲厉害，但不要太害怕是非。

良知首先反对实力主义、利益主义。智慧与狡诈是不同的。

现代人理性的思维应该是良知、长远、多赢、最优，有逻辑，愿忏悔。

三、解析与实践

1. 每个人都有一个觉醒期，但觉醒的早晚决定个人的命运

头脑经过智慧训练，就是资产；不经过训练，就是负债。

人要有三个头脑：天生的一个头脑、从书中得来的一个头脑、从生活中得来的一个头脑。

2. 智慧的第一步是明辨是非，而后才有恰当行为和目标方向

人的智慧提高主要在于：历史知识的博闻、逻辑思维的缜密、社会现实的统计。

3. 通常的智慧行为是，服从大概率，服从趋势

孙子兵法的核心是"以强胜弱"，避免"以弱斗强"。熊市逆势持股就是对抗大概率，逆势。

4. 思想必须以极端的方法才能进步，然而又必须以中庸之道才能延续

事情没有完美，只有比较，综合的比较，不能田忌赛马。

接受一个事物需要先全盘接受，掌握之后再改进。

5. 有人喜欢小溪，是因为没见过大海

这说的是，见多识广的重要性，读万卷书，走万里路，阅人无数。

"自己"这个东西是看不见的，我们撞上一些别的什么，反弹回来，才会了解"自己"。所以，跟很强的东西、可怕的东西、水准很高的东西相碰撞，然后才知道"自己"是什么，这才是自我。——山本耀司

6. 最大的决心会产生最高的智慧

人一旦有了恐惧，便失去了智慧。

7. 和平智慧要服从规则

世界智慧要了解平台规则，中国智慧除了需要了解规则，还要了解潜规则。

违反规则，容易遭受最大的失败，甚至前功尽弃。

股市中常见的行为——永炖机、永动机、操纵市场，这也是屌丝的三个梦想，是典型的违反智慧原则的。

诸子汇 11
女人

女人的特质是情绪化和好奇心。

一、智慧警句

（1）不要指望女人认错，她们没有认错的习惯。

（2）女生发火时和恐怖分子有什么区别？

（3）当着心爱的男人，每个女人都有返老还童的绝技。

（4）女人无理取闹，必有所图！

（5）对女人最好的评价不是，你真美，而是性感。

（6）唠叨，是女人最高阶的爱；沉默，是女人最可怕的冷酷。

（7）什么样的女人是男人的至爱？出门是贵妇；厨房是主妇；人前是秘书；回家是保姆。男人最爱的女人是张爱玲＋潘金莲，既淑又浪，才貌双绝。

二、女人

1. 更优秀

我觉得女人自称和男人平等真是太傻了，因为一直以来，女人都远比男人优秀。无论你给一个女人什么，你都会得到更多回报。你给她一个精子，她给你一个孩子；你给她一个房子，她给你一个家；你给她一堆食材，她给你一顿美餐；你给她一个微笑，她会给你整颗心。她会使你给她的东西放大和倍增。

2. 女色狼

女色狼有什么不好？风流而不下流也不是男人的专利呀！羡慕一些风度翩翩的公子，为什么自己不可以做一个潇洒的女人？女人要有骨气，要么谈恋爱到结婚，要么高傲地单身。何必用自己的青春调教别人的老公还那么认真。

三、解析与实践

1. 不要指望女人认错，她们没有认错的习惯

女人对外界的感受，起作用的是第一感觉，直觉的作用很强大，其优势是敏感和具有持续性，也就是执拗。弱点是对第二层次的东西不敏感，也就是缺乏网状思维。

因此，不要指望女人在第一时间认错，更不能第一时间讲理，要先缓和气氛，在气氛和缓的情况下说清楚你要表达的意思。

2. 女生发火时和恐怖分子有什么区别

女人是情绪化的，性子上来了什么事都干，什么话都说。恐怖分子至少还能谈判，所以要先熄火，熄火之前别指望她做其他什么东西。

3. 当着心爱的男人，每个女人都有返老还童的绝技

这是钱钟书总结的话，在总结男女关系的领域，钱钟书有许多妙语，也是经过事实检验的。

4. 女人无理取闹，必有所图

女人的情绪是直的，表达却是弯曲的。

5. 对女人最好的评价不是你真美，而是性感

有一句话说"色胆包天"，也就是"色"能激发男性全方面潜能和女性引导的能量，最典型的例子是电视剧《潜伏》中的余则成。气质高贵的女人往往会给男人生活的信心和勇气，因为她们的生命里存在着一种能够净化男人的心灵，激发男人斗志的人格魅力。

6. 唠叨，是女人最高阶的爱；沉默，是女人最可怕的冷酷

女人的天性就是个"话匣子"。

7. 什么样的女人是男人的至爱？出门是贵妇；厨房是主妇；人前是秘书；回家是保姆。男人最爱的女人是张爱玲＋潘金莲，既淑又浪，才貌双绝这是站在男人的需求角度上统计的。

诸子汇 12
男人

男人的第一特质就是坚强。

一、智慧警句

（1）男子汉，就是在滂沱大雨中，含着泪，也要微笑。

（2）男人的灵气比才华重要，才华比小聪明重要，小聪明和鬼点子多比脚踏实地和笨鸟先飞重要。

（3）好男人不过就是：第一，能赚到给女人买裙子的钱。第二，陪她去买。第三，说好看。

（4）男人爱女人的最好方式，就是不让自己的女人觉得无聊。

（5）直男最大的错，就是发现你女朋友的错，还不认错。

（6）男人是有爱情的，而女人没有，女人是谁对她好，她也感觉好，她就跟谁走了。

（7）不要以为男人就可以不注重形象，女人也不是瞎子。

二、男人

1. 君子

男人，要有一个男人的样子，利利索索痛痛快快，不要扭扭捏捏婆婆妈妈。男人，要保护女人尊重女人，不要强迫她做不愿意的事；不要打女人，无论她伤过你还是骗过你，别学王宝钏。男人，要说话算话，吐出去的东西再咽回来，自己都觉得恶心。男人可以不帅，但一定要有风度修养内涵底蕴。男人可以丑，但绝不能丑陋。

2. 男人们记着

女人如果追求的是钱，你给她足够的钱，她不会因为你不理她而生气。她追求的如果是感情，你给她足够的爱，她不会因为你没钱而瞧不起你。如果钱和爱你都给不了，你却要她包容你的花心、懒惰、撒谎，那对不起，你需要的是个傻子！不要怕女人物质，不物质的女人更可怕，因为她要的是真爱，这你更给不起。

三、解析与实践

1. 男子汉，就是在滂沱大雨中，含着泪，也要微笑

男人的第一特质就是坚强。

2. 男人的灵气比才华重要，才华比小聪明重要，小聪明和鬼点子多比脚踏实地和笨鸟先飞重要

临危而不惧，途穷而志存；苦难能自立，责任揽自身；怨恨能德报，美丑辨分明；名利甘居后，为理愿驰骋；仁厚纳知己，开明扩胸襟；当机能立断，遇乱能慎行；忍辱能负重，坚忍能守恒；临弱可落泪，对恶敢拼争；功高不自傲，事后常反省；举止终如一，立言必有行。

3. 好男人不过就是：第一，能赚到给女人买裙子的钱。第二，陪她去买。第三，说好看

好男人就要做好事，做好事要做到底。

4. 男人爱女人的最好方式，就是不让自己的女人觉得无聊

人的最终结局都是一样的，关键是过程，活着要有意思。

5. 直男最大的错，就是发现你女朋友的错，还不认错

骑士精神的本质就是，一切为了你的女王，一切为女王担待。

6. 男人是有爱情的，而女人没有，女人是谁对她好，她也感觉好，她就跟谁走了

男人是理智动物，女人是感性动物。

7. 不要以为男人就可以不注重形象，女人也不是瞎子

爱美之心，人皆有之，是不论男女的。

诸子汇 13
目标

人生最重要的是什么？注意力和穿透力。什么是注意力？就是你的人生目标。什么是穿透力？就是可以排除周围所有的纷纷扰扰，眼睛盯着你前行的路。

当我们的生命有目标，如果你的眼睛、行为可以穿透困难，就能走进目标。

一、智慧警句

（1）没有一定的目标，智慧就会丧失；哪儿都是目标，哪儿就都没有目标。

（2）目标可以是组合的，既有短期目标，也应该有远期目标。如果你的一个目标太大，那么不妨把你的大目标细分成 10 个小目标，一个一个小目标地去完成。

（3）大的目标并不一定是马上就要达成的，很多时候它仅仅是为了给你方向感。

（4）大多数人高估了一年内能做的事情，而低估了十年里能做的事情。

（5）目标永远最大，其他的因素都需要为目标服务，为目标让路。

（6）股市中的目标有两个，一是追求财富，二是避免不幸。

（7）有成之人必然有他们独到的方法。一是知道自己想要的并是合适的。二是知道怎么去做。三是知道自己当前正在接近目标还是远离目标。

二、目标管理

1. 目标设定

目标要明确，要有具体的数字进行量化；一定是可达成的，并插接到每季、每月、每周、每日当中；每一个季度都有重点的方向，并围绕这个方向

开展工作；要有时间性，针对每个具体的规划都要依据时间的紧迫性做一个时间限制。

2. 目标分解

对每个区域要有三个层面的目标：保底目标、标准目标和挑战目标。

保底目标是这个区域做得最差情况下要完成的目标；标准目标是这个区域没有特殊情况下应该完成的目标；而挑战目标则是超额完成的目标。

三、解析与实践

（1）没有一定的目标，智慧就会丧失；哪儿都是目标，哪儿就都没有目标。人生要有目标，没有目标，哪来的劲头？目标必须是客观、恰当的，人的精力有限，要聚焦最重要、最恰当的目标。计划比目标更重要，计划不完善，就等于目标失败。

（2）目标可以是组合的，既有短期目标，也应该有远期目标。如果你的一个目标太大，那么不妨把你的大目标细分成 10 个小目标，一个一个小目标地去完成。有了目标之后，还要有计划，更要有努力。

（3）大的目标并不一定是马上就要达成的，很多时候它仅仅是为了给你方向感。计划也许有时候赶不上变化，但是有计划绝对比没有计划强，不变的计划比没有计划更糟，实现计划既要有原则又要柔性地符合客观现实。

（4）大多数人高估了一年内能做的事情，而低估了十年里能做的事情，这是一个经验总结。达到目标的最好办法就是投入自己 80% 的时间和精力去完成它，太松了浪费生命，太紧了容易疲劳，效率差。

（5）目标永远最大，其他的因素都需要为目标服务，为目标让路。所有的计划都不能坚持，只有两个小原因：早上起不了床，晚上下不了线。其他的因素也不能成为理由。

（6）股市中的目标有两个，一是追求财富，二是避免不幸。事情可能是多维的，单维需要速度和耐力；双维的还需要选择时机；多维的还需要试验和评估。

（7）有成之人必然有他们独到的方法。一是知道自己想要的并且是合适的。二是知道怎么去做。三是知道自己当前正在接近目标还是远离目标。

要为目标养成好习惯，学习新技能，继续综合能量，横纵向比较。

【花言巧语加油站】

（1）只有进过地狱的人，才能征服天堂。

（2）聪明是柄利剑，只有藏在愚钝的鞘中，才能避免伤人。

（3）决定问题需要智慧，贯彻执行时则需要耐心。

（4）人有三个基本错误是不能犯的：一是德薄而位尊，二是智小而谋大，三是力小而任重。

（5）穷困潦倒之时，不被人欺；飞黄腾达之日，不被人嫉。

（6）一个人的成功，只有25%由于他的专业技术，而75%则要靠人际关系和他为人处世的能力。

（7）求万世之荣，不如免一事之辱，邀千人之欢，不如释一人之怨。

（8）没有惩罚的训练，很难有强于他人的提高。

（9）精神文明的差别主要体现于三点：契约、公平、长远。

第二部分

花 识 榜

　　最好的人生是这样的：既有敏感的灵魂又有粗糙的神经，既有滚烫的血液又有沉静的眼神，既有深沉的想法又有世俗的趣味，既有仰望星空的诗意又有脚踏实地的坚定，经历了长夜，守到了黎明，穿行过黑暗，还相信阳光，带着强大的内心上路，脸上有卑微的笑容，一路看山看水，走走停停。

　　把不忙不闲的工作做得出色，把不咸不淡的生活过得精彩。

花识榜 1
人生进步的方法论

　　人生方法论就是人生智慧，具体的内容体现是历史、统计、比较、自我角度、博弈、底线、行为。

　　这些要素要清晰地了解，要在工作生活中运用，下面我根据自己的理解来解释一下：

一、历史

社会历史经常是周期循环的，股市也是如此，正在发生的、未来将发生的事没有新鲜事，经常是过去历史事件的重复。

许多事情无法亲历，就需要去回顾历史，去熟悉历史上一些特殊事件发生的形式、背景、原因和目的。

股市也是这样，经常回看大盘的低位起涨点、高位回跌点、涨跌的过程，回看个股的涨跌原因、涨跌方式规律，是对技术感觉最好的训练和积累。

回顾总结，找出可复制的机会，书面系统归纳总结并形成记忆，是提升技能的最佳方式。

提升技能方式有两种，第一种是自己归纳总结并熟练应用，第二种是对别人归纳总结的经验进行验证记忆。

二、统计

统计是为了真实地客观认识，而不是陷入感觉、臆想和别人的告知（不知道对错）。

股市中的统计需要有定性指标和参照物。

最常见的定性指标有成交量能、MACD、重要均线、成本线等，需要依靠这些指标定性出高、低、强、弱。

参照物为主要量能、涨速、强弱等的排名。

同时我们也需要统计工作，发现现阶段市场的某些规律，并应用到实战中。

股市中的技术分析最怕是没有原则的感觉。

三、比较

事物不存在完美无绝对，比较出高下，需要整体比较，有参照物的比较，而不是选择性的比较。

比较是为了理智，让思维更清晰，让行为更中庸。

我们经过阶段的统计，找出现阶段的参照物指标以及波动规律，根据这些参照物指标以及波动规律来指导我们的投资计划和行为。

四、自我角度

社会、股市中的利益，存在着分蛋糕的问题，也存在着博弈角度的问题。不同的角度也许结论就不一样。

我们在看待某些问题时，必须有自我角度，而不是媒体角度、融资者角度或者其他的非自我角度，当然如果你的物资能力足够，随意性也是可以的，但这不是实际的方法论，而是精神游戏境界。

在股市中的自我角度只有两点，一是合法、合规，二是多盈利少亏损。

五、博弈

我们的行为必须是复合实际的和中庸容易的，不能脱离现实，也不能追求难度大的机会，必须在自己能力范围之内。

要网状思维，要站在博弈对手的角度思考问题，这不是为了帮对手，而是为了打败对手，或者借对手的势，尤其是强大的对手。

同时，我们要引入年化收益率、自己接受度、科学概率这些概念，这也是让自己思维、行为保持理智的关键点。

六、底线

无论是社会还是股市，底线是法律和愚昧容忍度，不能与强大势力发生对抗，也不能与人多势众的愚昧发生摩擦。

股市实战的底线还有：方法论、勤奋、操作系统、阶段规律、中庸行为、逻辑判断、可接受结果和总结提高。

七、行为

这个行为有两种：一是基础素质方面的，这包括人际资源、信息渠道、资金力量等。二是专业素质方面的，要有框架规律总结，对可复制机会要有一定的专注度，要知行合一，杜绝情绪化。

花识榜 2
普通人进步发展的自限障碍

儒家文化的特征是固化教育，儒家思想对我们有几千年的熏陶，已经渗入人们的思维之中。儒家文化有优秀之处，也有不可取之处，最不可之处就是对人、知识的固化，这是普通人进步发展的障碍，这也是许多人有自限思维的主要原因。我们要进步，必须要打破自我固化的自限思维。

一、普通人常见的自限思维

1. 父母思维限制

父母是人生第一个老师，绝大多数当代人的父母本身就是自限性格最严重的群体，思维上线就受到文化、时代、阶层的限制。

作为普通家庭儿女，进步的第一关就是超越父母。

2. 应试禁锢

学校、媒体张扬的思维主要是稳定、平和和相对公平而不是创新、变化。站在传统和现实的角度上，这种思维没有什么不对，但是从创新思维和素质提高角度，有时并不一定对，比如说一些历史事件、任务的评论，不同的时代、不同的区域可能就会不一样，你的思维一旦固化，而你生活工作的背景不变，就容易出问题。

3. 区域行业机会

社会的发展进步是飞速的，不同行业、地域的机会和见识面是差异明显的。

"男怕入错行，人怕住错地"在快速发展进程中更加突出。认识不到这个问题，就容易事倍功半，一辈子无成。

4. 禀性难移

前三者生活轨迹以及后来加强的习惯已经扎根头脑，又没有统计比较自我角度方法论，也没有接触精英思维的途径，人们会进一步强化自我禁锢思

维，甚至以此为荣，并上升到夜郎自大的情况。

对于新鲜事物，对于后来接触的更科学、更符合客观也更符合自我角度的事物，天然抵触，这在普通人群中是十分普遍的。

二、突破自限，自强不息

1. 方法论

花友们如果想人生突破，财富上台阶，第一步是建立方法论、睁眼看世界、打碎自限禁锢。

研究思考问题不是用过去的灌输知识，而是用数据、依据来比较，从而得出结论。

不存在永恒的知识，只存在现实实用的技能。

许多人自小就不存在工作生活方法，没有哲学涵养，必须改变这点，这是人生突破的必需的思想基础。

2. 求变

如果你对现状满意，维护现状、巩固现状是聪明的做法。

如果你对现状不满意，就必须求变，甚至推倒重来。

变思维（这是大多数人必需的），变行业（兼行业），变区域（要注意年龄），变秉性（尽管难，也要强制自己），变方法。

对于变，要注意的是：对于陌生的机会或者初到新地方都会露怯，有了胜利的积累或者熟悉了，就不怯了。变新要准备充分，要有学习训练，再简单的技能没有一定的投入也不可能一天就变成高手，学骑自行车还需要一定的时间呢，何况谋生、上进、赚钱。

既要有变的思维，又要有充分准备的思维，还要不能遇到小挫折立刻就退缩。

3. 要有成功榜样

许多精英其实在多数方面、多数时候都是与一般人差不多的，他们身上甚至有许多缺点，有些人熟悉了你还会觉得不如你，他们只不过是在某一点的机会或者某一项关键思维与你不一样，这些细节你要了解清楚。

有些精英甚至是被动地、糊涂地成功的，但这是小概率，你必须要找到那些可复制的机会，把握能复制的容易的机会比把握最令人羡慕的机会更重要。

4. 股市发财

股市发财，40 不晚。

工作（炒股本金）、创业（IPO 兑现）是本金，股市投资发大财，这是现代社会财富的基本规律。

作为普通人，必须要学会利用股市理财、发财，而不是利用股市赌博。

人的一生中，一定有几次股市发大财的机会。只不过许多人在机会来临时没有把握住，或者把握住了没有保住。

我们来到股市有三大目标：

第一，必须要防住风险。首先是方法风险，其次才是本金风险。如果方法是小概率的，就必然遇到大风险的打击。

第二，必须在机会来临时发一笔大财，确切地说就是牛市来了，你不能放过，发一笔牛市做多大财，然后牛市结束时还要赚笔股灾财。

第三，发了大财后，要保住。

如果你原来没有做到这三点，你的股市投资方法就必须要变，要想办法突破自己的现状和自限思维。

首先要改变的是，许多股友碎片式的技术，没有盈利模式的框架指导，就陷入让赌博变成是一种有技术的赌博，结果还是赌博，久赌必输，无法凭借一次大牛市或者几只大牛股让财富上台阶。

花识榜 3
人性的弱点

这个世界，有一样东西你一定要知道，这个东西就是人性。

只有明白了人性的弱点，才能有针对性地改变自己，适应环境，才能掌控自己的人生。

《人性的弱点》是"成人教育之父"戴尔·卡耐基最成功的励志经典，

这本书汇聚了他的思想精华和最激动人心的内容。我个人认为这是一本诚意之作，下面我把我认为最重要的内容浓缩如下：

第一，保留他人的面子！这是一个何等重要的问题！而我们却很少会考虑到这个问题。纵使别人犯错，而我们是对的，如果没有为别人保留面子，就会毁了一个人。

花评：

你希望别人怎么待你，你就该怎样对待别人。我们采取批评的方法并不能让别人产生永久性的改变；相反，只会引起嫉恨。所以无意义的批评语言从今天起不能使用，当然这与有利益关系的纠正不是一回事。

第二，天下最悲哀的人莫过于本身没有足以炫耀的优点，却又将其可怜的自卑感，以令人生厌的自大、自夸来掩饰。

花评：

一方面是纠正自己不要出现这个毛病，另一方面通过这个弱点来认清是非，认识选择性告知的后面本质，这个方法对人、事、团体的认识都很实用，一个人炫耀什么，说明内心缺少什么。

第三，要想成功，必须具备的条件就是，用你的欲望提升自己的热忱，用你的毅力磨平高山，同时还要相信自己一定会成功。

花评：

我拼事业，不是为任何人，是为了我自己，人活着就是要争一口气，能别人所不能，忍别人所不能忍，方能成就自己。人活着，毅力比聪明、运气更重要。

第四，人的天性之一，就是不会接受别人的批评，总是认为自己永远是对的，喜欢找各种各样的借口为自己辩解。

花评：

生活中，情商与智商同等重要，甚至更重要。情商主要体现于两处：一是怎样批评人，二是怎样接受批评。

第五，如果你被人批评，那是因为批评你能给他一种满足感。这也说明你是有成就的，而且引人注意。小人常为伟人的缺点或过失而得意。不合理的批评往往是一种掩饰了的赞美。

花评：

对于善意的批评，你要接受，这对你、对别人都有好处。对于恶意的批评，不能让你的心情平白地败坏，也不能让你与低智商出现无畏的纠缠争斗。

第六，人不是因为没有信念而失败，而是因为不能把信念化成行动，并且坚持到底。

花评：

必须要有心理暗示，或者自己的原则纪律，出错时要有一些惩罚措施。这点对于投资行为尤其重要。

第七，最重要的，不是别人有没有爱我们，而是我们值不值得被爱。

花评：

这点非常重要，也是许多人不知道的。不能为对方考虑的人容易让人讨厌，为对方考虑的人才会让人舒服，才可能进一步地发展点什么。

第八，感恩是极有教养的产物，你不可能从一般人身上得到，忘记或不会感谢乃是人的天性。

花评：

你做了什么好事，别人不回馈是正常的，100人中只要有一个人回馈就值，往往懂得感恩回馈的人都是能力强的人。

另外，你身边有感恩愿意对善意回馈的人，要交成一辈子的好朋友，这也许比亲人还重要。

第九，林肯说："一个成大事的人，不能处处计较别人，消耗自己的时间去和别人争论，无谓的争论，对自己性情上不但有所损害，而且会失去自己的自制力。只要有可能就对人谦让一点，与其跟一只狗争路，不如让狗先走一步。如果被狗咬了一口，你即使把这只狗打死，也不能治好你的伤口。"

花评：

最近，我看了《徐阶传》，这方面挺有感触的，既要心中有底线，又要做力所能及的事情，做力所不及和对自己有强反弹力的事情是低智商行为。

第十，恐惧大都因为无知与不确定感而产生的。

花评:

恐惧是个可怕的东西,影响人的健康、心态和自信心,在投资中一定要避免无知与不确定情况的出现,在生活中也要尽量不选择这样的事情去做。

第十一,正确的思想,本身就是一种创造。

花评:

无论是投资也好,工作也好,生活也好,你一定要有自己的方法论。这也是花识榜第一篇就是方法论的原因。

第十二,你所认为的你,并非真正的你,反倒是你怎么想的,你就会变成什么样的人。

花评:

人是高级动物,有脑子,脑子是个好东西,它能让人变化、提高。首先你不能有自限,不能固化自己,包括阶层、技能、见识;其次你要有阶段性的目标。

第十三,对别人好不是一种责任,它是一种享受,因为它能增进你的健康和快乐。你对别人好的时候,也就是对自己好的时候。

花评:

帮别人是人生中最大的快乐,但是学雷锋应该从身边人、有缘人做起,不能对熟人一般,对陌生人客气。

微笑是好习惯,可以给所有人一个好心情。

花识榜4
十二生肖,属什么最好命

每一年出生的人,都有相应的属相,12年后又重新轮回。

每个生肖的人,都有各自的脾气性格,中华传统智慧真是博大精深,这12个属相还真是有它的道理。

没有科学依据,只是兴趣观察,读者看官可以验证一下,只博一笑。

一、鼠

观察：

属鼠的人聪明伶俐，具有很强的洞察力，总是能留心别人忽视的细节，善于洞悉人心和捕捉机会，具有很强的环境适应能力和应变能力。

"鼠"字头上顶着一个"臼"，意为"屡遭打击，总是击而不破，打而不尽"，属鼠的人虽然有时会遭受打击，却能随机应变，具有顽强的生命力，终有一天会转运翻身，苦尽甘来。

提示：

如果属鼠的人能懂得知足常乐，克服贪念，对人对事学会宽容大度，人生之路将会顺风顺水。

二、牛

观察：

属牛的人诚实稳重，从不相信不劳而获，不管如何困苦，总是一步一个脚印踏踏实实做事，不冒险不投机取巧。年轻时稳扎稳打建立起来的事业，到了中年以后会一帆风顺，步步高升。属牛的人具有强烈的公义感、责任心，好打抱不平，厌恶城府深、心眼多、虚伪做作的人，重情重义，只要是认定的朋友，必定倾心以待。

提示：

如果属牛的人懂得灵活变通，听取他人的意见，不钻牛角尖，事业发展会更加得心应手。

三、虎

属虎的人刚毅顽强，雄心万丈，具有非常强大的自信心，喜欢冒险和挑战，遇到多大的困难也绝不低头，不达目的绝不罢休。虎是山林之王，属虎的人天生自带领袖气场，具有王者的霸气，富有一副侠义心肠，好锄强扶弱，为弱小撑腰，但受了伤假装坚强，躲在无人的地方独自疗伤。

提示：

如果属虎的人学会与他人沟通协作，遇事与众人商量，不独断专行，避免树敌，事业会更上一层楼，并赢得众人的拥戴。

四、兔

观察：

属兔的人具有敏锐的直觉，对人的内心洞察入微，看人看事的眼光很准。举止文雅，温柔善良，有一颗纯朴的心，总是善意地对待身边的人。在中国神话中，兔是月中精灵，陪伴着嫦娥，月圆之夜在桂花树下捣长生不老药，因而兔也是长寿的象征。属兔的人很懂浪漫，内心向往安宁静好的生活。

提示：

如果属兔的人能坚持初心，善待他人，积善成德，好运会源源不断，一生会过得清闲飘逸，衣禄丰足。

五、龙

观察：

属龙的人有高尚的理想和强烈的进取心，目光高远，胆识气魄胜于常人，不喜欢在琐事烂事上纠缠不休，更不喜欢搬弄是非，为人坦荡真诚，讨厌卑鄙虚伪的行径。龙是天之骄子，得上天眷顾，属龙的人福气满身，运势佳，必会苦尽甘来，美满幸福。

提示：

如果属龙的人能怀有一颗仁慈的心，宽厚待人有度量，人生将会步入光辉的大道，余生平安顺遂，后福不断。

六、蛇

观察：

属蛇的人天生神秘，将喜怒哀乐都隐藏在心中，好恶不言于表，喜怒不形于色，沉着稳重，能够临危不乱，冷静应对各种境遇。蛇在民间又被称为"小龙"，属蛇的人天生聪慧，思想深邃，不甘平庸，慢慢积蓄着力量，一旦时机成熟，"小龙"便会化为"真龙"，颇有"金麟岂是池中物，一遇风云便化龙"的意味。

提示：

如果属蛇的人能少些疑虑猜忌，凡事坦白相对，待人处世宽宏大度，会少受许多风霜，好运源源不断。

七、马

观察：

属马的人满腔热血，为人洒脱豪爽，有一副悲天悯人的心肠，总是替他人着想，喜欢帮助他人，凡事都自己承受，向往自由自在、无拘无束的生活。俗话说，"人中吕布，马中赤兔"，古人将杰出的人才称为"千里马"，属马的人集才华与勇气于一身，若能坚持理想，不忘初心，定能得遇伯乐，"七星高挂银河外，天上人间任驰骋"。

提示：

如果属马的人能戒骄戒躁，沉稳处事，谦虚低调，不但有贵人相助，运势也会顺风顺水，遇事都能迎刃而解。

八、羊

观察：

属羊的人心地纯洁善良，温柔体贴，不爱出风头，外柔而内刚，内心有一股强大的生命力和意志力。"羊"字的甲骨文，上面是两个羊角，意为"人人"，指对人人有益。在中国文化里，羊是最和顺美好的动物，造福于人。属羊的人个性温和，且具舍己成仁的胸怀，受上天的眷顾，一生没有大灾大难。

提示：

"害人之心不可有，防人之心不可无"，属羊的人要学会保护自己，带眼识人，不被心怀不轨的人利用。

九、猴

观察：

属猴的人性格活泼好动，灵巧多才，脑筋转得快，机智过人，且具有侠义心肠，爱打抱不平，常常替他人考虑，人缘颇好。"猴"与"侯"同音，从唐、宋起，猴便是吉祥、显贵的象征，年画中常常画一只小猴骑在大猴身上，寓意"辈辈封侯"。属猴的人命里藏金，一生好运不断，贵气横溢。

提示：

如果属猴的人能改掉急躁的脾气，逆境时忍耐，顺境时收敛，看淡得失，尽心随缘，一生将会过得幸福快乐，富贵无忧。

十、鸡

观察：

属鸡的人坦白直率，心里想什么嘴里就说什么，头脑灵活，心思细腻，勤劳善良，有责任感并且非常顾家。鸡是司晨的动物，"雄鸡一鸣天下白"，鸡在天亮之时便会鸣叫，所以古人认为鸡有预见的能力。鸡年出生的人常常有先见之明，能抢占先机，赢得主动权。

提示：

如果属鸡的人能培养自己的耐心，踏踏实实走好人生的每一步，前途将会无限光明。

十一、狗

观察：

属狗的人具有灵敏的洞察力，重人情，讲道义，有正义感，坦荡无心机，慷慨大方，具有很强的责任心，对待亲人朋友都有情有义。在古代，黑夜来临，狗看家守夜，是人最忠诚可靠的朋友。狗年出生的人既灵敏又忠诚，能够得到贵人的赏识，平步青云。

提示：

如果属狗的人能不拘泥于成规，为人处世学会灵活变通，不盲目执着，人生将会春风得意，通达顺利。

十二、猪

观察：

属猪的人淳朴善良，为人随和，不拘小节，不与人斤斤计较，乐观豁达，对朋友真诚，对家人无微不至的关怀。"家"字，宝盖头下一只猪，在古人看来，家中有猪，有了一定的生活保障，才能称为一个"家"，因而猪也寓意富足、有福。猪年出生的人福气深厚，丰衣足食。

提示：

如果属猪的人能有自己的主见，学会拒绝，不贪图安逸享受，多行善事，定会福泽深厚，一生福报享之不尽。

花识榜 5
最个性化是人生窍门

与多数有意识的人同时竞争，或者与最优秀的人竞争，这都是很难的；相对来说，用你的优势与少数人竞争，就相对容易。

我外甥考进郑州一中（高中）的时候，在班里只排二十几名。在郑州市最好的高中（一中）如果想拿前几名是很难的，也就是说通过正常的高考他要考进清华北大是有相当难度的。为了上清华，他想了一个窍门，他在高一的时候就加大精力攻化学，参加全国化学奥林匹克竞赛，高一就获得了河南省一等奖，高二获得了全国一等奖，这样就可以直接保送进清华了，且不用参加高考。在高三，别人异常紧张的时候，他还有时间主攻英语和大学一年级的课程。

在生活、工作中，如果我们换个思维，选个相对容易优势的个性项目功课，比大众思维明显要有优势。也就是说，生活、工作中努力是有窍门的，这就是个性化。

一、成为没主的山头大王

如果一个山头已经被人占了，更好的做法，是赶紧去抢占另一个山头，并且在这个新的山头上，打出你的旗号。

1. 行业细分

一个大行业常常有许多小行业，如果这些小行业山头中没有大王，你就可以自立为王干一些事情，要么挟天子以令诸侯，要么亮出你的优势。

2. 地域细分

你是默默无名的，但是有人有名，中国的地方足够大，你把这个有名的人的优势复制下来在另一个地域发挥，就足够你吃的了。

3. 更新换代

老的领导已经羽翼丰满了，出现新领导时，要积极主动投靠。

同理，出现新鲜事物时，对于原来默默无闻甚至没什么机会的你，机会来了！

二、最细化和跨界

如果你的长处并不是特别突出，在你混的领域里也很普通，很难出人头地。怎么办？有两个办法：

1. 进行纵向的垂直细化

比如，大家都是盲点套利，那么，你能不能找到你最熟悉的一个盈利模式，专注在这个盈利模式上，让自己的成效最大化，让多数花家军将士记住"你是最善于处理这类机会的人？"这可以带来两个好处：第一，大家会记住你，会记得你的价值，甚至认为你是这方面的大将；第二，你可以有更多的机会发挥自己的能力，得到锻炼和提升，并与其他成名人物交换资源。

这个模式，在公司、行业等中也适用。

2. 横向跨界关联

亦即将其他领域的能力，跟自己的能力结合起来，创造一个新的领域。

比如说，大家都是开发工程师，但你同时还特别善于沟通，能理解业务，站在其他部门的角度思考问题（比如说销售）——这两种能力结合起来，就是一种极其重要的价值。

另一个行业需要你这个行业配合，你在配合上做到最好。

其他的跨界方式也是这样，你在这个行业中是前20%，在另外一个行业中也是前20%，两者跨界，你就是跨界的前4%。

三、基础扎实与经典案例

如果你一直停留在自己的标签上，那么无论你的个人品牌做得多好，你也只能停留在同一个位置，做着一样的事情。个人品牌不会帮助你进步，它只能带给你更多的曝光和展示机会。你要做的，是在这个基础上，定期不断地给予其他人惊喜。

简而言之，你必须不断学习，来充实和提高自己，丰富你的个人品牌，螺旋式上升。然后结合媒体、结合其他平台事件，迎合有实力团体、个人的需要，利用重大题材、年度时间等平台展示出个人的风采。

慢慢地，你就会发现：你已经将原来的同学，包括班长、团支书都甩在了后面。

花识榜6
博弈论的精华点滴

有一对外国情侣，他们青梅竹马，彼此相爱。

一次，他们遇到了一个专杀恋人的狼人，情侣被狼人逼迫玩"剪刀石头布"的游戏，胜方生存，败方赴死。

情侣决定一起出石头然后一起死。可是最后女孩死了，因为他出了剪刀，她出了布……

一、第一回合讨论

看懂了故事后，大家先停下来问一问自己，第一感觉是什么，一定不要想多，第一感觉就好。

下面我们来看微博股友的讨论：

一楼女：

那女的其实是为了男的死了，她太了解那男的了。

二楼女：

其实女孩早就知道男孩会出剪刀，她为了让男孩活下去才出布，那男的太贱了。

三楼女：

支持楼上，那男的太贱了。

四楼男：

也许是那女的好，可是那男的也没错啊？

五楼女回复四楼：

他明知道自己女朋友了解他会出剪刀，他为什么不出石头？男人就没一个好东西。

六楼女：这女孩死的真不值，天底下男的就没一个好东西。

七楼男：我感觉女的是为了生存吧，如果真是为了让男孩活下去的话未免太像童话了。

八楼女回复七楼：呵呵，告诉你，天底下的女孩子都是这么善良，童话？我看是你们这些男的太偏激了吧。

九楼男：我想知道男的错在哪里了？

十楼女回复九楼男：错在哪里了你都不知道？女孩子都为他死了，天底下男的就没有一个好东西，这个世界怎么了？

二、第二回合讨论

好，下面我们把故事中的男女主人公的角色互换一下：

有一对外国情侣，他们青梅竹马，彼此相爱。

一次，他们遇到了一个专杀恋人的狼人，情侣被狼人逼迫玩"剪刀石头布"的游戏，胜方生存，败方赴死。

情侣决定一起出石头然后一起死。因为她出了剪刀，男孩出了布……

下面我们还是同样的看下微博股友的讨论：

一楼女：

这男的就是贱，女孩看上他就是瞎了眼，男的就没一个好东西。

二楼女：

CNM，这些男的怎么都不去死，要不是女孩太爱他就是自己死了，怎么会有这种人渣。

三楼男：

有没有这种可能，男孩知道女孩会出剪刀让自己生存，所以自己出了布？

四楼女回复三楼男：

呵呵，你以为这是童话呢？

五楼女：

这男的死得好，怎么世界上就没有好男人，哎，男的怎么都不去死啊？

三、感性分析

上面的讨论，只是说明了我们看问题的角度和立场不同而已，我在网上看了，也在现实中询问了一些股友的看法，一般来说男同胞都会认为那个女孩太坏了，而大部分女生则会觉得那个男孩太贱了，理由如上面所述。

对这个问题的情绪化感性认识不仅仅只是性别的差异，它和每个人的经历以及相关方面的知识情感理念密切相关。我们可以通过每个人的第一反应，大抵推测出他/她对人情的一些看法：

针对第一个故事主要有如下几种观点：

第一种：女孩自私，男孩无私。

男孩为了救女孩决定自我牺牲，出了剪刀。女孩自私，使坏，一开始就谋划出布，结果害人不成，自己死了。

第二种：男孩自私，女孩无私。

凭借对女孩的了解，男孩知道女孩会自我牺牲，男孩也知道女孩误以为他会舍不得她死，所以他知道女孩会出布，所以自己出了剪刀。

第三种：男孩无私，女孩更无私。

男孩为了女孩决定自我牺牲，出了剪刀。女孩凭着对男孩的了解，知道

他一定会出剪刀，所以她出了布。

第四种：女孩自私，男孩更自私。

女孩为了活命，出了布；男孩知道女孩很自私，一定会出布，所以出了剪刀。

四、博弈分析

从上面的这个小故事里，有人看到爱情，有人看到背叛，有人看到性善论，有人看到性恶论，有人研究博弈，有人研究心理，有人类比政治，有人类比投资。

其实，无论如何，这都是一场博弈。

1. 第一种情况

女孩把自己能够活下来，当作这场博弈的最大收益，而男孩却把女孩能够活下来当作这场博弈的最大收益。但是他们之间彼此都没有告诉对方，而是约定了共同出拳，这原本是一个合作性博弈，但是由于他们都没有遵守约定的规则，在这种情况下，没有谁更了解谁的问题，他们都没有获得最大收益。既然是博弈就需要了解彼此之间更多的信息，而他们没有，所以在这场博弈中，他们都输了。我们可以把这场博弈的结果看成一个随机事件。这属于非零和博弈可以都输。

2. 第二种情况

男孩把自己能够活下来当作这场博弈的最大收益，而女孩却把男孩能够活下来当作这场博弈的最大收益。显然，男孩对彼此的了解更多于女孩，所以他拥有更多的信息可以利用和判断，因此他赢得了这场博弈，赢得了最大的收益。而女孩也赢得了这场博弈，因为他们之间的博弈属于非零和博弈，可以共赢。

3. 第三种情况

男孩、女孩都把对方可以活下来当作这场博弈的最大收益。显然女孩比男孩更了解对方，所以女孩赢得了这场博弈，获得了最大的收益，而男孩因为不够了解女孩所以输了这场博弈。这属于零和博弈。

4. 第四种情况

男孩、女孩都把自己可以活下来当作这场博弈的最大收益。但是男孩更了解女孩，对于男孩来说这是完全信息博弈，而对于女孩则属于不完全信息博弈，所以男孩赢得了这场博弈。这也是一场零和博弈。

综上，我们可以清楚地看出，在零和博弈中，如果你拥有比对手更多的信息，那么你就有更大的可能赢得博弈。而在非零和博弈中，如果你拥有比对手更多的信息，你同样可以获得最大收益，起码可以达到纳什均衡。

五、最后的重点

我们要关注的是在这场博弈中如果男女双方都把对方可以活下来当作最大收益的话，又假设男女双方又都足够地了解双方，那么就意味着从通俗的角度上而言，这是一场相当完全的信息博弈同时又是零和博弈，只能一方赢得博弈。那么这时我们就会发现它同样会陷入一个困境，如同不完全信息博弈中著名的"囚徒困境"，就是虽然对方都深深地了解彼此，但依然不能确定结局怎样，或者怎样使自己的利益最大化。

如在上述的第三种情况中，假设男孩、女孩都彼此深刻地了解对方，那么将会出现如下情形：

男孩为了女孩决定自我牺牲，准备出剪刀。女孩凭着对男孩的了解，知道他可能会出剪刀，所以她想出布；而男孩又会想到女孩一定知道他会自我牺牲而出剪刀，因此女孩很有可能出布；而女孩又会想到……如此，这就陷入了一个无限循环的困境。这场博弈的结局会变得和第一种情况一样，归于一个随机事件。

同理，在这样的情况下，如果男女双方都把自己可以活下来当作这场博弈的最大收益的话，那么结局依然是一个随机事件。

如此，验证了一个具有哲理意味的命题：在博弈论中完全掌握彼此的所有信息发生的效力和完全不掌握彼此的任何信息一样，结局都归于随机事件。当然这并不违反博弈论中的基本规则：比对方更多地掌握彼此的信息在博弈中更有胜算。

可能哲学上认为，这属于物极必反。

从心理学上说，彼此太过了解的人更容易成为最熟悉的陌生人疑问。

从投机学上说，资本市场不存在爱，就是想办法把对方的钱装进自己的口袋里，然后理直气壮地宣布，我是投机高手，山高我为峰！

花识榜7
让你股海理智的 16 个常识

一、收益率

如果你有 100 万元，赚 100% 后达到 200 万元，如果接下来亏 50%，则资产回到 100 万元。亏 50% 比赚 100% 要容易得多，特别是熊市。

二、涨跌停

假设你有 100 万元，第一天涨停后资产 110 万元，然后第二天跌停，则资产剩余 99 万元；反之如果第一天跌停，第二天再涨停，资产还是 99 万元。

三、波动性

如果你有 100 万元，第一年赚 40%，第二年亏 20%，第三年赚 40%，第四年亏 20%，第五年赚 40%，第六年亏 20%，资产 140.5 万元，六年年化收益率仅 5.83%，甚至比五年期凭证式国债票面利率还低。

四、每天1%

如果你有 100 万元，每天不用涨停板，只要挣 1% 就离场，那么以每年 250 个交易日计算，一年下来你的资产将是 1203 万元，两年后你就有 1.45 亿元。

五、每年 200%

如果你有 100 万元，连续 5 年每年 200% 收益率，5 年后你将有 2.43 亿元，你能做到吗？

六、10 年 10 倍

如果你有 100 万元，希望十年后翻 10 倍到 1000 万元，20 年到 1 亿元，30 年到 10 亿元，那么你只需要做到 25.89% 的年化收益率。

七、补仓

如果你在某只股票 10 元时买入 10 万元，如今跌到 5 元再买 10 万元，持有成本可以降到 6.67 元，而不是你想象中的 7.50 元。

八、持有成本

如果你有 100 万元，投资某股票盈利 10%，当你做卖出决定时可以试着留下 10 万元市值的股票，你的持有成本将降为零，接下来你就可以毫无压力地长期持有了。

如果你极度看好公司的发展，也可以留下 20 万元市值的股票，你会发现你的盈利从 10% 提升到了 100%，不要得意，因为此时股票如果下跌超过了 50%，你还是有可能亏损。

九、关于资产组合

有无风险资产 A（每年 5%）和风险资产 B（每年 -20% ~40%），如果你有 100 万元，你可以投资 80 万元无风险资产 A 和 20 万元风险资产 B，那么你全年最差的收益可能就是零，而最佳收益可能是 12%，这就是应用于保本基金 CPPI 技术的雏形。

十、关于做空

如果你有 100 万元，融券做空某股票，那么你可能发生的最大收益率就

是 100%，前提是你做空的股票跌没了，而做多的收益率是没有上限的，因此不要永久做空，如果你不相信人类社会会向前进步。

注意：在高市盈率的市场，这条说法具有欺骗性。因为熊长牛短，做空可以多次重复，而做多时盈利难度很大。

十一、赌场盈利

1000 个澳门赌客的数据中，胜负的概率为 53% 与 47%，其中赢钱离场的人平均盈利 34%，而输钱离场的人平均亏损是 72%。赌场并不需要出钱来盈利，保证公平、依靠人性的弱点就可以持续盈利。股市亦如此。

十二、货币的未来

如果你给子孙存入银行 1 万元，年息 5%，那么 200 年后将滚为 131.5 万元，如果国家的货币发行增速保持在 10% 以上（现在中国广义货币 M_2 余额 107 万亿元，年增速 14%），100 年后中国货币总量将突破 1474525 万元亿，以 20 亿人口计算，人均存款将突破 7.37 亿元（不含房地产、证券、收藏品及各类资产）。所以按此速度发行货币是不可能持续的。货币发行增速将逐步下移直至低于 2%，到那时中国人才会意识到现在每年 20% 的收益率真不容易啊。

十三、投资成功的概率

如果你投资成功的概率是 60%，连续投资 100 次，其中 60 次盈利，40 次亏损。如果你把止盈和止损都设置为 10% 和 -10%，那么最终的收益率将是不是很简单！接下来你需要思考的是你怎么能保证你的胜率是 60% 呢，这个成功率对绝大多数人来说是几乎不可能达到的。

十四、关于止盈止损

索罗斯说过他不在乎胜负的概率，而期望盈利时比亏损时候能多赚一些。假设我们每次止盈是 10%，每次止损是 -5%，那么连续投资 100 次，假设胜负概率是 50%，那么意味着你最终的收益率是 803%！但前提是你可以坚决地止损和止盈，其次你能保证50%的概率获得更多的止盈机会吗？

十五、关于正态分布

世界上很多事物都呈现正态分布，比如智商。天才和蠢货的比例都很少，多数是庸庸碌碌的大众。比如社会财富的分配，极富和极穷的人都很少。人类的身高、体重等太多的事物都呈现正态分布。无论牛熊市，所有股票的涨跌幅和大盘相比也会呈现正态分布，能远远跑赢指数的股票只是极少数。当你想取得超额回报时，一定是你某项因素或是某项能力或者你的运气也同样达到了正太分布那偏正的极小区域。你是不是有这样的能力或者运气呢？

十六、马太效应

有钱人账户有1亿元本金，穷人账户有10万元本金，有钱人一年收益10%，穷人一年收益率100%。年底时有钱人账户1.1亿元，而穷人账户20万元，双方差距又拉大了990万元。当你的本金和别人不是一个数量级时，你很可能并不知道对方是怎么想的。

花识榜8
50岁时，你希望自己什么样

人生智慧，30岁才有可能；人生发财，40岁不晚；人生自由，从50岁开始！

从50岁开始，人生就是另一种心态，也该调整生活的方向了。该放的放，该忘的忘。看不透的，也就不看也罢；弄不明白的，糊涂一点，未尝不是好事。

50岁是人生的一个转折点，50岁之前我们都在为生活打基础，不管多累多辛苦都忍着，只要熬过去，50岁以后的人生才能越过越精彩，从此实现了自我价值。人生就是一场长达百年的马拉松，50岁只走到一半，另一半行

程才是真正的人生！

一、第一种 50 岁

50 岁，是一个懂得了天命的年龄；

50 岁的人生，已经看过了人世繁华，历经了坎坷沧桑；

50 岁的人生，是一道别样的风景线，而这道风景线，是用 50 年的光阴绘就的，它不仅能美丽自己的人生，也能给别人带来惊喜和美丽。

50 岁的人，都懂了。

走过山水，见过江湖；真的、假的、美的、丑的、善的、恶的、甜的、苦的、都见过，都尝过。

无论成功与失败，无论是喜悦与苦痛，都化作了深刻的理解。

该爱什么，不该爱什么，该做什么，不该做什么，都懂了。

50 岁的人，深沉了。

如果 20 岁的心像小溪，30 岁的心像小河，40 岁的心像条江，那么，50 岁的心就是大海。

他含笑看别人，也嘲笑自己过往的肤浅与轻浮，只有时间，让 50 岁真正懂得生命的内涵，还有担当。

50 岁的人，心宽了。

争过了，拼过了，得意过，失意过，该有的都有了，不该有的也不作非分之想，一切都习惯了。

当年的豪气化作了宽容，当年的棱角磨成了圆润，当年的拼斗换来了今天的安逸，偶有不顺，一笑了之，并不放在心上。

二、第二种 50 岁

黄忠 60 岁跟刘备，德川家康 70 岁打天下，姜子牙 80 岁为丞相，佘太君 100 岁挂帅，孙悟空 500 多岁西天取经，白素贞 1000 多岁下山谈恋爱！

也许有人会说，佘太君、孙悟空、白素贞都是传说，那下面玩个真的硬通货。

1890 年 9 月 9 日，哈兰·山德士出生在美国。

5 岁时，在他还不会写自己名字的年纪，父亲突然病逝，留下了他的母亲和三个孩子，没有留下任何财产。母亲出去做工，年幼的他只能自己做饭。

12 岁时，母亲改嫁，他和继父的关系并不好，时常遭到痛打。

14 岁时，他辍学离校，开始了流浪生活，遍尝人间冷暖，心酸百味。他的文凭最终定格在小学六年级。

16 岁时，他谎报年龄参加了远征军。因航行途中晕船厉害，被提前遣送回乡。

18 岁时，他娶了个媳妇。因为贫穷，只过了几个月，媳妇就变卖了他所有的财产逃回娘家。婚姻失败。

20 岁时，他当电工、开轮渡、售票员，后来又当铁路工人，没有一样工作顺利。

30 岁时，他在保险公司从事推销工作，后因奖金问题与老板闹翻而辞职。

31 岁时，他自学法律，并在朋友的鼓动下干起了律师行当。一次审案时，竟在法庭上与当事人大打出手。

32 岁时，他失业了，生活非常艰难。中国人说"三十而立"，32 岁的山德士，一无所立，是个标准的 loser。

35 岁时，他做轮胎推销工作。有一天，他开车路过一座大桥，不幸的事情发生了，大桥钢绳断裂。他连人带车跌到河中，几乎丧命。养好伤后，他又失业了。

40 岁时，他背井离乡。在肯塔基州的一个小镇的加油站工作，因挂广告牌把竞争对手打伤，几乎把他送进牢房。也就是在这一年，他依靠儿时的回忆，研究出一款味道独特的炸鸡，开始在加油站向客人出售。这种混合着 11 种香料的独特口味的炸鸡，竟然颇受欢迎。

45 岁时，山德士的炸鸡已闻名遐迩，他成了远近闻名的富翁。他因为对美食的贡献，被破例授予上校，桑德斯上校之名，由此而来。他的人生已经成功了吗？不，磨难还没有结束！

47 岁时，他与第二任妻子离婚，三个孩子深受打击。

49岁，"二战"爆发，美国实行石油供给制，他的加油站被没收了。雪上加霜的是，他的加油站旁边修了一条高速公路，所有的车辆选择从高速通行，再没有人来到偏僻的加油站旁边来吃他的炸鸡，他破产了。一贫如洗！对有些人来说，人生就像弹簧，你压得越紧，压得越久，他弹得就越高。

56岁时，山德士收到一张105美元的支票，是政府给他的救济金。他意识到，自己已经老了，到了退休的时候了。可是，他并不甘心，何况这些救济金并不能维持生活。于是，山德士开始了人生的第二次创业。他带着一只压力锅，一个50磅的作料桶，开着他的老福特，毅然决然地上路了……身穿白色西装，打着黑色蝴蝶结，一身南方绅士打扮的白发山德士停在每一家饭店的门口。从肯塔基州到俄亥俄州，兜售他的炸鸡秘方，要求给老板和店员现场表演炸鸡。如果他们喜欢炸鸡，就卖给他们特许权，提供作料，并教他们炸制方法。开始的时候，没有人相信他，许多饭店老板觉得听这个怪老头胡诌是浪费时间。山德士的宣传工作做得很艰难，整整两年，他被拒绝了1009次。

终于，在第1010次走进一个饭店时，他得到了一句"好吧"的回答。有了一个人，就会有第二个人，仿佛打开了潘多拉魔盒，山德士的炸鸡终于被越来越多的人接受了。1952年，盐湖城第一家被授权经营的肯德基餐厅建立了，他开创了餐饮领域加盟特许经营的制度。如今被全世界的餐饮企业所效仿。肯德基一发不可收拾，山德士的业务像滚雪球般越滚越大。在短短5年内，他在美国及加拿大已发展了400家的连锁店。迄今为止，全世界有超过18000家肯德基连锁餐厅，它是世界上知名度最高、最有价值的餐饮连锁品牌之一。

山德士用他的坚持，在60岁以后，给自己的人生，写下了一个大大的"赢"。

肯德基价值连城的配方，更是属于肯德基的一级机密，被保存在美国肯德基总部———座复制成华盛顿白宫模样的"炸鸡宫殿"内，每周7天每天24小时处于闭路监控状态。而用来存放它的保险柜重达770多磅，光是钢制柜门就厚达1.5英寸。它具有双重开启系统，需要同时使用智能钥匙和个人身份识别码才能成功开启，内置无声报警器和定时锁功能。一旦任何人试图以非正常渠道打开保险柜，它将向安保发出警告。据说全世界看过配方的人不超过两位数！那里安放着美味炸鸡的秘密，安放着肯德基爷爷一生的传奇。

哈伦德·山德士的名言："人们经常抱怨天气不好，实际上并不是天气不好。只要自己有乐观自信的心情，天天都是好天气。"

上面说了两种 50 岁，你喜欢哪种 50 岁？

花识榜9
一分钟超级阅人术

对于 FBI，相信股友们都不陌生，它是美国联邦调查局的缩写，是美国司法部的主要调查机构，它的职责是调查具体的犯罪。

在不少股友的印象中，FBI 的特工们一直是神秘莫测的，而 FBI 的特工们也都个个身怀绝技。比如，我们经常在电影中看到 FBI 特工们矫健的身影，他们不仅枪法精湛，眼神更是特别犀利：他们能在茫茫人海之中，一眼就可以认出谁是罪犯；能在审讯犯罪嫌疑人时，从对方一个细微的动作，便察觉出其是不是在撒谎；能在和对手交锋时，从对方一个不经意的眼神，就可以明了其下一步意图……

究竟什么使 FBI 的特工如此神奇？

秘密是他们善于利用身体语言密码的破解来识破犯罪分子的内心。所谓身体语言，指的就是通过面部表情、手势、身体接触、身体移动、姿势等来传递信息的方式。在人际交流中，身体语言占到了绝大部分。研究表明，身体语言能够反映一个人真正的思想、感觉和意图。正因为如此，很多时候，当人们提及身体语言时都会使用"告诉"一词。不过，生活中虽然身体语言往往比任何话语都诚实，人们却常常会忽略自己的这种行为。特别是作为语言的补充，身体语言不仅可以帮助真实意思的表达，也可以掩饰虚假内心的真相，而生活中很多人都不能透过虚假的身体语言来识破对方真相。

下面，我就对一些常见身体语言进行浓缩总结。

一、揭示内心活动的密码

1. 身体语言具体包含哪些内容

（1）上肢语言。上肢语言可以判断出一个人的心理状态。

（2）下肢语言。下肢语言最能反映一个人的内心。

（3）面部表情。显示内心情绪。

（4）身体姿势。显示人的亲、仇意愿。

（5）习惯动作。地位个性。

（6）衣着打扮。性格、职业、财富、阅历。

2. 解读身体语言的规则

（1）连贯性理解，不能以偏概全，这点与分析国际行为和股市异动是一样的。

（2）寻找不同肢体语言的一致性。

（3）结合语气来验证肢体语言。有时语气不是那么明显，但会有倾向。

3. 破解身体语言的实用技巧

（1）观察要细致。

（2）结合环境观察。

（3）寻找基线行为。

（4）获取多种信息。

（5）分辨真假，根据舒适和不适来实现。

（6）别让他发现你在观察他的身体语言。

4. 如何成为身体语言解读专家

多在生活中观察生人，然后通过事实验证。

二、破解眼睛语言的秘密

1. 人类的眼睛会说话

各种目光和视线都有不同的含义。

2. 认识与眼睛有关的体态秘语

（1）瞳孔显示人的注意力。

（2）眨眼显示人对事物的不熟悉或者撒谎。

（3）东张西望显示要逃跑或者对眼前没兴趣。

（4）初次见面频频看手机，是不得不应付。

3. 如何解读眼睛的秘密

（1）友好的注视，看一眼就离开，坚持看就要笑或者说友好的话。

（2）挑战的注视，长久地注视不说话，就是挑战。生人对视，弱者往往先移开目光。

（3）尴尬的注视，往往目光是斜的，或者带有表情的。

4. 学会解读眼睛的语言

看电视就可以训练，演员会刻意夸张使用眼睛，平常人要弱化一些。

三、破解上肢动作的含义

1. 揭示手语的丰富内涵

（1）摩拳擦掌是最常见的动作。激烈的代表意愿，轻缓的代表不安，悠闲的代表自信或不以为然。

（2）手掌伸开是和平的意思，手掌收拢是警惕的意思，半开半拢或者交替是不安的意思。

（3）握手能传达意图。

2. 指间上的心理舞蹈与手臂姿势的不同含义

（1）手指的倾向最极端，如赞扬、敌视、勾引、滚开。

（2）用手指抚摸自己代表思考，讲话时存在着修改事实的倾向。

（3）微微抬臂是防护意图的暴露。

（4）伸展上肢代表和平和激励。

3. 如何看透手中的秘密

（1）右手主手，代表理性、有条理、有逻辑。

（2）左手主手，代表感性激情、有个性、情绪化。

4. 破解上肢语言的意义

每一类人，特别是不同层次的人，都有类似的一两个动作。

四、破解衣着打扮与面部语言的秘密

1. 衣着打扮是延伸的身体语言

（1）发型。女性披肩发或马尾辫则说明清纯、浪漫；短发则显示活泼、无负担、开朗。男性正相反，短发显示有事有压力，长发则显示责任小秉性随机。刻意弄头发的人（与以往不一样）是近期有什么事情或动机。

（2）帽子。喜欢戴帽子的人多疑，有防护心理。

（3）绿色代表外向、开朗、自信；蓝色代表内向、规矩；橙色代表中性、随性；红色代表冲动、极端、有表现欲；白色代表随遇、服从、配合；黑色代表郑重、自尊心强。

2. 面部动作是内心意向的发射台

（1）双眉上扬，代表欣喜、惊讶。

（2）单眉上扬，代表不解、疑问。

（3）眉毛下降，代表发脾气的先兆。

（4）眉心舒展，代表坦然、愉快。

五、最后说明

这篇文章只是一个简单介绍，只能说这么多。如果专业地说，要另写一本书。要是能改变成一个相声小品或者抖音视频也挺好。

花识榜 10
全球扫货宝典

随着经济实力的增强，人们的生活品位也在不断提高，人们除了工作挣钱，还要生活花钱。工作挣钱是辛苦的，消费花钱是幸福的，两者是一体循环的，有了幸福，工作挣钱才更有动力、才更有创造力。

这篇文章是介绍怎样花钱的，让消费相对地更专业一些。

一、英国特色商品

苏格兰围巾、短裙是英国的象征，永不过时，无论自用还是送礼都很有档次。过节时是家庭很好的调趣项目。

二、法国特色商品

法国香水，中国偏爱的品牌有香奈儿 5 号、兰蔻、圣罗兰等。法国香水一直被时尚界所追捧，并且是高奢的代名词。

三、意大利特色商品

意大利是时装天堂，主要品牌有阿玛尼（Armani）、古奇（Gucci）、范思哲（Versace），菲拉格慕（Ferragamo）是意大利的女鞋王国，华伦天奴（Valentino）是全球高级定制和高级成衣顶级的奢侈品品牌。

朴素节俭的炒股人每赚 1000 万元，应该学学总舵主，来一件？

四、德国特色商品

主要有随身皮具、钱包、皮带、手袋、旅行袋等。MCM 是一个奢侈时装品牌，1976 年创始于德国的慕尼黑。MCM 最早以制作皮具起家，MCM 生产包括珠宝、手表、香水、服装、箱包以及小型皮具等在内的超过 500 款产品。

五、奥地利特色商品

自 20 世纪初，施华洛世奇的水晶石已经在世界各地被认定为优质、璀璨夺目和高度精确的化身，奠定了施华洛世奇成功的基础。施华洛世奇的魅力源自材料的品质和采用的制造方法。至于独特制法的详细情况，则不会向外人透露。

六、丹麦特色商品

玩音响的人，你让他说出五个他最爱的品牌，那么里面一定有丹麦的品

牌，在 HI－FI 领域尤为突出。丹拿、皇冠牌子都不错。

七、中国香港地区特色商品

黄金珠宝，香港地区是免税港，珠宝价格甚至比原产地更便宜。

八、日本特色商品

化妆品。日本的药妆系列很适合亚洲人的皮肤。

药品。日常常见病用药，包括中药。

书籍。日本的一些小技巧书籍非常好，实用易学，当然有译成中文的更好。

小的生活用品。非常的人性化、乖巧和细腻。

日本这个国家值得多次去，细细观察，值得学习的地方很多。

九、韩国特色商品

时装。韩国人的身材与中国人相似，时装比较适合中国人。

十、新加坡特色商品

鳄鱼皮和爬虫类的皮革制品。由于从养殖鳄鱼到加工皮革都在新加坡国内进行，所以价格便宜，具有吸引力，也确立了其在新加坡的特产地位。其中鳄鱼皮的皮包、鞋子、小装饰品等种类也很丰富。

十一、印度特色商品

羊绒制品。开司米披肩以及羊绒袜子都很好。

十二、美国特色商品

电子数码产品、生物医药、营养制剂、奢侈品、好股票都值得购买。

有些在中国贵的东西在美国便宜得你不敢相信，比如雅诗兰黛、倩碧比中国香港的要便宜100多元，活动常常有，赠品也丰富。即使是中国制造的一些东西，比如图形计算器也比国内便宜太多。

感冒药挺值的，防水创可贴国内很难买到。

机器人吸尘器非常实用。

十三、加拿大特色商品

冬季服装，比如鹅牌的。

到玩具店看看，你会惊奇加拿大为什么会有这么多老少咸宜的游戏。

加拿大人都在用的密码挂锁，国内见不到，年轻人喜欢玩。

十四、巴西特色商品

巴西是世界主要宝石产区，宝石种类非常多，从水晶、碧玺、海蓝宝，到祖母绿、钻石都有出产。

碧玺在巴西颜色非常多，在中国的香港、深圳等地加工的碧玺原料，几乎全部都来自巴西。巴西的海蓝宝石品质上乘，但有不少用蓝水晶仿造海蓝宝的情况，有些仿造品行家里手用肉眼都很难分辨。帝王玉是巴西特有的宝石，世界其他地区都没有出产，而且在巴西也只有三个帝王玉的矿，升值空间大，但在中国的知名度并不是很高，看上去与黄水晶相似，但仔细观察，火彩要比水晶好得多，而且质量好的帝王玉呈现出粉红色。

十五、南非特色商品

南非钻石享誉世界，不仅纯度高，且多面切割工艺也居世界前列。每周上新款已经成为这里的促销惯例。迈克尔是知名品牌。

十六、澳大利亚、新西兰特色商品

澳毛是指澳大利亚的羊毛。澳大利亚牧羊中 70% 为美利奴羊（Merino）。美利奴羊以其毛密度高、优良的品质等成为世界羊毛皮中的珍品。

新西兰最出名的就是麦卢卡蜂蜜，新西兰作为第一个从羊脂当中提炼化妆品的国家，用绵羊油和蜂蜜提炼的香皂盒、沐浴露等不含有机化合物的化妆品非常受欢迎，当然还有受宠最好的火山泥面膜。

花识榜 11
未来的股市高手生活

赛神仙的股市生活，是怎样的？

想起来让人心生向往，迎娶白富美？出任 CEO？

这确实有可能，但并不是全部，说出来可能会让你大吃一惊！

那就让咱们一起来看看：

6：30 起床

普通家居：顺手按下烦人的闹铃，想着再睡 2 分钟，结果一睁眼 2 个小时过去了！上班又迟到了！

智能家居：背景音乐系统播放舒缓的起床曲，电动窗帘、室内照明灯、卫生间灯依次自动打开。智能音箱为您播报今日天气、热点新闻和实时路况，给出最佳出行建议。

如果你没有即时起床，触动你的鞋，家里的智能宠物狗（猫）就会跳上床来，再次叫你起床，如果你还不起床，智能宠物就会帮你打 120 叫医生了。你不起来也得起来。

8：00 出门

普通家居：找了半天钥匙终于顺利出门，上班路上总怀疑太困了没锁好门、没关好窗，经常在出门后才发现下雨了……

智能家居：吃完早餐后该上班了，手机 APP 一键开启离家模式，关闭家中所有灯光电器，切断电源，各种报警器待命，智能摄像头实时监控家居环境保证安全。

门口的固定快递收存箱是开的，如果被放进物品后会自动锁死，只有主人人脸识别才能打开。

12：00 工作

普通家居：家里的老人、宠物怎么样了？早上貌似忘记锁门，会不会被小偷盯上？厨房天然气关紧了吗？家中的一切情况都无法知道，要出了什么事，办公室里的自己一点儿也不清楚。

智能家居：离家后即刻开启"布防模式"，遭遇燃气泄漏、火灾、盗窃，手机第一时间收到报警通知；摄像头远程监控，打开手机随时查看家中老人的情况；下雨了，晾衣架收回，窗户自动关闭。

你不在家时，家里的自动吸尘清洁会定时清洁。

18：30 回家

普通家居：站在自家门前却掏了半天钥匙，摸索着打开客厅大灯，想洗个热水澡却发现没有热水……

智能家居：回家途中即可开启"回家模式"，空调自动运行调节室内温度，热水器自动加热。到了家门口，人脸识别一秒打开智能门锁进屋，门厅感应灯自动打开。

20：00 观影

普通家居：没看准时间不小心错过最新的直播，躺在沙发上正准备享受，忽然发现灯光太亮又跑去关大灯。

智能家居：通过语音或者手机就能掌控家中所有娱乐系统，电影开始时自动关闭窗帘、调暗灯光。

家庭影院立体环绕声、4D 效果，可以根据你的需要设置职业教程、理财信息、世界新闻、电视剧、体育比赛、网上直播。

参与网上智力比赛游戏，进行自己的特长直播（只要有人看）。

23：00 睡眠

普通家居：躺在床上才发现客厅的灯没关，但又懒得起床。算了，开通宵吧，电费扣了就扣了。

智能家居：轻按"睡眠"场景键，灯光亮度缓缓调暗，窗帘自动合上，户外安防系统启动，睡眠后系统自动调整空调温度，避免受凉。

睡觉前，影像设备会根据你的设置播放睡前音乐或者有声教程、有声小说。

3：00 起夜

普通家居：轻手轻脚起床，摸黑打开走廊灯、厕灯，刺眼的灯光将睡意完全驱散。

智能家居：智能家居系统检测到人体苏醒，将缓缓开启起夜灯，若主人下床上厕所，走廊灯、厕灯也会依次开启，暂时关闭安防模式，以免造成惊扰，主人回到床上，灯光再次关闭，安防模式恢复开启状态。

星期六、星期日

自动健身器陪你一起玩各种有意思的健身游戏。

如果你有什么感兴趣的问题可以同家里的智能鹦鹉一起讨论。

可以更换家里的地板、墙壁装饰风格。美女、风景、科幻，都可以。

你可能感兴趣的一切都会根据兴趣度、时间出现在你的家庭提示板上。

没有对比就没有伤害，赶快再把这本书研读一遍吧，当神仙成为高手必须先努力进步。

花识榜 12
股市中的能力组成范畴

股市中的能力组成范畴应该分成四个部分：

（1）系统；

（2）盈利模式；

（3）具体技术；

（4）科学力量。

许多股友只在"具体技术"上努力，就变成了股市中的流寇。

许多财富和技能陷入瓶颈的股友，首先要改变的是，只是碎片式的小技术，没有盈利模式的框架指导。这样就会陷入这样一个死循环：让赌博变成是一种有技术的赌博，结果还是赌博，久赌必输。无法凭借一次大牛市或者几只大牛股让财富上台阶，无法让时间成为财富和能力的好朋友。

一、系统

系统要解决的是框架问题、定性问题、有知者无畏的问题。

先有有知者无畏，然后才是绝招的知行合一。如果没有有知者无畏，就会是无头苍蝇；如果没有成熟盈利模式的指导，绝招很难彻底贯彻，中间会情绪化，会动摇，会自己出错。

1. 多空选时的界限和仓位轻重

用大盘成交量、MACD 指标、重要均线指向的加权来决定多空。

MACD 指标、重要均线指向都是明确的，大盘成交量的量化需要阶段统计数据确定。

仓位轻重需要服从大盘的量能和个股的概率，品种的组合需要服从大概率，越是长线性质的、技术性的、基本面的东西越是要多品种组合，短线的、爆破点的、热点性质的、确切性质的可以单品种重仓，但是需要时点组合。

2. 自我满意度

技术性的系统解决了客观的问题，但是每个人的能力、追求、特点又不一样，这需要明确自己的满意度问题，同时防止跟随性的情绪化。

相对低收益容易实现，相对高收益容易失手，这需要我们事先权衡并确立框架。阶段性的合理框架应包含阶段性的最低利润目标、盈利模式、行动结束信号和梯次信号行动点。

当然，人不是神，失误是不可避免的，合理的计划和盈利模式应该是 10 战 7 胜 2 平 1 小败，大败一次都不能有，任何有大败可能的方法都不能采取，尤其是对现状满意者。

这是操作系统新加的内容，是非常重要的。需要注意的是，计划和盈利模式必须客观和逻辑硬，不能用不硬不可靠的猜想作为制订计划的依据。

二、盈利模式

盈利模式是指一个阶段的大概率系统方法，这个方法包含了仓位的控制以及明确的进出点。

这个大概率是有统计数据支撑的，是有硬逻辑条件的。简单的技术分析、基本面分析都称不上盈利模式。

比较精确高效的盈利模式是习惯性的、制度性的、强利益动机的、实力操纵性的、有效内幕题材性的，但需要注意的是，操纵市场和内幕交易是违

法的，我们坚决不能做。

常见的盈利模式分类：

1. 习惯性的

比如新股上市高开、转债阶段上市高开、热点消息的刺激等。还可以找类似的习惯。

2. 制度性的

比如说，现金选择权、要约收购、解禁制度等。

3. 强机构利益动机的

主力被套自救、常规活跃主力的习惯、中线热点主力的规律等。

4. 消息面的

综合的爆破点技术。

5. 组合盈利模式

盈利模式也存在着网状思维和逻辑判断的问题。

如果一个个股或者方案能够包含两个盈利模式，概率就相对大，可以仓位大一些。

三、具体技术

1. 主力定性技术

主力定性技术主要有"海王星"里的风格板块、十大流通股东、螺旋桨K线、量价关系的K线逻辑。

2. 成本定性技术

主要指定向增发价格、MCST成本线、均线位置、面值、净值、约定回售价格等。

3. 短线时点定性技术

存续时点、MACD、爆破点时间、强弱度指标。

四、科学力量

1. 集中买力

股价涨跌的最直接力量就是集中买卖力量。

2. 组合的威力

机会组合、品种组合、成本次数组合、盈利模式组合。

3. 规律的统计

发现规律、服从规律、应用规律。

花识榜 13
且待小僧伸伸脚

人们常说，生活不只有眼前的苟且，还有诗和远方。

因为生活所迫，也许我们到不了远方，然而，我们还有诗，读有趣的书，做有趣的人，赚有趣的钱。身不能至，心向往之。

我清风寨主自号休闲工程师，一辈子的梦想就是想做个有趣的人，好久以前就在想是不是有个人可以作为我的榜样？直到知道了张岱，我想是找到了。曾经有人问，你的榜样不是王阳明吗？我回答说，王阳明也是，但是我很难达到王师的高度，王师是我心中梦想的榜样，我觉得自己能成为张岱，成为一个有趣的现代张岱，能自娱自乐，也能娱人，我喜欢冷幽默，心中一团火想逗你们开心，但是表面上很正儿八经，不是我在逗你们，是我的见识在逗你们。你们自己也不好意思当着我的面笑，都是回过头去偷偷地一个人笑。

一、张岱是谁

世人云：前有陶渊明，后有张宗子。

张岱生于明万历年间，书香门第，钟鸣鼎食之家。

他在《自为墓志铭》里介绍自己："少为纨绔子弟，极爱繁华。好精舍，好美婢，好娈童，好鲜衣，好美食，好骏马，好华灯，好烟火，好梨园，好鼓吹，好古董，好花鸟。"

其实，除了上述中华儿女都喜欢的爱好，他也博洽多通，经史子集，无不该悉；天文地理，靡不涉猎。

说张岱有趣，是我从张岱写的书《夜航船》中感觉到的，见书如面，字如其人，要是大家能从我的书《青蚨股易》《操盘手》系列感觉到我也是一个有趣的人，我会开心地做梦都在笑。

二、何为《夜航船》

张岱为什么把他的书取名《夜航船》呢？

夜航船是南方水乡苦途长旅的象征，人们外出都要坐船，在时日缓慢的航行途中，坐着无聊，便以闲谈消遣。其中乘客有文人学士，也有富商大贾。有赴任的官员，也有投亲的百姓。各色人等应有尽有，谈话的内容也包罗万象。

张岱说："天下学问，惟夜航船最难对付。"

他在《夜航船》序中讲了这样一个故事：有一僧人与一士子同宿夜航船。士子高谈阔论，僧畏慑，拳足而寝。过一会儿，僧人听其语有破绽，乃曰："请问相公，澹台灭明是一个人、两个人？"士子曰："是两个人。"僧曰："这等尧舜是一个人、两个人？"士子曰："自然是一个人！"僧乃笑曰："这等说来，且待小僧伸伸脚。"

于是，张岱就编写了一本列述华夏文化常识的书，便取名《夜航船》，使人们不至于在类似夜航船的场合让僧人想伸伸脚。

《夜航船》并非高深莫测的古书，而是用较为浅显的文言叙述四千余个文化常识段子，这些条目绝大多数都是作为一个有文化的人所必须熟知的内容。虽然也收录了一些现在看来荒诞不经的内容，但作为古人的情趣笑谈，有助于我们了解古代的一些文化状况，也未尝不可以看看。

三、谁是澹台灭明

澹台灭明，复姓澹台，名灭明，字子羽，鲁国武城人。

孔子的弟子，教育家。比孔子小三十九岁，孔门七十二贤之一。

唐封其为"江伯"、宋封其为"金乡侯"。

澹台灭明死后，南昌人民为他立祠立墓祭祀，并设立澹台门以表纪念，进贤县也因他南游至此而名。

今苏州城南有澹台湖，传为其宅陷而成湖，湖口有宝带桥，民国十八年拟建公园，惜未成；又有澹台湖大桥，飞架运河南北。

澹台灭明重义轻财。据《括地志》记载：一次，澹台灭明身带一块价值连城的宝珠渡河，舟至河心，忽有二蛟从波涛中跃出，对渡船成夹击之势，欲夺宝珠。澹台灭明气愤地说："吾可以义求，不可以力劫。"遂挥剑斩二蛟于河内，并将宝珠投入水中，以示自己毫无吝啬之意。

到了明朝，读圣贤书的士子竟然都不知道他了，说明从明人身上已经找不到澹台灭明的影子了。

四、《夜航船》补续一篇

后世人花荣，善投机理财，能时而精确选出股市中的黑马，并逃顶抄底，有心灵书籍《青蚨股易》十三卷。

在一个雷雨大作的日子，翻滚的云雾之中有一个老人对他大声呵斥说："能泄露天机的那书在哪里？天帝命令我带领六丁神来追取。"

花荣见状急忙跪在地上。

那老人又说："这是上天的禁书，应该由飞天神王来保护，你是怎么得到把它藏匿起来的？"

花荣回答道："这是青城山道士传授的呀。"

那老人也不管他什么理由，带着书，头也不回就走了。

在2014年、2015年犹如神助的花荣，在2016年的A股熔断中折了一把，赔了1000多万元，尽管金额不大，但是对信心影响不小。

2019年，青城山道士托梦给花荣，到云南买两个貔貅，一个翡翠的，一个黄龙玉的，要用中签的邮储银行赚的钱买。

花荣照办了。

后来，花荣的理财投机技术又恢复的跟原来一样。

【花言巧语加油站】

（1）势不可使尽，福不可享尽，便宜不可占尽，聪明不可用尽。

（2）成功的方法多种多样，别不接受你看不惯的方法。

（3）动力往往来源于两种原因，希望或者是绝望。

（4）智者知幻即离，愚者以幻为真。

（5）做事不必与俗同，亦不宜与俗异。做事不必令人喜，亦不可令人憎。

（6）因为年轻，所以自信；因为智慧，所以年轻。

（7）技多不压身，谋多乱人意。持百谋而莫决，不如得一谋而急行。

（8）人生就像一杯白开水，要不停地往里面加东西，才会变得多姿多彩！

（9）最困难的时刻也许就是拐点的开始，改变一下思维方式就可能迎来转机。

（10）人生的奥妙，一半在认真坚韧，一半在糊涂随性。只有懂得欣赏那半开的花，才是人生最美的体验。

炒股水平提高的学习路径

知识与技能，知与行，还是有着一定的距离的。

知识是能力形成的第一步，知识能够让你拥有一张武功图解，知道了努力的方向。下面笔者就把花氏炒股技术的最重要内容做个浓缩，以及提示一下大家今后需要进一步努力的方向，并留下来一些长线辅助作业。

通过下面内容的理解、强记以及作业，可能会使你的武功快速强化。

一、花荣操盘术的浓缩

1. 股市的基础理财技术

股市基础理财技术＝六分心态＋三分技术＋一分运气。

股市理财技术必须是心平气和的，不能有多巴胺心理，逆势心理，扳本心理，输不起心理，急于证明自己的心理，有了这些心理，你就会变成一个不走运的笨蛋，技术功底发挥不出来的，甚至自己给自己挖坑。股市赢钱难不可怕，可怕的是自己给自己挖坑，一旦投资者给自己挖坑，股市就变成了地狱。

股市理财技术不难，只要你自己不犯糊涂，不给自己挖坑，一般智商的人都能发财。

股市中最基本的技术有两个：

第一个基本技术是股市周期技术，股市存在着牛市和熊市，牛市做多并逃顶，熊市做空或者空仓；

第二个基本技术是无风险套利，即掌握和运用那些低风险、无风险的理财技术（必须是真的无风险，不能是没有落听的），就能够让股市变成天堂。

笔者自己就是一个实际的例子，笔者的财富基本上是依靠2005～2007年、2014～2015年这两次牛市，以及一些无风险套利项目积累起来的。

在形成目前的投资理念之前，即2004年之前，笔者已经是成名的机构操盘手，在业内的名气不比现在差，也创造过大户们羡慕的传奇，但是由于风范风险这个技术没有过硬，成功果实没有保住，甚至遭受过巨大的不堪回首的磨难。所以，笔者现在的股市理财技术的形成是用血泪铸造的，一点也不过分。笔者自己珍惜，笔者的朋友珍惜，也希望大家珍惜。对于业余投资者，基础技术足够了，掌握好了下次牛市就能改变命运。

2. 股市的专业理财技术

股市高级理财技术是一种概率。

盈利模式＝强势模式＋平衡势模式＋弱势模式＋题材爆破点模式＋无风险套利模式＋人生赌注股模式＋阶段规律博弈模式。

花式万能选测股法＝大盘＋题材热点＋主力＋均线趋势＋MACD＋K线逻辑＋心理障碍。

股市判断逻辑＝超越＋连续＋反击＋逆反＋规律＋过度＋混沌＋目的 or 结果。

股市的概率＝确定性（时间、价格）＋趋势力量（系统）＋组合（仓位、成本）＋最后防线（清零、接受可接受的结果，不赌博）。

股市专业技术掌握需要一定的天赋素质，需要足够的阅历实践，如果掌握好了，能够增大发财的概率，能够让股市理财成为职业。

二、掌握和提高技术的途径

1. 去除坏习惯

许多人在学习花荣技术前，或多或少地学习过技术分析、基本面分析，或者是其他的赌博技术（可能你自己以为是投资技术），如果你对以前的投资结果不满意，就放弃吧，别学江南七怪里的柯镇恶，武功明明不行，还固执得不行，那不自己吃亏吗？

2. 努力养成新习惯

决定人行为的因素不是知识而是习惯，为了能够发财过上好日子，不辜负老婆孩子，多花些力气吧，要熟记，要应用，要不断地总结，优秀是财富的副产品！

3. 提高基础素质

许多人学股市理财，学下棋，学某项技能，达到一定程度后就水平固化停滞不前，这是因为基础素质到了"瓶颈"。提高一下基础素质，就会继续突破的。《万修成魔》专门提供了这方面的内容。

4. 进一步学习

《万修成魔》再看几遍。

三、技能实习作业

（1）把本文全篇理解并能背诵默写。

（2）写一篇文章：花家军股友常犯的错误以及怎样改正？

（3）在熊市中不赔钱（不要求赚钱，只要求不赔钱），在熊市中你怎样赚一些小钱（可以用一切手段）？

（4）正确地操作一个无风险套利的大项目，例如，要约收购、现金选择权、封转开等，要组合正确的操作，不能盲目套利赔钱。

（5）在大盘底部区域（去杠杆完成、贸易战结束、注册制实施，至少两项利空消失）来临后，用1/4的仓位抓住一个人生赌注股。

（6）在下次大牛市中，挣下一千万以上。写一篇文章：你怎样保证你能在下一次大牛市中赚一笔大钱？

（7）以上作业开卷，可以问别人，可以抄，可以跟别人合作，要不惜一切代价完成作业。

本书有部分章节的资料总结得到了几位股友的帮助，在这里谢谢他们的辛勤劳动！

本书的阅读参考书是《百战成精》《千炼成妖》《操盘手1》《操盘手2》《操盘手3》。

花荣的新浪微博：http://weibo.com/hjhh。